U0634133

权威·前沿·原创

皮书系列为
"十二五""十三五"国家重点图书出版规划项目

BLUE BOOK

智 库 成 果 出 版 与 传 播 平 台

2019年北京市体育局委托项目
京津冀体育健身休闲协同创新中心项目

北京体育蓝皮书

BLUE BOOK OF
SPORTS OF BEIJING

北京群众体育发展报告
（2018~2019）

ANNUAL REPORT ON DEVELOPMENT OF MASS SPORTS
IN BEIJING(2018-2019)

主　编／王凯珍　汪　流　郝晓岑

社会科学文献出版社
SOCIAL SCIENCES ACADEMIC PRESS（CHINA）

图书在版编目（CIP）数据

北京群众体育发展报告. 2018~2019/王凯珍，汪流，
郝晓岑主编 . -- 北京：社会科学文献出版社，2020.10
（北京体育蓝皮书）
ISBN 978 - 7 - 5201 - 7486 - 2

Ⅰ. ①北…　Ⅱ. ①王… ②汪… ③郝…　Ⅲ. ①群众体
育 - 研究报告 - 北京 - 2018 - 2019　Ⅳ. ①G812. 71

中国版本图书馆 CIP 数据核字（2020）第 204095 号

北京体育蓝皮书
北京群众体育发展报告（2018~2019）

主　　编 / 王凯珍　汪　流　郝晓岑

出 版 人 / 谢寿光
责任编辑 / 王　展
文稿编辑 / 陈丽丽

出　　版 / 社会科学文献出版社 · 皮书出版分社 （010）59367127
　　　　　　地址：北京市北三环中路甲 29 号院华龙大厦　邮编：100029
　　　　　　网址：www. ssap. com. cn
发　　行 / 市场营销中心（010）59367081　59367083
印　　装 / 天津千鹤文化传播有限公司

规　　格 / 开 本：787mm × 1092mm　1/16
　　　　　　印 张：18.75　字 数：278 千字
版　　次 / 2020 年 10 月第 1 版　2020 年 10 月第 1 次印刷
书　　号 / ISBN 978 - 7 - 5201 - 7486 - 2
定　　价 / 128.00 元

本书如有印装质量问题，请与读者服务中心（010 - 59367028）联系

▲▲ 版权所有 翻印必究

编　委　会

主　编　王凯珍　汪　流　郝晓岑

编　委（按姓氏笔画排序）

王凯珍　王晓云　史江平　刘凤梅　李　慧

汪　流　汪　焱　张　云　张克峰　陆晓雨

和树云　赵少聪　郝晓岑　湛　冰

编　审　组

组　长　杨海滨

副组长　王凯珍　史江平

成　员　和树云　张　云　汪　流　郝晓岑

主编简介

　　王凯珍　博士，教授，博士生导师，首都体育学院原副校长。享受国务院特殊津贴专家。担任国家社会科学基金体育学科评审组专家，全国高等学校体育教学指导委员会技术学科组副组长，全国体育专业学位研究生教育指导委员会委员，体育学科首篇"全国优秀博士学位论文"（全国百篇）获得者。主要从事社区体育、体育教育管理、幼儿体育、老年体育等方面的研究。多年来主持承担了国家社会科学基金项目，科技部科技支撑计划项目，国家体育总局、教育部和北京市科研项目30多项。8项科研成果获省部级科技成果一至三等奖。现兼任亚洲幼儿体育学会副主席，中国体育科学学会体育社会科学分会副主任委员，中国教育学会体育与卫生分会和中国高等教育学会体育专业委员会副理事长，全国体育运动学校联合会幼儿体育分会会长，中国大学生体育协会羽毛球分会副主席等职。

摘　要

党的十九大做出了两个重大政治论断，一是中国特色社会主义进入新时代，二是我国社会主要矛盾已经转化为人民日益增长的美好生活需要和不平衡不充分的发展之间的矛盾。这两个重大政治论断具有划时代的意义，清晰地指明了党和国家事业所处的时代坐标和前进方向。中国群众体育必须深刻把握新时代中国社会发生的新变化及其呈现的新特点，重新审视在新时代全局中的工作定位、历史使命、工作思路与方式方法，统筹谋划，与时俱进。

十九大以来的两年是不平凡的两年。2018 年是改革开放 40 周年，2019 年是新中国成立 70 周年华诞。两年里，北京群众体育发生了很多变化，在取得成就的同时也面临一些问题，例如如何梳理变化和成就、正视困难和问题需要思考和研究；中国特色社会主义进入新时代，首都发展处于新方位，北京群众体育工作如何融入新时代、服务于首都经济社会发展也要进行思考和规划。

《北京群众体育发展报告（2018~2019）》以群众体育发展为主题，采用理论研究与现状调查相结合的方式，运用文献资料法、专家访谈法、问卷调查法、数理统计法、逻辑推理法、实地调查法等多种研究方法，对北京市 2018~2019 年群众体育发展的基本情况进行了较为全面的研究。本蓝皮书分为总报告、公共服务篇、组织建设篇、活动赛事篇和地方创新篇五个部分。内容全面、数据翔实，既有整体性研究，又有对基层群体和居民的健身调查，内容覆盖群众体育公共服务、组织建设、活动参与和服务需求等多方面，既是对北京市群众体育发展的阶段性总结，又可为今后一段时期内北京群众体育工作的开展和理论研究提供参考和借鉴。

关键词：北京市　群众体育　健身

Abstract

Two major political judgments were made at the 19th National Congress of the CPC. One is that Socialism with Chinese Characteristics has entered a new era, and the other is that the principal contradictions in Chinese society have been translated into the contradiction between people's ever-growing needs for a better life and the unbalanced and inadequate development. These two major political judgments have epoch-making significance and clearly indicate the era coordinates and direction of the cause of the party and the state. Chinese mass sports must have a thorough understanding of the new changes that have occurred in Chinese society in the new era and the new features they present, re-examine the work orientation, historical mission, work ideas and methods in the new era, make overall plans, and keep pace with the times.

The past two years since the 19th National Congress of the CPC have been extraordinary. 2018 marks the 40 years' anniversary of China's reform and opening up, and 2019 marks the 70 years' anniversary of New China. In the past two years, many changes have taken place in mass sports in Beijing. While making achievements, it also faces some problems. How to sort out the changes and achievements and to face up to the difficulties and problems needs to be considered and studied. Socialism with Chinese Characteristics has entered a new era and the development of the capital is in a new situation now. The problem how to integrate mass sports in Beijing into the new situation in the new era and to serve the economic and social development of the capital must also be considered and planned.

With the development of mass sports as the theme, by the way of combining of the theories and the results of the survey of the current situation, using the methods of literature review, expert interview, questionnaire, mathematical statistics, logic reasoning and field survey etc. , "Annual Report on Development of Mass Sports in Beijing (2018 – 2019)" conducted a relatively comprehensive study on the basic situation of mass sports in Beijing from 2018 to 2019. The blue book is divided into five parts: general report, public services, organization constructions, activities and events and local innovations. The book is comprehensive in content and detailed in data. It has both a holistic study and a physical activity participation survey for grassroots groups and residents. The content of the book covers many aspects, including public sports service, organization construction, physical activity participation and service demand, which is a periodical summary of mass sports in Beijing. It provides a reference not only for the theoretical research but also the development of mass sports in Beijing in the future.

Keywords: Mass Sports; Fitness; Beijing

目 录

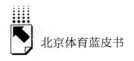

CONTENTS

I   General Report

II   Public Services

III   Organization Constructions

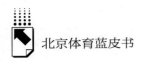
Ⅳ　Activities and Events

Ⅴ　Local Innovations

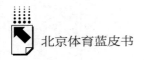

总 报 告

General Report

B.1

新方位、新征程：北京市群众体育
发展的机遇与挑战

王凯珍　汪　流　刘凤梅*

摘　要：　本报告认为，北京市、区两级全民健身工作实现"三纳入"
全覆盖，并向"多纳入"拓展。当前，群众体育成为政府
民生工作的重要事项，北京形成了多点发力的政策支撑体
系，初步建立起协同治理的大群体格局。但与新的时代要
求和首都人民快速增长的体育健身休闲需求相比，群众体
育发展城乡不平衡、区域不平衡、人群不平衡、供需不平
衡、制度供给不充分、群众体育功能认识不充分、社会力
量作用发挥不充分的问题依然十分突出。本报告从9个方

*　王凯珍，教授，博士生导师，研究方向为群众体育和高等教育专业管理；汪流，博士，副教
授，硕士生导师，研究方向为体育社会组织、社区体育；刘凤梅，在读博士，讲师，研究方
向为体育教育训练学。

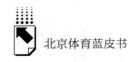
面提出北京市群众体育发展的基本对策。一是将群众体育工作纳入地方党委政府的整体工作布局；二是将群众体育工作融入经济社会发展大局；三是努力打造社会各界协同治理的"大群体"工作格局；四是推动体制机制改革，促进群众体育创新发展；五是积极探索群众体育的跨界融合；六是注重实效，着力解决发展不平衡不充分的问题；七是以人民为中心的体育需要问需于民；八是探索各区群众体育差异化发展的路径；九是普及发展冰雪运动，服务冬奥筹办。

关键词： 群众体育　治理体系　治理能力　公共服务

一　问题的提出

"中国特色社会主义进入新时代"是党的十九大做出的重大政治论断。这一重大政治论断标明了我国社会所处的时代坐标，也指出了国家各项事业的前进方向，具有划时代的意义。中国群众体育必须深刻把握新时代中国社会发生的新变化及其呈现的新特点，重新审视在新时代全局中的工作定位、历史使命、工作思路与方式方法，统筹谋划，与时俱进。

"北京作为首都，各方面的工作具有指向性、代表性。"[①] 北京"全国政治中心、文化中心、国际交往中心、科技创新中心"的城市战略定位和"建设国际一流的和谐宜居之都、率先全面建成小康社会"的战略目标，意味着北京群众体育发展必须深刻认识中国社会所处的新的历史方位和发展要求，深刻融入北京经济社会发展的工作大局，坚持首善标准，推动群众体育质量变革、效率变革、动力变革，抓重点、补短板、强弱项，全力完善全民

---

① 靳诺：《新时代首都发展的新使命》，《北京日报》2018年4月23日，第1版。

健身公共服务体系，全面夯实北京群众体育发展的物质和文化基础，努力打造高质量发展的全国样板，发挥引领、表率和示范作用。

党的十八大以来，北京市群众体育部门提出了一系列新理念、实施了一系列新举措，有力地推动了北京市群众体育事业的发展。中国特色社会主义进入了新时代，北京市群众体育发展进入了新阶段。新的历史阶段对北京市群众体育工作有了更新、更高的要求。那么，面对新的形势和新的发展要求，北京群众体育工作又该如何找差距、补短板？新时期的群众体育工作又该如何统筹考量、谋划和推动？

二　北京市群众体育近两年的举措与成效

近年来，北京市、区两级全民健身工作实现"三纳入"全覆盖，并向"多纳入"拓展。按照面向社会、重在基层、属地为主、财随事走的原则，将市、区两级用于支持基层开展全民健身活动的经费、人员、场地设施等资源交由乡镇人民政府、街道办事处统筹配置，北京制定出台了一系列配套实施办法和细则，将有限的资源下沉到基层。2018 年北京市全民健身经费总投入金额达到 76032.97 万元，区级群体财政经费总额达到 37506.07 万元；社会资助全民健身事业资金达到 960.23 万元。① 北京市采取各项措施，推动"六边工程"建设，实施工作机制的动力转换，实施体医融合发展战略，探索业态融合模式，完善了全民健身公共服务体系，扩大了全民健身有效供给，取得了积极成效。截至 2019 年底，北京市人均体育场地面积达到 2.32 平方米，提前完成北京市"十三五"时期体育发展规划的目标。国家体育发展"十三五"规划的目标是到 2020年我国的人均体育场地面积达 1.8 平方米。2014 年 10 月，国务院印发的《关于加快发展体育产业促进体育消费的若干意见》提出了到 2025 年

---

① 北京市体育局：《北京市体育局 2018 年度部门决算》，北京市体育局网站，2019 年 8 月 29日，http：//tyj. beijing. gov. cn/bjsports/zfxxgk_ /czyjs/1630296/index. html。

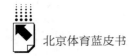

"人均体育场地面积达到 2 平方米"的发展目标。2019 年 9 月发布的《2018 年上海市全民健身发展报告》显示："截至 2018 年底，全市可供市民健身的体育场地面积达到 54028318 平方米，可供市民健身的人均体育场地面积达到 2.23 平方米。"① 可见，北京"人均体育场地面积达到 2.32 平方米"，这一数据在全国保持着领先位置。

（一）推进"六边工程"建设，切实履行政府公共体育服务责任

一是加强体育健身组织建设，体育社会组织是群众体育治理体系和治理能力现代化的有机组成部分，是群众体育治理体系的重要主体和依托。北京市通过完善激励保障机制，实施分类扶持发展措施，注重发挥各级体育总会的枢纽型体育社会组织作用，持续推动市、区两级单项体育协会改革，通过健身团队备案、星级健身团队评选、团队骨干培训等工作扶持和培育基层社区健身团队。截至 2019 年，"市级体育组织 97 个，区级单项体育组织、俱乐部 531 个，基层健身团队 7983 个"。②

二是发展壮大社会体育指导员队伍，提升健身指导的能力。社会体育指导员是全民健身科学化、规范化发展的重要支撑。2018 年以来，北京市继续组织开展各级各类社会体育指导员的业务培训和各类技术技能交流展示大会，为社会体育指导员提供交流交往的平台，提升了他们的健身指导能力。2018 年"举办各级各类社会体育指导员培训 36 期、3338 人参加"。③ 2019年上半年，北京市体育局开展一级社会体育指导员培训 6 期，培训 648 人，开展社会体育指导员岗位再培训 17 期，培训 1329 人。④ 全年举办各级各类

① 上海市体育局：《全民健身"300 指数"发布　本市人均体育场地面积达 2.23 平方米》，上海市人民政府网站，2019 年 9 月 19 日，http://www.shanghai.gov.cn/nw2/nw2314/nw2315/nw4411/u21aw1402462.html。
② 北京市体育局：《北京市体育局 2019 年度绩效管理工作报告》，北京市体育局网站，2020年 1 月 10 日，http://tyj.beijing.gov.cn/bjsports/zfxxgk_/1421305/679324/index.html。
③ 北京市体育局：《2018 年北京市体育工作总结》，北京市体育局网站，2019 年 3 月 4 日，http://tyj.beijing.gov.cn/bjsports/zfxxgk_/gzzj/1595454/index.html。
④ 北京市体育局：《市体育局 2019 年度绩效任务上半年完成情况》，北京市体育局网站，2019年 9 月 17 日，http://tyj.beijing.gov.cn/bjsports/zfxxgk_/1421305/1634745/index.html。

社会体育指导员培训 42 期，培训 3853 人。① 同时，积极吸纳部分基层医院职业中医师、社会工作者成为社会体育指导员，实现社会体育指导员来源多样化、技术专业化。

三是着力推动解决群众"去哪儿健身"难题。2017 年以来，在老百姓最关注的全民健身场地设施资源供给上，北京市着力提高体育设施增量，打造"15 分钟健身圈"；充分利用疏解非首都功能中的腾退土地以及公共绿地、户外广场、郊野公园等资源，增加老百姓身边的体育设施。2018 年新建 773 片专项活动场地，其中篮球场 205 片、笼式足球场 96 片、网球场 64 片、乒乓球长廊 65 片、门球场 30 片、棋苑 313 片。2019 年又在"全市 16 个区的社区和公园等场所建设 150 余公里健走步道，超额完成市政府重要民生实事项目 100 公里健走步道建设任务"②。

四是广泛开展群众性体育赛事活动，带动日常健身。组织开展市民自行车联赛、市民广场舞大赛、市民羽毛球挑战赛、市民拔河比赛等全民健身系列比赛活动，带动北京市全民健身事业蓬勃发展。"2019 年全市组织开展全民健身活动 22167 项次，参与活动人数 1331.4144 万人次。"③ 为贯彻落实《北京市足球改革发展总体方案》，广泛开展基层足球运动，北京市整合社会多种资源，以活动促普及，形成足球赛事、社会公益、群众娱乐、亲子互动等多种形式的活动体系。2018～2019 年，北京市每年投入 457 万元开展北京市市级社会足球活动。

五是大力弘扬健身文化，提升健身认知。世界首个"双奥之城"是北京的独特名片，群众体育部门充分发挥这一优势，借助全民健身大讲堂、广播电视等多种途径，将奥林匹克文化、中华体育文化充分融入各项活动中，为体育事业发展注入强大精神动力；此外，还利用中华民族传统节日广泛开

---

① 北京市体育局：《2019 年北京市体育工作总结》，北京市体育局网站，2020 年 3 月 9 日，http://tyj.beijing.gov.cn/bjsports/zfxxgk_/gzzj/1715658/index.html。
② 北京市体育局：《2019 年北京市体育工作总结》，北京市体育局网站，2020 年 3 月 9 日，http://tyj.beijing.gov.cn/bjsports/zfxxgk_/gzzj/1715658/index.html。
③ 北京市体育局：《北京市体育局 2019 年度绩效管理工作报告》，北京市体育局网站，2020 年 1 月 10 日，http://tyj.beijing.gov.cn/bjsports/zfxxgk_/1421305/679324/index.html。

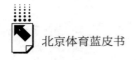
展丰富多彩的民俗体育活动，弘扬中华民族传统民俗体育文化，营造浓厚节日氛围。

（二）开展全民健身示范街道和体育特色乡镇创建工作

2004年，结合筹备举办2008年北京奥运会的重大机遇，北京市在全国率先提出"体育生活化"理念，倡导将健身作为衣食住行以外的第五个生活要素，倡导文明的生活方式，并于2005年1月在景山街道黄化门社区进行了"体育生活化示范社区"建设实践。2006年5月，在黄化门社区试点工作的基础上，北京市开始了"体育生活化社区"的创建试行工作。为完善创建工作，2007年北京市体育局召开了相关的工作研讨会，讨论研制北京市"体育生活化社区"的创建标准和办法，以"体育生活化"理念为指导促进社区体育朝着规范化方向发展。2010年制定了《北京市体育生活化社区达标工作方案》，将社区体育的相关标准纳入《北京市社区基本公共服务指导目录》。

在经费投入上，每年北京市体育局划拨体育生活化社区建设专项资金，区政府安排专项财政预算，各街道投入专项资金，形成了市、区、街道联动的资金分级投入模式，同时争取北京市发改委项目资金支持。2016年，北京市体育局命名了最后一批138个北京市体育生活化社区，这一达标建设工作开始收尾。体育生活化社区工作自2006年至2016年历时10年，经历了创建和达标两个阶段，全市2778个社区达到体育生活化社区标准。

在推进体育生活化社区创建的同时，北京市体育局与北京市农村工作委员会协作开展北京市体育特色村创建工作，制定了《北京市体育特色村标准及评选办法》，并于2011年下发了《关于开展2011年北京市体育特色村创建试点工作的通知》（京体群字〔2011〕56号），创建了20个体育特色村进行试点。2012年，北京市体育局、北京市农村工作委员会正式下发了《关于开展创建北京市体育特色村的通知》（京体群字〔2012〕19号），在全市范围内开展体育特色村评选活动。

进入"十三五"时期，面临群众体育需求及经济社会发展的新形势，北京市群众体育工作开始提档升级，北京市全民健身示范街道、体育特色乡镇创建工作开始启动。北京市先后下发了《关于开展创建北京市体育特色乡镇的通知》《北京市体育局关于开展创建北京市全民健身示范街道的通知》，制定了《北京市全民健身示范街道标准》、《北京市体育特色乡镇标准》和《北京市体育特色乡镇评选办法》。

2018年2月，"创建60个全民健身示范街道、体育特色乡镇"被列入北京市2018年重要民生实事项目。2018年3～9月，北京市体育局召开创建工作部署会，积极协调市级彩票公益金3000万元，并将其通过转移支付的方式直接下拨到各街道、乡镇，对创建工作予以经费支持。

（三）体医融合，促进全民健身与全民健康融合发展

运动不足是威胁人类健康的主要原因之一，单凭医疗手段已无法应对一些慢性疾病，因此"运动是良医"成为社会共识。"体育锻炼可以全周期、全人群促进人的身体健康，提高生命质量，减少医疗开支，是实现全民健康最积极、最有效、最经济的手段。"[①] 近年来，体育与医疗融合已成为全民健身领域的重要趋势，全国各地在贯彻落实"健康中国"国家战略的进程中，都在探索如何将全民健身与全民健康更好融合，达到"1＋1＞2"的效果。为贯彻落实《"健康中国2030"规划纲要》和《"健康北京2030"规划纲要》，全面提升"四个服务"水平，2017年，北京市尝试体医融合的新模式，实施体医融合发展战略。2017年11月，北京市体育局与市卫生计生委共同签订了《体医融合战略合作框架协议》，实施体医融合发展的探索。同时，国家体育总局体医融合中心把海淀区作为"体医融合示范区"实践研究基地，由海淀区体育局牵头，海淀区体育科研所负责具体实施，联合北医三院、中日友好医院、北大医院等在京三甲医院开展体医融合模式的探索。

[①] 苟仲文：《落实全民健身国家战略，为提高全民族健康水平作出新贡献》，搜狐网，2017年4月11日，https://www.sohu.com/a/133330293_488054。

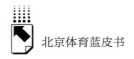
为破解体制机制障碍，打破行业壁垒和局限，整合各方优势资源，形成促进全民健康工作的合力，2019 年 8 月 26 日，北京市体育局与首都医科大学附属北京天坛医院签订体医融合协同创新战略合作协议，打造了"北京市体医深度融合协同创新实验室"和"北京市健体科普示范基地"，标志着北京市体医融合工作迈出了坚实的步伐。

（四）助力冬奥，普及发展冰雪运动

2018 年，冬奥会正式进入"北京周期"。这是继 2008 年北京奥运会之后，中国又一次承办的世界性体育赛事。北京冬奥会将开启中国冰雪运动新时代，我们已经看到，在顶层设计的引导下，冰雪运动迎来了前所未有的现实基础与密集有力的政策支撑，冰雪运动被纳入"全民健身""健康中国"国家战略。可以说，无论是社会对大众冰雪运动的关注还是政府的现实推进都让人们对冰雪运动有了全新的认识，使人们拥有了更多参与冰雪运动的机会和空间，中国冰雪运动正在开创前所未有的新局面。继《冰雪运动发展规划（2016—2025 年）》《全国冰雪场地设施建设规划（2016—2022 年）》《"带动三亿人参与冰雪运动"实施纲要（2018—2022 年）》等重要规划措施颁布实施后，2019 年 3 月，中共中央办公厅、国务院办公厅印发了《关于以 2022 年北京冬奥会为契机大力发展冰雪运动的意见》，旨在全面推进中国冰雪运动发展。

2016 年 3 月，北京市政府正式发布《北京市人民政府关于加快冰雪运动发展的意见（2016—2022 年）》和 7 项配套规划①，将冰雪运动发展纳入2022 年北京冬奥会筹办大局。为扎实推进北京冰雪运动发展规划的落实，2018 年制定了《北京市关于加快冰雪运动发展重点工作分工方案》，同时制定了《北京市全民健身消费补助管理办法》《北京市新建体育场馆补助管理办法》，推动冰雪健身，补贴群众体育消费，引导社会投资，为新建室内冰场提供补助。

---

① 也称"1+7"文件。北京市发布的"1+7"文件是全国首次以地方政府名义出台的冰雪运动发展规划，首次明确了冰雪工作的 7 项核心任务——群众冰雪、竞技冰雪、青少年冰雪、冰雪体育产业、冰雪赛事、冰雪场地设施和冰雪运动人才。

2018年，北京市安排资金3亿元，重点用于推动群众冰雪运动普及、提升竞技冰雪运动实力、支持冰雪场地建设等。① 为推动各区冰雪运动发展，北京市制定《体育彩票公益金市对区专项转移支付资金因素法分配办法》，强化各区统筹资金支持冰雪运动发展。2018年3月，北京市滑冰协会正式成立，2019年7月，北京市雪上运动协会宣告成立，与之前成立的三个冰雪运动协会（北京市冰球运动协会、北京市冰壶协会、北京市滑雪协会）一起形成国内最为完善的冰雪运动发展组织体系，为北京市冰雪运动推广普及和冰雪产业发展打下了扎实的基础。

为助力北京冬奥会，北京市在加大冰雪知识宣传力度的同时，通过不同途径推广普及冬季运动项目，加大了冰雪运动社会体育指导员培训力度，2017年培养冰雪运动社会体育指导员5905人，2018年培养4800余名冰雪运动社会体育指导员，2019年培养冰雪运动社会体育指导员5706人。

（五）搭建深度交流平台，推动京津冀群众体育协同发展

京津冀协同发展是国家的一项重要决策，体育、文化、教育等各项事业的协同发展是京津冀协同发展的应有之义。近年来，"京津冀体育协同发展"的理念和构想均被纳入三地政府及体育部门的工作规划。如北京市"十三五"时期体育发展规划提出："推动京津冀全民健身交流合作……加强三地体育活动交流，打造'三大球'、乒乓球、户外休闲运动等群众体育品牌活动。加强三地体育总会间的交流合作，创立单项体育协会联盟，促进体育社团交流互动。"

为贯彻落实京津冀协同发展国家战略，早在2016年底，北京、天津、河北的体育行政部门就联合签署了《深入推进京津冀体育协同发展议定书》，提出加强地区间社团组织的合作，搭建三地体育社团合作平台，探索建立京津冀体育社团政府购买服务机制，对京津冀合作项目给予政策和资金

---

① 肖丹：《北京市2018年安排三亿元财政资金扶持冰雪运动》，《北京晨报》2018年12月1日，第4版。

扶持。2017 年 12 月，北京、天津、河北三地又签署了《京津冀青少年体育协同发展框架协议》，京津冀三地体育部门将在人才培养、体育竞赛、对外交流等方面进一步扩大青少年体育和冰雪运动资源共享以及冰雪赛事、冰雪嘉年华等联合推广与合作。

近年来，三地体育部门以群众性体育活动为突破口，联合举办各类体育赛事，打造出户外运动系列挑战赛、羽毛球冠军挑战赛、国际公路自行车挑战赛等一批有一定社会影响力的区域性赛事。社会体育指导员交流展示大赛等一系列健身交流、展示、比赛活动相继举行，加强了京津冀体育文化交流与合作，丰富了京津冀体育协同发展的内容。

为有效推进京津冀体育融合发展，完善协同发展机制，从 2018 年开始，三地改变了原来同一赛事"轮流坐庄"的局面，根据三地资源禀赋和文化特点，调整为三地分别举办固定比赛项目，增强了赛事规范性、可持续性。此外，近两年京津冀三地体育协同发展的实践不再局限于府际，大量的体育社会组织合作，参与到京津冀体育协同发展的格局中，改变了以府际协同为主体的地方协同模式，在政府和社会两个层面形成了不同的协同模式。

（六）广泛开展调查研究，推动群众体育科学发展

近年来，北京市经济社会平稳健康发展，各项改革不断深化，思想观念和健身需求深刻变化，群众体育管理体制及其运行机制面临很多新情况、新问题。为掌握北京群众体育的总体情况，解决群众体育发展中存在的一系列矛盾和问题，群众体育研究、总结、提炼工作备受重视，北京市先后开展三次群众体育现状调查，深入基层、深入实际、深入一线开展调查研究，提出群众体育的发展思路和方法措施。在充分调研论证的基础上，2017 年，完成对《北京市全民健身条例》的修订；为确保"十三五"目标任务的实现，2018 年，组织开展了《北京市全民健身实施计划（2016—2020 年）》中期评估工作，涉及 16 个区、北京经济技术开发区、房山区人民政府燕山办事处和41 个全民健身联席会议成员。2019 年，北京市群体部门委托北京健康管理协会，编印《微健身口袋书》，开展北京市加快全民健身休闲产业发展对策研

究、北京市全民健身助推乡村振兴战略路径研究项目、北京市基层群众体育工作力量充实策略调研等工作。为推进新阶段的全民健身工作，《北京市全民健身实施计划（2021—2025 年）》研制工作正在组织实施之中。

（七）各区主动作为，探索群众体育工作的新路子

东城区把全民健身工作积极融入"街道吹哨、部门报到"的工作中，全面提升全民健身服务水平。西城区通过改革创新，全面扎实推进群众体育工作，完成好"四个服务"任务。朝阳区着力解决全民健身领域发展不平衡不充分的问题，满足群众多元化健身需求。丰台区主动作为，创新"绿·动"融合模式。石景山区实施以冬季体育为特色的群众体育工作。海淀区积极探索建立"体医融合"模式。门头沟区坚持"民有所呼、我有所应"，积极解决群众身边的健身问题。房山区充分发挥体育社会组织的作用。通州区提高群众体育的政治站位，推进全民健康与全民健身深度融合。顺义区探索运动健康测评模式，打造"康体融合"幸福顺义。昌平区推进体育主题公园建设。大兴区围绕解决群众"去哪儿健身"问题，实现了新跨越。怀柔区推行体育专干员工作机制，充实体育人才队伍。平谷区开展体育特色乡镇建设工作，形成自己的经验。密云区升级赛事，助推群众体育发展。延庆区增强冬奥服务保障，满足人民群众日益增长的美好体育需求。开发区的设施建设管理有特色，科学指导有深度。燕山地区体育运动中心稳步推进冰雪运动发展，营造 2022 年冬奥会氛围。

总体而言，经过近些年的探索实践，北京市群众体育工作取得了积极进展，已经深度融入首都民生福祉的服务之中，主要体现在四个方面。

一是群众体育成为政府民生工作的重要事项。在习近平新时代中国特色社会主义思想的指引下，北京市体育系统把满足人民健身需求、满足人民对美好生活的向往作为群众体育工作的出发点和立足点，大力发展以人民为中心的体育，积极探索群众体育工作的新路子，把群众体育办成民生工程和民心工程，"街道吹哨、部门报到"，进一步满足群众个性化和多元化的健身需求。

二是"大群体"格局基本形成，初步建立起协同治理的机制。借助全民健身上升为国家战略，筹办北京冬奥会、冬残奥会，京津冀协同发展等契机，着力推动体制机制创新，积极完善政府、社会组织、企事业单位协同治理的全民健身事业发展大格局。2017 年 5 月建立了以北京市体育局、市委宣传部、首都文明办等 41 个部门和单位为成员的全民健身工作联席会议制度。在群众体育工作开展中，充分发挥各类体育社会组织、各类群众团体、各职能部门的作用，调动媒体、企业等力量共同办体育。

三是政策法规体系逐步完善，形成了多点发力的政策支撑体系。近两年，北京关于群众体育的政策文件纷纷出台，惠及各类健身人群、各类健身组织，为群众体育发展提供了坚实的制度保障。

四是各区群众体育工作异彩纷呈。各区根据自身的自然资源和文化积淀，打造群众体育发展的新机制、新模式、新路径，面向群众，面向基层，全力打造公共体育服务体系，形成自身的特色。

三 北京市群众体育面临的机遇与挑战

中国社会发展处于新方位，群众体育所面临的环境和形势较之前发生了变化，工作任务和工作要求也相应发生改变。在看到方向和机遇的同时，我们也必须正视北京市群众体育发展进程中的诸多新任务、新要求、新挑战。

（一）治理体系和治理能力现代化对群众体育发展提出了新任务

中共十八届三中全会提出"推进国家治理体系和治理能力现代化"。党的十九大从战略高度出发，对国家治理体系和治理能力现代化提出了一系列新的要求，开启了国家现代化治理体系与治理能力的新时代。为贯彻落实党的十九大精神，中国共产党第十九届中央委员会第四次全体会议又着重研究了坚持和完善中国特色社会主义制度、推进国家治理体系和治理能力现代化的若干重大问题。"在国家治理体系中，由于体育与国家、民众和社会的深度融合，决定了其是构成国家治理体系建设和治理能力建设现代化的根基之一。"① 尽管北京市群众体育初步建立起协同治理的机制，"大群体"格局有了一定的制度设计和组织基础，但受制于条块分割的部门视野和思维定式，部门与部门之间、部门内部之间协同力量尚显不足，常态管理中的跨部门协同面临着主动性和动力不足的尴尬，群众体育治理体系有待完善，治理能力有待提升。

（二）首都城市发展对群众体育发展提出了新要求

针对体育工作，十九大报告中除了提出要"广泛开展全民健身活动，加快推进体育强国建设"，还明确提出要"筹办好北京冬奥会、冬残奥会"。当前和今后的一段时期内，首都建设与发展和 2022 年冬奥会的筹办是北京市的两项重要任务。北京群众体育发展需要服从、服务于这两项重要任务。北京群众体育如何围绕全国政治中心、文化中心、国际交往中心、科技创新中心的城市战略定位来谋划推进各项工作，如何普及冰雪运动知识，推广冰雪运动项目的活动，开展冰雪运动赛事，提升冰雪运动参与度，打造"双奥之城"全民健身的生动局面，助力 2022 年北京冬奥会的筹备与举办，是北京群众体育工作目前面临的挑战。

（三）个性化、多元化的健身需求对群众体育工作提出了新挑战

首都经济社会发展日新月异，取得了令世人瞩目的辉煌成就。"与新中国成立初期相比，地区生产总值由 2.8 亿元提高到 3 万多亿元，地方财政收入由 0.24 亿元提高到 5785.9 亿元，居民人均收入由 200 元左右提高到 6.24万元。"② 随着经济社会的快速发展，首都群众的健身需求越来越强烈，健身需求的科学化、个性化、多元化的发展趋势及群众体育工作综合性、复杂性的特征越来越明显，北京市群众体育工作已经不再局限于兜底线、保基

---

① 杨桦：《中国体育治理体系和治理能力现代化的概念体系》，《北京体育大学学报》2015 年第 8 期，第 1~6 页。
② 蔡奇、陈吉宁：《奋力谱写新时代首都发展新篇章》，《人民日报》2019 年 8 月 20 日，第 9 版。

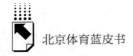

本，公共体育服务需要在精准、精细、精确上下功夫，推动公共体育服务提供主体多元化、提供方式多样化，以首善标准履行好新时代首都群众体育工作职责，惠及更加广泛的人民群众。

北京群众体育事业发展虽然取得了很好的成绩，但与新的时代要求和首都人民快速增长的体育健身休闲需求相比，群众体育发展城乡不平衡、区域不平衡、人群不平衡、供需不平衡、制度供给不充分、群众体育功能认识不充分、社会力量作用发挥不充分的问题依然十分突出。北京市群众体育工作应紧紧围绕"以人民为中心"的核心理念，对标对表，做好公共服务供给的顶层设计和战略部署，做好群众体育事业发展和建设的排头兵，牢牢把握群众体育"六边工程"，努力构建符合国情市情、反映时代要求的群众体育工作体系，在新的起点上实现新发展。

四　北京市群众体育发展的对策

（一）将群众体育工作纳入地方党委政府的整体工作布局

实践证明，群众体育工作是党密切联系群众的重要桥梁和纽带，是新时期党的思想政治工作的重要抓手，也是锤炼国民意志、提升国民精神品格的有效载体。习近平总书记"看北京首先从政治上看"的基本要求，北京群众体育的对外交往窗口作用，群众体育民生工作、民心工作的性质，"国际交往联络窗口、世界文化交流平台、国家体育休闲中心"的功能定位，决定了必须站在讲政治的高度审视和把握北京群众体育工作，将群众体育工作纳入地方党委政府的整体工作布局，把党的政治优势和组织优势转化为建设健康北京、建设国际一流的和谐宜居之都的强大动力。

（二）将群众体育工作融入经济社会发展大局

群众体育集政治影响力、经济生产力、文化传播力、社会亲和力于一体，将群众体育工作融入经济社会发展大局，是社会主义现代化事业建设的应有之义。一方面，要深刻认识群众体育的多重价值，从经济社会发展大局去谋划群众体育，制定发展规划和各项工作计划；另一方面，北京市群众体育要主动作为，要紧紧围绕首都经济社会发展的中心工作，为首都城市发展服务。

（三）努力打造社会各界协同治理的"大群体"工作格局

群众体育的开放性、公益性、复杂性的特点决定了其工作的开展需要社会各界的协同。应充分激发群众体育发展的内生动力，逐步建立起主体多元、协同共治的"大群体"工作格局，实现群众体育治理体系和治理能力现代化。

（四）推动体制机制改革，促进群众体育创新发展

创新是引领发展的第一动力。北京市群众体育应改变以往依靠行政驱动、资源驱动的发展模式，加大管理体制机制创新，实施动力机制转换，激发群众体育发展的内生动力，走出一条创新发展的路子，构建与治理体系及治理能力现代化要求相适应的、具有自我发展活力的体育体制和良性循环的群众体育运行机制。

（五）积极探索群众体育的跨界融合

全民健身与全民健康的深度融合带来了群众体育与其他行业融合发展的重要战略机遇，也成为一种必然的发展趋势。北京市体医融合已经迈出了坚实的步伐，在体育与教育、文化、健康、养老、旅游等事业融合发展上还需做出更多探索，谋划更多的"体育＋""＋体育"举措，发挥体育综合效能，推进群众体育与其他行业的融合发展。

（六）注重实效，着力解决发展不平衡不充分的问题

在经费投入上，应关注全民健身经费投入与产出的效益，不能仅重视大型活动，更应关注市民日常健身活动的开展；不应仅重视场地设施

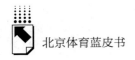

建设，更应关注组织建设和人力资源的培养。在场地设施建设上，应注重处理好"建"与"用"的关系，在"建"的同时，提升场地设施的使用率，进一步推动中小学场地设施对外开放。在健身组织建设和社会体育指导员的培养上，不应仅重视数量，更应重视质量，重视作用发挥的情况。

（七）以人民为中心的体育需要问需于民

新时代人民群众的需要已经从"物质文化需要"发展为"美好生活需要"。为满足人民美好生活需要，应坚持问需于民、问计于民，建立多渠道的居民需求表达机制，将群众的满意度作为衡量工作成绩的重要指标，建立分众化的服务体系、精准的指导体系，按照老百姓的需求改革创新，增强群众健身服务方面的"获得感"，让人民需求与群众体育发展的脉搏共振。丰台区的"快乐健身直通车"是一个很好的实践，上海市社区体育的配送服务也值得参考和借鉴。

（八）探索各区群众体育差异化发展的路径

充分考虑群众体育的现有基础，有效利用各区地形地貌、气候条件等自然资源禀赋以及厚重的人文积淀，实施群众体育的差异化发展。有效盘活北京城六区的存量资源，发挥引领、示范和辐射作用。进一步扩大远郊区的增量资源，结合各区的自然地形、地质和景观条件及民族、民俗、民间传统文化开展群众体育工作。

（九）普及发展冰雪运动，服务冬奥筹办

办好北京2022年冬奥会是国家的一件大事，服务冬奥会的筹办是北京市群众体育的重大政治责任。要围绕"带动三亿人参与冰雪运动"的目标，全面加强宣传推广，激发群众参与冰雪运动的兴趣。当前人们参与冰雪运动的场地设施不足、专业人才储备不足，应准确把握冰雪运动开展的重点领域和优先靶向人群，加强组织和制度保障。

五 结语

70 多年前，中华人民共和国成立并定都北京，这座千年古都焕发新的生机。70 年后，中国特色社会主义进入新时代，首都现代化建设开启了新的航程。70 年来，北京群众体育蓬勃发展，在京华大地形成全民健身的生动实践。

中国特色社会主义进入新时代，中国社会发展有了新坐标，首都发展有了新的战略定位。在新的历史起点上，北京群众体育必须紧紧围绕全国政治中心、文化中心、国际交往中心、科技创新中心的城市战略定位来谋划推进各项工作，助力 2022 年北京冬奥会的筹备与举办。新时代、新目标、新要求需要北京群众体育有新形象、新作为、新担当，北京市要创造性地探索群众体育治理体系与治理能力的现代化，引领北京群众体育高质量发展，努力打造群众体育发展的首都样板，谱写群众体育的北京篇章。

公共服务篇

Public Services

B.2
北京市群众体育政府公共服务
供给现状调研报告

郝晓岑*

摘　要： "国际一流的和谐宜居之都"和"国际体育中心城市"的城市战略定位，要求首都北京充分发挥政府公共体育服务职能，以增强人民体质、满足人民群众日益增长的体育运动与锻炼需求。本报告从政策保障、经费支出和供给结构三方面调查北京市群众体育公共服务供给现状。研究发现，国家层面和市区层面的相关政策有力地保障了北京市体育公共服务供给。随着老百姓科学健身意识的增强，北京民众参与体质监测工作的人数逐年增加。体育活动作为群众体育开展的重要载体，在开展全民健身、促进人民健康方面发挥着重要作用。2019

---
* 郝晓岑，教授，博士，研究方向为体育管理与体育政策、青少年体育。

年北京市公益社会体育指导员达 5.4 万人，比上一年度增长了近 1 万人。2019 年北京人均体育场地面积保持在 2.32 平方米，100% 的街道（乡镇）、100% 的行政村和有条件的社区均建有体育设施。报告同时从战略部署、制度建设和组织建设方面提出了相应的建议。

关键词： 群众体育　公共服务供给　北京市

一　前言

（一）问题的提出

2017 年国务院颁布了《"十三五"推进基本公共服务均等化规划》（以下简称《均等化规划》），《均等化规划》在以"加快建立健全公共文化体育服务国家标准体系"为核心内容的《国家基本公共服务体系"十二五"规划》的基础上，进一步提出了"十三五"工作"重点是保障人民群众得到基本公共服务的机会，而不是简单的平均化"，指出"基本公共服务是由政府主导、保障全体公民生存和发展基本需要、与经济社会发展水平相适应的公共服务"。针对群众体育，实施全民健身计划，组织实施国民体质监测，推行《国家体育锻炼标准》，开展全民健身活动，实行科学健身指导。推动公共体育场馆向社会免费或低收费开放。全面实施青少年体育活动促进计划，培养青少年体育爱好和运动技能，推广普及足球、篮球、排球和冰雪运动等，到 2020 年，经常参加体育锻炼的人数要从 2015 年的 3.64 亿人增长到 4.35 亿人。[①]

---

① 国务院：《国务院关于印发"十三五"推进基本公共服务均等化规划的通知》，中华人民共和国中央人民政府官网，2017 年 3 月 1 日，http://www.gov.cn/zhengce/content/2017-03/01/content_5172013.htm。

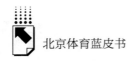
2019 年 1~9 月，国务院和国家体育总局在 9 个月的时间内连续发布了三部涉及群众体育的政策文件，它们分别是《进一步促进体育消费的行动计划（2019—2020 年）》①《国务院办公厅关于印发体育强国建设纲要的通知》《关于促进全民健身和体育消费推动体育产业高质量发展的意见》。这三部体育相关政策文件分别从国民监测、体育活动、体育指导、体育组织、体育场地设施、体育信息六方面强调我国群众体育的发展目标是形成政府主导有力、社会规范有序、市场充满活力、人民积极参与、社会组织健康发展、公共服务完善、与基本实现现代化相适应的体育发展新格局，实现体育治理体系和治理能力现代化。

其中，2019 年 9 月 4 日国务院办公厅颁布的《关于促进全民健身和体育消费推动体育产业高质量发展的意见》提出 10 个方面的政策举措，指出要"激发市场活力和消费热情"，"积极实施全民健身行动，让经常参加体育锻炼成为一种生活方式"。②

2019 年是新中国成立 70 周年，也是落实《北京市全民健身条例》《北京市全民健身实施计划（2016—2020 年）》和冰雪运动"1+7"文件的关键之年，北京市作为"双奥之城"，在满足人民群众日益增长的多元化、多层次体育需求等方面不断探索。2018~2019 年以新修订的全民健身条例为主线，逐渐形成了一个群众体育工作的闭环，从而在全国范围内起到了示范推广的作用，为加快建设国际一流的和谐宜居之都不断做出新的贡献。③

（二）研究目的

为全面开展群众体育活动，增强人民体质，推动我国社会主义现代化建

---

① 国家体育总局：《体育总局发展改革委关于印发〈进一步促进体育消费的行动计划（2019—2020 年）〉的通知》，国家体育总局官网，2019 年 1 月 4 日，http：//www. sport. gov. cn/n316/n336/c889780/content. html。

② 国务院办公厅：《国务院办公厅关于促进全民健身和体育消费推动体育产业高质量发展的意见》，国家体育总局官网，2019 年 9 月 19 日，http：//www. sport. gov. cn/n10503/c927342/content. html。

③ 北京市体育局：《使命呼唤担当任务引领未来 2019 年全市群众体育工作会召开》，北京市体育局官网，2019 年 1 月 16 日，http：//tyj. beijing. gov. cn/bjsports/gzdt84/zwdt/1596480/index. html。

设，本着客观全面、实事求是、科学严谨、推动发展的原则，对各级政府和各相关单位、部门贯彻落实《北京市全民健身实施计划（2016—2020 年）》的情况进行全面、系统、综合的评估，整合、梳理各项目标任务的完成情况，确保"十三五"时期末全面完成《北京市全民健身实施计划（2016—2020 年）》目标任务。

二　研究方法与数据来源

（一）研究方法

1. 问卷调查法

本次调研采用发送表格的形式，请北京市 16 个区进行评估检查，相关数据则由各区群众体育处负责人组织人员进行核实填报。

2. 实地调查法

实地调查法又叫田野调查法或现场研究法。本次调研在获取各区县数据的情况下，同时于 2019 年 10 月 24 ~ 25 日两天参加北京市全民健身工作培训会，对 2019 年市区两级群众体育发展数据进行核实。

3. 逻辑推理法

通过数据调研和实地调查，2018 ~ 2019 年北京市体育局群众体育处获得了大量的有效数据。本报告对这些数据进行分层归类，获取各区的发展数据，形成北京市总体数据。

4. 比较分析法

全国范围内的群众体育调查已经进行了 3 次，兄弟省市也大都有类似的分层分类数据，本报告将采用比较分析法，以此次获得的数据为基点，与全国数据、其他省市的数据进行对比，分析北京市群众体育发展的基本现状，为北京市群众体育发展提出可行性战略。

（二）数据来源

本报告所采用的数据主要来自以下两方面。

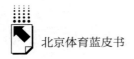

第一，北京市群众体育政府统计数据，这部分数据主要参考《北京市体育局2017年政府信息公开工作年度报告》① 和《北京市体育局2018年政府信息公开工作年度报告》②。同时，为保证数据的客观真实性，研究报告还大量地采用了北京市体育局官网发布的数据信息。③

第二，实地调查数据，主要采用问卷和实地调查的方法收集数据。

三　研究结果

为保证报告的延续性和承接性，本报告仍然使用《北京群众体育发展报告（2016～2017）》中关于"体育公共服务"的概念。为方便读者阅读和理解，本部分在展示"研究结果"之前先阐述关于"体育公共服务"的基本概念和内容。

基本公共服务在《国家基本公共服务体系"十二五"规划》中有着明确的界定，即基本公共服务"指建立在一定社会共识基础上，由政府主导提供的，与经济社会发展水平和阶段相适应，旨在保障全体公民生存和发展基本需求的公共服务。享有基本公共服务属于公民的权利，提供基本公共服务是政府的职责"。体育公共服务属于国家基本公共服务的组成部分。基本公共服务体系就是由基本公共服务范围和标准、资源配置、管理运行、供给方式以及绩效评价等构成的系统性、整体性的制度安排。本报告将从北京市群众体育公共服务供给的政策制度保障、经费支出和供给结构等方面进行现状分析与探讨。

---

① 北京市体育局：《北京市体育局2017年政府信息公开工作年度报告解读》，北京市体育局官网，2018年3月15日，http：//tyj. beijing. gov. cn/bjsports/zfxxgk _ /gzzj/1518602/index. html。

② 北京市体育局：《北京市体育局2018年政府信息公开工作年度报告解读》，北京市体育局官网，2019年3月19日，http：//tyj. beijing. gov. cn/bjsports/zfxxgk _ /gzzj/1596263/index. html。

③ 北京市体育局政府信息公开专栏，北京市体育局官网，http：//tyj. beijing. gov. cn/bjsports/zfxxgk _ /gzzj/index. html。

（一）北京市群众体育公共服务供给的政策制度保障

我国群众体育公共服务供给有着充分的制度和政策保障。《中华人民共和国体育法》《全民健身条例》《全民健身计划（2016—2020 年）》《进一步促进体育消费的行动计划（2019—2020 年）》《国务院办公厅关于印发体育强国建设纲要的通知》《关于促进全民健身和体育消费推动体育产业高质量发展的意见》等多个文件从政策层面为满足人民群众日益增长的文化生活需要提供制度保障。

结合 2018 年北京市卫生和计划生育委员会颁布的《北京市实施〈"健康北京 2030"规划纲要〉行动计划（2018 年—2020 年）》，北京市体育局将全民健身工作纳入为民办实事以及社会建设各个领域。北京市体育局在市政府的统一部署和领导下，充分调研论证、总结试点经验，以保证全民健身相关政策在不同层级政策中的统一性和协调性。为推动依法治体，2018～2019 年北京市体育局先后制定《北京市体育特色乡镇标准》《北京市全民健身示范街道标准》《关于健身组织备案工作的指导意见》《北京市星级全民健身团队评定与奖励办法》等配套文件，同时批准发布《体育场所安全运营管理规范 游泳场所》《人造草运动场地使用和维护保养技术规范（修订）》等 5 个 2018 年立项的一类地方标准，向市有关部门征求意见。开展《体育场馆等级划分及评定 第 1 部分：排球馆》等 13 个标准复审工作，完成了《中小学生体育课运动负荷监测与评价》标准的送审工作。与此同时，北京市体育局以《全民健身条例》为总纲，通过政策法规的权威解读释义，深入宣传全民健身意识、作用和价值，分层次地扩大社会效应，提高市民是健康第一责任人的意识，提高全民健身社会影响力和参与面。①

北京市研究制定《北京市星级全民健身团队评定办法》，进一步规范健

---

① 北京市体育局：《2017 年北京市体育工作情况》，北京市体育局官网，2018 年 2 月 11 日，http://tyj. beijing. gov. cn/bjsports/zfxxgk_ /gzzj/1514413/index. html。

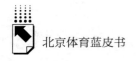
身团队发展，完善全民健身团队星级评定制度；北京市体育局与北京市卫生计生委研究制定《体医融合战略合作框架协议》，探索开展促进医疗体检与体质测试结合的有效机制和手段。为进一步落实 2015 年《北京市人民政府关于加快发展体育产业促进体育消费的实施意见》（京政发〔2015〕36 号）中关于"鼓励社会力量建设小型化、多样化活动场所和健身设施"的要求和《北京市全民健身条例》，北京市体育局发布了《北京市新建体育场馆补助管理办法》，从补贴办法和监督管理方面进行了法律层面的界定指导和规范，为北京市群众体育场馆建设提供了硬件支持与保障——北京市群众体育公共服务供给有了市级层级的政策和制度保障。制定、贯彻和实施体育政策是北京市体育局在制度建设中的重要内容，同时北京市体育局努力将各项政策的宣传贯彻融入市、区、社区、街道（乡镇）各级各类群众体育赛事、节事活动中，向老百姓传递相关政策的主要精神和内涵，普及依法治体的知识、增强依法治体的意识——北京市群众体育公共服务供给有了市级层级的政策与法律保障。

在区县层面，北京市 16 个区、北京经济技术开发区、房山区人民政府燕山办事处体育主管部门全部将群众体育发展工作纳入区县政府工作报告。在实施层面，各区县全面推行全民健身实施计划检查评估制度及群众体育工作考核制度，并制定了区县全民健身表彰奖励制度，建立了区县全民健身基础数据库——北京市群众体育公共服务供给有了区县层级的政策和制度保障。

在全民健身指导和实施工作中，以工作业绩和群众满意度为依据，2019 年北京市 16 个区、北京经济技术开发区、房山区人民政府燕山办事处在政府工作中期考核中全部获得 85 分以上的优秀成绩。

（二）北京市群众体育经费支出情况

北京市全民健身经费总投入金额不断提高。2018 年北京市全民健身经费总投入金额达到 76032.97 万元；市级彩票公益金总额达到 33844.77 万元，比 2014 年的 18458.7 万元增加了 15386.07 万元，增长幅度为 83.35%；

区级群体财政经费总额达到37506.07万元；社会资助全民健身事业资金达到960.23万元；健身设施建设经费达到39407.02万元。①

（三）北京市群众体育公共服务供给结构分析

《均等化规划》第十章"基本公共文化体育"指出，"十三五"期间体育基本公共服务的目标是要"实施全民健身计划，组织实施国民体质监测，推行《国家体育锻炼标准》，开展全民健身活动，实行科学健身指导。推动公共体育场馆向社会免费或低收费开放。全面实施青少年体育活动促进计划，培养青少年体育爱好和运动技能，推广普及足球、篮球、排球和冰雪运动等"。与《国家基本公共服务体系"十二五"规划》相比较，针对青少年群体增加了"青少年体育活动促进计划"，文件同时在青少年运动项目中首次提到"普及冰雪运动"，这是北京2022年冬奥会给予市民参与冰雪运动的时代机遇。

需要说明的是，为保证不同年份《北京群众体育发展报告》相关章节在内容上的延续性和承接性，以便于读者对相关内容的比较、分析和使用，本报告采用的概念沿用《北京群众体育发展报告（2016～2017）》中的有关国民监测服务、体育活动服务、体育指导服务、体育组织服务、体育场地设施服务、体育信息服务六大概念，其内涵和外延在短时期内不做大的调整。

1. 国民监测服务

国民体质监测是法律赋予政府部门的责任和义务，《中华人民共和国体育法》规定："国家推行全民健身计划，实施体育锻炼标准，进行体质监测。"这一法律规定有利于政府部门了解不同区域、不同人群的体质水平和特征，监测全民健身计划的实施效果，为大众提供科学健身咨询和方法手段。随着大众科学健身意识的增强，北京民众参与体质监测工作的人数逐年

---

① 北京市体育局：《北京市体育局2018年度部门决算》，北京市体育局官网，2019年8月29日，http://tyj.beijing.gov.cn/bjsports/zfxxgk_/czyjs/1630296/index.html。

增加，国民体质监测合格率达到93%。

为贯彻落实《"健康中国2030"规划纲要》，北京天坛医院和北京市体育局联手打造全市首个体医融合的"北京市体医深度融合协同创新实验室"和"北京市健体科普示范基地"，努力为市民提供量身定制的科学运动处方。当前，健身的科学性已经成为群众体育普遍关注的重点问题，一方面要满足大众日益增长的科学健身需求，另一方面，更重要的是要为市民提供科学的健身意识、健身手段和康复方法。

北京市国民体质监测内容主要涉及三项指标：身体形态、身体机能和身体素质，2018～2019年市民达到《国民体质测定标准》的合格率为90%，在校学生达到《国家学生体质健康标准》的合格率为90%以上。

2. 体育活动服务

2018～2019年是北京群众体育发展的"大年"，市级品牌全民健身活动作为群众体育活动开展的重要载体，在开展全民健身、促进人民健康方面发挥着重要作用。全民健身体育节、北京市体育大会、"一区一品"群众体育品牌活动、"和谐杯"乒乓球比赛、全民健身"北京纪录"挑战赛、公园半程马拉松等市级品牌项目相继开展，一个个组织有序、气氛浓厚的体育品牌活动让老百姓获得体育带来的快乐和荣誉，群众体育项目活动成为推动健康北京建设的重要窗口和舞台。

2018年北京市第十五届运动会增设群众比赛项目。为宣传贯彻《北京市全民健身条例》，深入落实《北京市全民健身实施计划（2016—2020年)》和《北京市人民政府关于加快冰雪运动发展的意见（2016—2022年)》，2019年北京市举办主题为"追梦新时代，健康赢未来"的第十二届全民健身体育节。体育节包括了39项国际级、国家级、省级（含京津冀）赛事活动，110项市级赛事活动，207项区级赛事活动，内容丰富、形式多样、覆盖人群广泛，是北京市规模最大、影响最大、覆盖面最广、内容最丰富的全民健身体育盛会。[①] 体育节的

---

① 北京市体育局：《北京市第十二届全民健身体育节开幕》，北京市体育局官网，2019年4月22日，http：//tyj. beijing. gov. cn/bjsports/gzdt84/zwdt/1601571/index. html。

另外一大亮点在于"以品牌赛事影响力的提升带动体育节整体影响力的进一步提升"。2019 年北京市第十二届全民健身体育节从历届体育节重点赛事中精选出了举办时间长、参与人数多、影响范围广的十大全民健身品牌赛事作为组织和宣传工作的主线,以品牌发展带动体育节的整体发展。除十大赛事之外,本届体育节还举办丰富多彩的群众体育赛事活动,这些经典传统赛事与十大赛事相得益彰,共同构成体育节赛事活动体系,呈现多元和多样的北京市全民健身体育节赛事活动,烘托和构建出全民同享体育节的良好社会氛围。①

2017~2018 年,北京市青少年冰球俱乐部联赛,共有 29 家冰球俱乐部的 162 支队伍 2554 名运动员参赛;北京市中小学生校际冰球联赛,共进行 326 场比赛,1500 余名运动员参与。继以"全民健身迎冬奥,快乐冰雪圆梦想"为主题的第四届北京市民快乐冰雪季之后,北京市在 2018 年 11 月~2019 年 4 月开展了第五届北京市民快乐冰雪季。第五届北京市民快乐冰雪季开展冰雪季线上有奖冬奥知识问答活动 24 期,248439 人次参与,市民免费领取并使用冰雪体验券 15000 张;完成冰上公益体验课 70 场、3500 人次参与,雪上公益体验课 25 场、2500 人次参与,组织学生、社区居民、职工、机关干部等参与冰雪运动公益体验活动;举办冰上公益体验课百场纪念活动。2019 年 5 月 18 日至 6 月 16 日,举办北京市中小学生校际冰球联赛,赛事规模再创新高。联赛进行 325 场比赛,近 2000 名运动员 1 万多人次参与比赛活动。本届联赛参赛学校 118 所,参赛队伍 132 支,分别比 2018 年增长 12% 和 10%,是本市中小学生校际冰球联赛举办以来参赛学校数、参赛队伍数、参赛运动员数最多的一届。②

3. 体育指导服务

体育指导服务水平可以从千人拥有社会体育指导员比例以及科学健身宣

---

① 北京市体育局:《北京市第十二届全民健身体育节开幕》,北京市体育局官网,2019 年 4 月 22 日,http://tyj.beijing.gov.cn/bjsports/gzdt84/zwdt/1601571/index.html。

② 北京市体育局:《市体育局 2019 年度绩效任务上半年完成情况》,北京市体育局官网,2019 年 9 月 17 日,http://tyj.beijing.gov.cn/bjsports/zfxxgk_/1421305/1634745/index.html。

传活动频次、参与实践人数等进行数量化衡量。

2016~2017年北京市拥有公益社会体育指导员44869人，每千人拥有公益社会体育指导员人数达到3.41人。2018~2019年北京市公益社会体育指导员人数达5.4万人，比上一年份增长了近1万人。为发挥社会体育指导员的"种子效应"，北京市体育局不断加强社会体育指导员服务管理，同时努力在基层医院职业中医师、社会工作者等不同人群中培养社会体育指导员，壮大基层全民健身服务力量。

同时为大力推动实施北京市体育局与市卫生计生委签订的《体医融合战略合作框架协议》，有效探索了体育运动促进健康管理的新模式和新技术。

仅2019年上半年，北京市体育局开展一级社会体育指导员培训6期，培训648人，在培训中增加冰雪运动知识课程，培训合格者被授予一级冰雪运动社会体育指导员称号；开展社会体育指导员岗位再培训17期，培训1329人，每期各安排半天冰雪运动知识课程，提高社会体育指导员宣传、普及冬奥会和冰雪运动知识的能力。举办全民健身科学指导大讲堂冰雪运动知识科普宣传活动进社区、行政村、学校、滑冰场、滑雪场、健身广场等113场，约5500人受益。[1]

就冰雪示范校来说，2020年市级冰雪示范校的总数将增至200所。每所特色校将辐射2~3所学校，共同开展冬季奥林匹克教育工作。[2]

2018年北京市创建60个全民健身示范街道和体育特色乡镇（见表1），在体育场地设施、健身活动开展、科学健身指导等方面为群众提供更优质的服务。

---

① 北京市体育局：《市体育局2019年度绩效任务上半年完成情况》，北京市体育局官网，2019年9月17日，http：//tyj. beijing. gov. cn/bjsports/zfxxgk_ /1421305/1634745/index. html。

② 北京市体育局：《市级冰雪示范校明年将达200所》，北京市体育局官网，2019年10月23日，http：//tyj. beijing. gov. cn/bjsports/gzdt84/tytj/1638601/index. html。

表 1 2018 年北京市体育特色乡镇名录

序号	2018 年北京市体育特色乡镇
1	朝阳区金盏乡
2	朝阳区南磨房乡
3	海淀区东升镇
4	丰台区卢沟桥乡
5	门头沟区永定镇
6	通州区台湖镇
7	通州区西集镇
8	顺义区赵全营镇
9	顺义区李遂镇
10	顺义区马坡镇
11	昌平区崔村镇
12	昌平区百善镇
13	昌平区南邵镇
14	大兴区西红门镇
15	大兴区北臧村镇
16	平谷区大华山镇
17	平谷区金海湖镇
18	平谷区王辛庄镇
19	怀柔区杨宋镇
20	延庆区旧县镇

资料来源：北京市体育局：《2018 年北京市体育特色乡镇名单》，北京市体育局官网，2018 年 11 月 19 日，http://tyj.beijing.gov.cn/bjsports/xxcx/tytsc/1577084/index.html。

4. 体育组织服务

体育社团是最基层的体育类民间组织，近年来北京市不断加强各级各类体育社团培育与服务力度，按照"政府主导、社会承载、全民参与、共同推动"的要求，形成了以市区体育总会为龙头，以区县体育总会、体育社团、体育单项协会为骨干，以街道（乡镇）社区体育协会、健身团队为基础的较为完善、健全的"三级体育组织网络体系"。

2018～2019 年北京市进一步加强引导，截至 2019 年上半年，全市 16 个区以及北京经济技术开发区、房山区燕山地区均建有体育总会，其中市级体育社团达到 95 个，区级体育社团达到 531 个，备案健身团队达到 7893 个。

5. 体育场地设施服务

体育场地设施是满足大众体育健身服务需求的硬件环境，是群众进行体育健身活动的基本硬件资源保障，是衡量政府提供体育公共服务能力的重要硬件指标。2017 年北京市体育局认真履行基本公共服务的职能，牵头编制了全国首个社区体育地方标准《体育生活化社区建设规范》，并正式发布实施。①在体育场地方面，截至 2019 年北京人均体育场地面积保持在 2.32 平方米，100% 的街道（乡镇）、100% 的行政村和有条件的社区均建有体育设施。

北京市在城市人口疏解的过程中，充分利用腾退老旧厂房，于 2017 年新建 509 片专项活动场地，2018 年在已有的 509 片专项活动场地的基础上进一步新建 773 片专项活动场地，其中篮球场 205 片、笼式足球场 96 片、网球场 64 片、乒乓球长廊 65 片、门球场 30 片、棋苑 313 片，以 "15 分钟健身圈" 为基础的全民健身设施格局逐渐形成。北京市体育局同时积极在回龙观、天通苑地区举办居民办实事活动，在 4 个街道、乡镇的 32 个社区、行政村配备 440 件室内外健身器材。②

为贯彻实施《"带动三亿人参与冰雪运动"实施纲要（2018—2022年）》，大力推广和普及群众性冰雪运动，实现"带动三亿人参与冰雪运动"，带动老百姓参与冰雪运动项目的热情，北京市在已有冰雪场地的基础上于 2018 年新建 2 块全民健身室外制冷冰场，并对 2015 ~ 2017 年建成的冰场进行运营，在各区配置了 200 件全民健身工程（滑雪训练器）。

为保证新建体育场地设施的建设和有效使用，北京市体育局 2017 年 10 月 27 日发布《北京市新建体育场馆补助管理办法》，其目的就是落实体育产业发展政策，鼓励民营企业和社会资本投资建设体育场馆设施，不断满足市民健身需求。③

---

① 北京市体育局：《北京群体工作硕果累累——发展群众体育促进全民健康》，北京市体育局官网，2017 年 3 月 7 日，http://tyj. beijing. gov. cn/bjsports/gzdt84/zwdt/1433695/index. html。
② 北京市体育局：《北京市体育局 2018 年政府信息公开工作年度报告解读》，北京市体育局官网，2019 年 3 月 19 日，http://tyj. beijing. gov. cn/bjsports/zfxxgk_ /gzzj/1596263/index. html。
③ 北京市体育局：《解读〈北京市新建体育场馆补助资金管理办法〉》，北京市体育局官网，2019 年 9 月 9 日，http://tyj. beijing. gov. cn/bjsports/zcfg15/zcjd/1633880/index. html。

随着全民健身政策的推进，北京市大型、中型体育场馆，包括大学体育场馆开始向市区居民开放，为居民健身提供优质场地和设施。

6. 体育信息服务

北京市群众体育认真落实党的十九大各项决策部署，全面贯彻全民健身和"健康中国"国家战略，引导全体人民自觉健身、便利健身、科学健身、文明健身，不断加强与各界媒体的合作，广泛宣传体育工作，讲好体育故事，传播好体育声音。仅 2019 年上半年，举办市级全民健身科学指导大讲堂面授讲座进各区、机关、部队、公园 23 场，约 7100 人次参加。

2019 年 5 月 11 日起，北京市体育局、BTV 生活节目中心联合推出冬奥系列节目《冬奥知否》。节目于每周六晚上 6：40 播出。节目以"一切冬奥知识，尽在《冬奥知否》"为宣传语，每集一个短视频。节目中由一位知名主持人体验一项冰雪运动，代言一项冰雪项目，讲解一个冬奥知识。内容涉及冬奥历史、冬奥运动项目、比赛规则、观赛指南、冬奥场馆揭秘、冬奥人物故事等。《冬奥知否》的播出将为 2022 年北京冬奥会助力，为"带动三亿人参与冰雪运动"起到积极宣传作用。①

单就相关冰雪活动而言，2018～2019 年，北京市体育局持续推动冬奥知识、冰雪运动进校园，编制发布《北京市青少年校外冰雪活动中心创建标准》和《北京市冰雪运动校园辅导员准入条件和培训大纲（滑冰、滑雪、冰球)》，开展冰上公益体验课 70 次、雪上公益体验课 15 次。

四 研究结论和建议

（一）研究结论

2018～2019 年是北京群众发展的"大年"。国民监测服务、体育活动服

---

① 北京市体育局：《市体育局、BTV 生活隆重推出〈冬奥知否〉主题系列节目》，北京市体育局官网，2019 年 5 月 10 日，http：//tyj. beijing. cn/bjsports/gzdt84/zwdt/1602990/index. html。

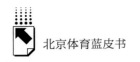

务、体育指导服务、体育组织服务、体育场地设施服务、体育信息服务六大服务内容基本反映了北京群众体育公共服务质量。

第一，国家层面和市区层面的相关政策有力地保障了北京市体育公共服务供给。北京市体育局一方面通过多种途径和手段解读释义各层级政策文件，另一方面通过举办赛（节）事活动和提供体育信息服务等途径努力践行，向市民提供优质的体育资源和服务，以满足人民群众日益增长的文化生活需要。

第二，随着大众科学健身意识的增强，北京民众参与体质监测工作的人数逐年增加，2019年国民体质监测合格率达到93%。

第三，体育活动作为群众体育开展的重要载体，在开展全民健身、促进人民健康方面发挥着重要作用。全民健身体育节、北京市体育大会、第五届北京市民快乐冰雪季在带动市民热爱和参与体育活动等方面发挥着重要的引导作用。

第四，2019年北京市公益社会体育指导员达5.4万人，比上一年度增长了近1万人。为积极响应"带动三亿人参与冰雪运动"，预计到2020年市级冰雪示范校的总数将增至200所。每所特色校将辐射2~3所学校，共同开展冬季奥林匹克教育工作。

第五，2018~2019年北京市进一步加强引导，全面推动全民健身组织健康发展。截至2019年上半年，全市16个区以及北京经济技术开发区、房山区燕山地区均建有体育总会，其中市级体育社团达到95个，区级体育社团达到531个，备案健身团队达到7893个。

第六，体育场地设施是满足大众体育健身服务需求的硬件环境，截至2019年北京人均体育场地面积保持在2.32平方米，100%的街道（乡镇）、100%的行政村和有条件的社区均建有体育设施。

第七，2018年，北京市体育局与北京广播电台合办贯穿全年的《"1025"动生活》栏目，宣传科学健身，年累计播出2190个小时。北京市体育局、BTV生活节目中心联合推出冬奥系列节目《冬奥知否》，为"带动三亿人参与冰雪运动"起到积极宣传作用。

（二）研究建议

1. 对标对表，做好公共服务供给的顶层设计和战略部署，做好群众体育事业发展和建设的排头兵

2018 年 9 月 30 日北京市卫计委印发《北京市实施〈"健康北京 2030"规划纲要〉行动计划（2018 年—2020 年）》。《"健康北京 2030"规划纲要》在目标中提及以下几点内容。一是到 2020 年北京市城市建设基础设施水平全面提升，人均公共体育用地约束性面积达到 0.65 平方米；全民健身场地设施更加完善，人均体育场地面积保持在 2.25 平方米。二是实现 2020 年各级公益社会体育指导员达到 5.8 万人、职业社会体育指导员达到 1.1 万人的规模。三是到 2020 年市民健身意识和科学健身素养不断增强，每周参加 1 次及以上体育锻炼的人数达到 1200 万人，经常参加体育锻炼的人数达到 1000 万人，市民体质达标率超过 93%。当前随着管理工作绩效越来越成为政府工作考核的主要内容，政府部门就更应该对标对表，做好公共服务供给的顶层设计和战略部署。同时，对照以上标准数据，我们发现，北京市在相对应的量化数据中，有的数据已经在 2018～2019 年达标完成，这就需要北京市主动与兄弟省市比较与合作，以标为表，立好发展新目标，做好群众体育事业发展和建设的排头兵。

2. 用足用好各级各类相关政策，以使政策贯穿群众体育的计划、组织、领导和控制整个管理链条，积极探索体医融合的有效途径

2018～2019 年相比于 2016～2017 年，在政策数量上远远高于后者，内容更加丰富，统计口径更加多元，发布单位也更加分散，这就要求政府在提供群众体育公共服务和服务产品的同时要充分用好用足各级各类相关政策，使政策贯穿群众体育的计划、组织、领导和控制整个管理链条，保证政策落实的实效性和有效性。同时，要理解政府公共服务供给的深层次含义，将准政府组织、非政府组织（体育社团、体育基金会、民办非企业体育单位等）、企业、个人等纳入政府供给主体中，发动和鼓励社会力量进入政府公共服务供给的链条。积极探索体医融合的有效途径，为人民群众提供更加智

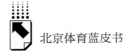
能、更加便捷和更加优质的公共服务。

3. 搭建全民健身服务平台，发展全民健身社会组织，发挥社会体育指导员的作用，加强科学健身指导和服务

为全面落实 2016 年 10 月 25 日中共中央、国务院颁布的《"健康中国2030"规划纲要》，2019 年 9 月 7 日北京市委、市政府颁发了《"健康北京2030"规划纲要》，该文件进一步明确坚持健康优先原则，将健康融入所有政策。《"健康中国 2030"规划纲要》《"健康北京 2030"规划纲要》的先后颁布，使体医融合理念深入公众、管理者和研究者的视野，将全民健身和全民健康深扎百姓心中。而我们更应该深思的是，体育与健康的关系是什么。"体医融合"成为一面镜子，它更多地告诉百姓，适量的体育锻炼带来的是健康，过量的体育锻炼带来的是损伤和不健康。"以脑血管病为例，全世界只有美国做过一项长达 11 年的研究，结果显示：只有休闲运动，而不是劳累运动才能预防疾病；快速散步能预防卒中，但剧烈运动却会增加脑出血。"[①] 因此，只有体育和医学的双管齐下，才能带来真正的身体健康。未来，北京市需要更好地搭建全民健身服务平台，发展全民健身社会组织，发挥社会体育指导员的作用，加强科学健身指导和服务。

参考文献

北京市体育局：《2019 年北京市体育工作总结》，北京市体育局官网，2020 年 3 月 9日，http：//tyj. beijing. gov. cn/bjsports/zfxxgk_ /gzzj/1715658/index. html。

李丽莉、王凯珍等：《北京市第二次群众体育现状调查与研究》，北京体育大学出版社，2012。

---

① 北京市体育局：《首个"体医融合"实验室建成可为市民定制运动处方、远程指导运动》，北京市体育局官网，2019 年 8 月 27 日，http：//tyj. beijing. gov. cn/bjsports/gzdt84/zwdt/1630564/index. html。

B.3
北京市老年人体育需求及满意度的
现状调查与分析
——以养老机构内的老年人为例

李　慧*

摘　要： 本报告采用文献资料法、问卷调查法、数理统计法，对北京市养老机构内老年人的体育需求与供给现状进行调查分析，发现养老机构内的健身休闲设施配置存在如下问题：设施配置适老化不足，有效供给不足；功能区分不明确，服务内容不具有针对性；服务辐射作用缺失，不具有社会效益；重"治疗"轻"预防"，"体""医"各自为政；重硬件设施轻软件设施，文化软实力不足等。本报告建议以老年人需求为导向对已有的设施进行改造、对没有的设施进行规划，区分一般功能服务设施与特定功能服务设施，确定应该服务的人群数量与空间服务标准，构建"体医融合"机制，推动"体医融合"工作，加强体育文化建设，发挥文化的导向作用。

关键词： 老年人　体育需求　体育供给　北京市

一　前言

《北京市老龄事业发展和养老体系建设白皮书（2017）》显示，截至

---

* 李慧，博士研究生，研究方向为老年体育。

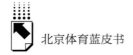
2017 年底，全市 60 岁及以上户籍老年人口占户籍总人口的 24.5%，户籍人口老龄化程度居全国第二位，老龄化呈现程度高、增长快、高龄人口多、长寿特征凸显等特征。为应对人口老龄化，满足老年人服务需求，积极推动养老服务工作，发展养老服务已经成为各地政府新的经济增长点和重大民生工程，北京市出台了一系列养老政策法规，走在全国前列。围绕"9064"养老服务格局，北京市积极推动社会化养老服务体系建设，加大养老机构和社区养老设施建设，旨在建立形式多样的养老服务体系。2016 年，北京市深化公办养老机构改革，推动养老照料中心、养老服务驿站发展。根据《北京市老龄事业和养老服务发展报告（2016 年—2017 年)》，2017 年北京市养老床位数已增至 12.6 万张，一半以上的公办养老机构实现了公办民营。扶持养老照料中心建设项目 252 个，推进养老机构（含养老照料中心）辐射开展居家养老服务项目。此外，北京市开展养老服务标准化建设，打造"北京养老"品牌。目前已建立养老服务地方标准 12 项，指导养老机构标准化建设和星级评定，开展养老服务标准化试点示范。发布"北京养老"标识，鼓励并支持全市养老机构、养老照料中心、社区养老服务驿站等养老服务机构统一使用及推广。2017 年底国家质检总局、国家标准委发布《养老机构服务质量基本规范》，列出了包括文化娱乐服务在内的九大服务项目，明确了不同星级养老机构服务质量的基本要求。

2015 年北京市体育总局等 12 个部门印发《关于进一步加强新形势下老年人体育工作的意见》，指出体育健身活动是积极应对人口老龄化的便捷、经济、有效方式，也是老年人保持健康、延缓衰老的理想途径。2016 年中共中央、国务院印发实施了《"健康中国 2030"规划纲要》（以下简称《纲要》)，将提高全民身体素质写入《纲要》，倡导广泛开展全民健身运动，促进老年人等特殊人群体育活动的开展。《纲要》肯定了体育非医疗健康干预的作用，提出体医融合的疾病管理与健康服务模式，发挥全民科学健身在促进健康、慢性病预防和康复等方面的积极作用。2019 年健康中国行动推进委员会印发《健康中国行动（2019—2030 年)》，为促进健康老龄化，将全民健身行动列入重大行动之中，给予老年人身体活动指导建议，倡导老年人科学健身，以保持身体功能，减缓认知功能的衰退。

综上所述，随着社会化养老服务体系的发展，在养老服务格局中具有支撑功能的养老机构获得了社会资本的广泛青睐。北京市稳中有升的经济状态，为养老服务业的快速发展提供了坚实保障。未来养老产业的发展，需要满足老年人的服务需求，迫使养老机构服务项目不断转型升级。伴随社会对体育功能的日益重视、老年人体育意识的不断加强，养老机构健身休闲服务功能势必成为影响老年人入住的重要影响因素。在此背景下，研究北京市养老机构内老年人体育需求与供给的现状，于老年人而言，具有丰富精神文化生活、提高健康水平和生活质量的作用；于养老机构而言，具有查漏补缺、促进养老服务项目更加贴近老年人生活、提高老年人入住满意度的功能。

二　研究方法

问卷调查法是本研究的主要研究方法。本研究依托科技创新服务能力建设—科研基地建设—京津冀体育健身休闲发展协同创新中心（2011 协同创新中心）平台，将《京津冀养老机构健身休闲设施配置与使用情况调查问卷》与《京津冀养老机构老年人健身休闲设施使用情况及需求调查》两份问卷在北京市三星及以上的养老机构进行发放。调查对象有三类：一类是自理型、半自理型和全失能型的普通入住老人；二类是入住时间长、年龄在 60～70 周岁、对所在养老院情况比较熟悉的老人；三类是养老机构的管理人员或工作人员。其中一类调查对象包含 1 个机构 9 个样本；二类与三类调查对象共计 1 个样本。对养老机构的筛选采用分层抽样的方法，首先，从养老网（http：//www.yanglao.com.cn/）上获得北京市所有养老机构名单（2017 年数据），删除重复信息与明显有误的信息；其次，结合研究目的，试访发现三星及以上的养老机构具有基本的体育健身服务、康复服务及相关设施，再次筛选发现有 268 家养老机构符合要求，制作抽样框；最后，根据抽样比例，北京市确定分配 67 个样本量，实际完成 50 个样本量。为避免老年人由于身体健康状况与文化教育水平造成的问卷填写不完整或不真实，在调查过程中采用调查者

给被调查者读问卷的形式，保证所得数据的客观性与真实性。北京市各区县养老机构调查结果如表1所示。

表1　北京市各区县养老机构调查结果一览表

单位：家，人

市	辖区	养老机构数量	老年人数量
	朝阳区	8	65
	丰台区	2	20
	石景山区	5	50
	海淀区	2	20
	房山区	4	39
北京	通州区	11	128
	昌平区	2	20
	大兴区	7	73
	怀柔区	5	50
	平谷区	1	10
	延庆区	3	31
合计	11	50	506

三　研究结果与分析

（一）北京市养老机构老年人体育参与行为及需求分析

1. 老年人基本信息

（1）性别与年龄

在北京市养老机构调查的506人中，男性216人，占42.7%，女性290人，占57.3%；60周岁及以上老年人474人，占93.7%，60周岁以下老年人32人，占6.3%。在老年人群体中，80周岁以上的老年人最多，有167人，占总体样本的33.0%；其次是76~80周岁的老年人，有100人，占总体样本的19.8%。北京市养老机构的老年人的年龄特征是年龄越高，人数越多，如表2所示。

表 2　北京市养老机构老年人年龄分布

单位：人，%

年龄段	数量	比例
60 周岁以下（不包括 60 周岁）	32	6.3
60~65 周岁	53	10.5
66~70 周岁	65	12.8
71~75 周岁	89	17.6
76~80 周岁	100	19.8
80 周岁以上（不包括 80 周岁）	167	33.0
总计	506	100.0

（2）身体健康状况

在北京市养老机构调查的 506 人中，身体状况按自理型、半自理型、全失能型划分，自理型老年人 342 人，占 67.6%；半自理型老年人 164 人，占 32.4%；无全失能型老年人。

（3）入住时间

如图 1 所示，北京市养老机构入住老年人数量在 2009 年以前变化不大，2009~2010 年有小幅度的增长，2010~2011 年出现轻微回落，2011~2017 年持续增长，并在 2017 年达到峰值。因本调查截止时间为 2018 年 5 月，所以 2017~2018 年入住老年人数的大幅度下降不能反映养老机构老年人入住的真实情况。

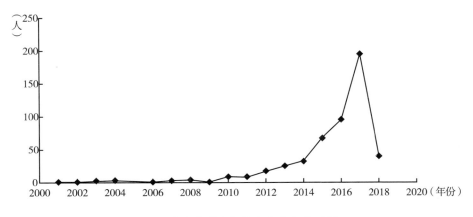

图 1　北京市养老机构老年人入住时间

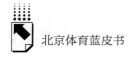

（4）经济状况

如图 2 所示，北京市养老机构内 62.3% 的老年人依靠"自己的积蓄"入住养老机构；26.5% 的老年人由"儿女出钱"入住养老机构；5.1% 的老年人依靠"政府补助"入住养老机构；3.6% 的老年人凭借"以房养老"入住养老机构；1.4% 的老年人由"其他亲属资助"入住养老机构。由此可见，北京市超过六成的老年人依靠"自己的积蓄"入住养老机构。

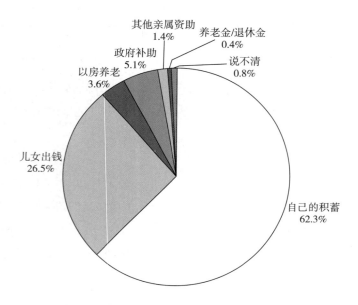

图 2　北京市养老机构老年人的入住经费来源

2. 老年人体育参与行为

（1）体育参与意识

以十分制的形式来判断健身休闲活动在老年人生活中的重要性，如图 3 所示，北京市入住养老机构老年人给出 5 分及以上的人数大于 5 分以下的人数，说明大多数老年人是认可健身休闲活动在个人生活中的重要性的。其中，67.6% 的老年人给出了 8 分及以上的评价，说明健身休闲活动在他们的生活中非常重要。

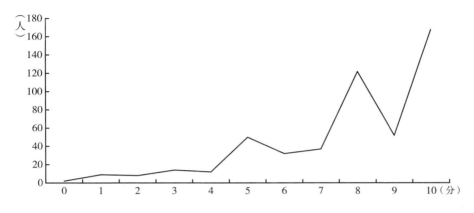

图3 北京市养老机构老年人体育参与意识

（2）体育参与动机

如图4所示，北京市入住养老机构老年人参加体育锻炼的动机按照选择人数的多少排名前五的分别是"保持和增进健康""愉悦身心，保持良好心态""丰富老年人生活""形成良好的生活习惯""经常同朋友交流"。

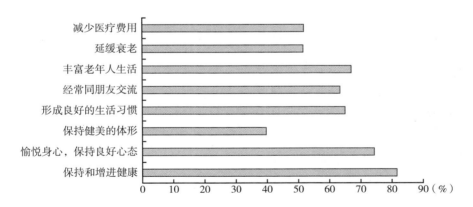

图4 北京市养老机构老年人体育参与动机

调查北京市养老机构内的工作人员共计50人，其中，有26人，占52.0%，认为老年人参与健身休闲活动的目的是"休闲娱乐"；有46人，占92.0%，认为老年人参与健身休闲活动的目的是"健身强体"；有20人，占40.0%，认为老年人参与健身休闲活动的目的是"结交朋友"；有13人，

占 26.0%，认为老年人参与健身休闲活动的目的是"学习知识"。

（3）体育参与经历

在北京市养老机构调查的 506 人中，有 194 人，占 38.8%，入住养老机构前"经常参加"体育锻炼；有 151 人，占 29.8%，入住养老机构前"偶尔参加"体育锻炼；有 158 人，占 31.2%，入住养老机构前"不参加"体育锻炼；有 3 人，占 0.6%，拒答或选择"说不清"。由此可见，有体育参与经历的老年人多于无体育参与经历的老年人。

北京市老年人在入住养老机构前参与人数最多的体育活动，由高到低依次是健步走/快步走（249 人，占 49.2%）、跑步（76 人，占 15.0%）、健身路径（72 人，占 14.2%）、交际舞/广场舞（67 人，占 13.2%）、乒乓球（56 人，占 11.1%）（此题为多选题）。

（4）体育参与效果

北京市养老机构老年人中有 136 人，占 26.9%，认为与没有参加体育锻炼相比，参加体育锻炼后患病就医的次数"明显减少"；有 130 人，占 25.7%，认为"略有减少"；有 60 人，占 11.9%，认为"基本一样"；有 5 人，占 1.0%，认为"不减反增"；有 14 人，占 2.8%，选择"说不清"；有 161 人，占 31.8%，没有做出选择。

北京市养老机构老年人中有 117 人，占 23.1%，认为通过增加体育锻炼，能"非常有效"地减少医疗费用上的开支；有 273 人，占 54.0%，认为"有一定的效果"；有 48 人，占 9.5%，认为"效果不明显"；有 33 人，占 6.5%，认为"完全无效"；有 35 人，占 6.9%，拒答或选择"说不清"。

3. 老年人健身休闲设施使用情况与需求

（1）健身休闲设施的使用情况

通过调查北京市入住养老机构老年人健身休闲设施的使用情况，发现有 139 人，占 27.5%，"经常使用"健身休闲设施；有 120 人，占 23.7%，"偶尔使用"健身休闲设施；有 235 人，占 46.4%，"不使用"健身休闲设施；有 12 人，占 2.4%，拒答或选择"说不清"。由此可见，北京市超过四成的入住养老机构老年人不使用健身休闲设施。

通过调查北京市养老机构工作人员对老年人健身休闲设施使用情况的了解程度，发现有 9 人，占 18.0%，认为老年人使用频率"非常高"；有 25 人，占 50.0%，认为老年人使用频率"比较高"；有 11 人，占 22.0%，认为老年人使用频率"一般"；有 4 人，占 8.0%，认为老年人使用频率"比较低"；有 1 人，占 2.0%，认为老年人使用频率"非常低"。

对比老年人实际使用健身休闲设施的情况与工作人员了解到的老年人对健身休闲设施的使用情况，发现二者之间存在矛盾。北京市超过四成的入住养老机构老年人不使用健身休闲设施，但却有一半的工作人员认为老年人使用健身休闲设施的频率"比较高"。

如表 3 所示，在室外活动场地设施中，老年人使用人数最多的是"室外的小区健身器材"，占 29.1；在室内活动场地设施中，老年人使用人数最多的是"文艺活动室"，占 16.2。整体看来，在各类健身休闲设施中，"室外的小区健身器材"使用人数最多，其次是"健身步道"，再次是"文艺活动室"。

表 3　北京市养老机构内老年人健身休闲设施使用情况

单位：人，%

健身休闲设施	数量	比例
室外的小区健身器材	147	29.1
健身步道	97	19.2
平坦的广场	65	12.8
专项体育场地	12	2.4
室内健身房	59	11.7
室内专项体育场地	58	11.5
康复器材室	47	9.3
文艺活动室	82	16.2

注：此题为多选题，统计单个项目选择人数多少。

（2）影响因素

北京市养老机构老年人不使用健身休闲设施的原因如表 4 所示，29.4% 的老年人是因为"身体情况不适合锻炼"，10.9% 的老年人是因为"对现在的健身休闲设施不满意"，6.3% 的老年人是因为"不喜欢锻炼"，还有少部

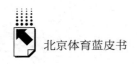
分老年人是因为"觉得锻炼没什么用""有其他事情，没时间锻炼""散步、跑步等不需要专门设施""缺乏专门指导"。

表4　北京市养老机构老年人不使用健身休闲设施的原因

单位：人，%

原因	数量	比例
身体情况不适合锻炼	149	29.4
不喜欢锻炼	32	6.3
觉得锻炼没什么用	6	1.2
对现在的健身休闲设施不满意	55	10.9
有其他事情，没时间锻炼	9	1.8
散步、跑步等不需要专门设施	4	0.8
缺乏专门指导	1	0.2

注：此题为多选题，统计单个项目选择人数的多少，部分老年人未做出选择。

（3）满意程度与原因

北京市养老机构老年人中，有147人，占29.1%，对健身休闲设施"非常满意"；有201人，占39.7%，对健身休闲设施"比较满意"；有101人，占20.0%，对健身休闲设施的满意度为"一般"；有42人，占8.3%，对健身休闲设施"不太满意"；有15人，占3.0%，对健身休闲设施"非常不满意"。

在北京市养老机构工作人员中，有9人，占18.0%，认为养老机构的活动设施与场地"非常能"满足老年人健身娱乐的需求；有27人，占54.0%，认为"比较能"满足；有9人，占18.0%，认为"一般"能满足；有4人，占8.0%，认为"不太能"满足；有1人，占2.0%，认为"完全不能"满足。

对比北京市入住养老机构老年人对健身休闲设施的满意程度与养老机构工作人员认为老年人对健身休闲设施的满意程度，发现对健身休闲设施"比较满意"的老年人最多，认为健身休闲设施"比较能"满足老年人需求的工作人员最多。

调查北京市养老机构工作人员关于健身休闲设施不能满足老年人健身休闲娱乐需求的原因，发现有4人，占8.0%，认为是"场地设施不足"；有1人，占2.0%，认为是"场地设施维护不善"；有1人，占2.0%，认为是

"无专业人员指导咨询"；有 1 人，占 2.0%，认为是"没有人组织"。

北京市养老机构老年人对健身休闲设施不满意的原因如表 5 所示，43 人是因为"健身休闲设施数量太少"，8 人是因为"健身休闲设施类别太少"，6 人是因为"缺乏专人指导"，还有少部分人是因为"健身休闲设施破损、老化""健身休闲设施位置太远，不方便"。

综合老年人与工作人员所认可的健身休闲设施不能满足老年人需求的原因，发现健身休闲设施不足或数量太少是认可度最高的原因。

表 5　北京市养老机构老年人对健身休闲设施不满意的原因

单位：人，%

原因	数量	比例
健身休闲设施数量太少	43	8.5
健身休闲设施类别太少	8	1.6
健身休闲设施破损、老化	4	0.8
健身休闲设施位置太远，不方便	3	0.6
缺乏专人指导	6	1.2

注：此题为多选题，统计单个项目选择人数的多少，部分老年人未做出选择。

（4）需求与建议

如表 6 所示，在北京市入住养老机构老年人最希望增加的健身休闲场地设施中，147 人希望增设"室外的小区健身器材"，101 人希望增设"康复器材室"，99 人希望增设"文艺活动室"，81 人希望增设"室内健身房"。

表 6　北京市养老机构老年人最希望增加的健身休闲场地设施

单位：人，%

健身休闲场地设施	数量	比例
室外的小区健身器材	147	29.1%
健身步道	41	8.1%
平坦的广场	34	6.7%
专项体育场地	14	2.8%
室内健身房	81	16.0%
室内专项体育场地	45	8.9%

健身休闲场地设施	数量	比例
康复器材室	101	20.0
文艺活动室	99	19.6
不需要	14	2.8

注：此题为多选题，统计单个项目选择人数的多少。

如表 7 所示，北京市入住养老机构老年人有 253 人，占 50.0%，没有对养老机构健身休闲功能设置提出建议，有 84 人建议"增加新的健身设施或场地"，56 人建议"配备专业的健身指导员"，38 人建议"开设健身休闲相关内容的讲座"，33 人建议"组织形式多样的体育活动"，11 人建议"做好健身设施或场地的维护与管理"。

表7 北京市养老机构老年人对健身休闲功能设置的建议

单位：人，%

建议	数量	比例
增加新的健身设施或场地	84	16.6
做好健身设施或场地的维护与管理	11	2.2
配备专业的健身指导员	56	11.1
组织形式多样的体育活动	33	6.5
开设健身休闲相关内容的讲座	38	7.5
没有建议	253	50.0

注：此题为多选题，统计单个项目选择人数的多少，部分老年人未做出选择。

（二）北京市养老机构健身休闲功能设置状况

1. 北京市养老机构的基本信息

（1）养老机构的性质与规模

①性质

如表 8 所示，北京市公立养老机构 17 家，占比为 34.0%；私立养老机构 33 家，占比为 66.0%，近似于公立养老机构数量的 2 倍。由此可见，北京市超过半数的养老机构为私立养老机构。

表8 北京市养老机构的性质（有效样本数：50）

单位：家，%

养老机构的性质	数量	比例
公立养老机构	17	34.0
私立养老机构	33	66.0
合计	50	100.0

② 规模

根据《养老设施建筑设计规范》（GB 50867 – 2013），老年人照料设施中入住设施分为特大型、大型、中型、小型四级，其中特大型为501床及以上，大型为301~500床，中型为151~300床，小型为150床及以下。由表9可知，北京市养老机构入住设施有小型、中型、大型、特大型四种级别。其中"小型"7家，占14.0%；"中型"30家，占60.0%；"大型"4家，占8.0%；"特大型"9家，占18.0%。由此可见，北京市六成养老机构入住设施为中型级别。

表9 北京市养老机构的规模（有效样本数：50）

单位：家，%

床位数	数量	比例
150床及以下	7	14.0
151~300床	30	60.0
301~500床	4	8.0
501床及以上	9	18.0
合计	50	100.0

（2）养老机构的消费水平与服务内容

①消费水平

北京市养老机构每月最低消费是1000元，最高消费是13600元，平均消费水平为3777.8元/月。

②服务内容

如表10所示，在北京市养老机构提供的六大养老服务中，按照占比大

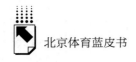

小排列从大到小依次是生活起居服务、文化娱乐服务、健身休闲服务、医疗保健服务、临终照护服务、康复训练服务。其中生活起居服务占比最大，康复训练服务占比最小，仅有一半的养老机构提供此服务内容。

表10　北京市养老机构服务内容（有效样本数：50）

单位：家，%

服务内容	数量	比例
健身休闲	38	76.0
康复训练	26	52.0
文化娱乐	44	88.0
生活起居	49	98.0
医疗保健	34	68.0
临终照护	31	62.0

（3）养老机构的工作人员构成

如表11所示，北京市养老机构"非常常见"的工作人员按照占比大小排序从大到小依次是护理人员、管理人员、后勤人员、医护人员。"非常不常见"的工作人员是医护人员与护理人员，且医护人员不常见的比例大于护理人员。可见，北京市养老机构内医护人员数量少，占比小。

表11　北京市养老机构工作人员构成（有效样本数：50）

单位：家，%

工作人员	非常常见		比较常见		一般		不太常见		非常不常见	
	数量	比例	数量	比例	数量	比例	数量	比例	数量	比例
管理人员	35	70.0	11	22.0	3	6.9	1	2.0	0	0.0
医护人员	27	54.0	10	20.0	2	4.0	5	10.0	6	12.0
护理人员	39	78.0	9	18.0	0	0.0	1	2.0	1	2.0
后勤人员	29	58.0	11	22.0	4	8.0	6	12.0	0	0.0

（4）养老机构医养结合模式

如表12所示，北京市有20.0%的养老机构没有配备医疗设施，近一半的养老机构配置了医务室。康复师或理疗师配置比例最低。由此可见，北京市医养结合模式的应用范围与配置规格都有待提高。

表 12　北京市养老机构医疗设施配置情况（有效样本数：50）

单位：家，%

医疗相关配置	数量	比例
医院	8	16.0
医务室	24	48.0
驻站医生	6	12.0
康复师或理疗师	2	4.0
都没有	10	20.0
总计	50	100.0

（5）入住老年人

①年龄分布

如表 13 所示，北京市 96.0% 的养老机构内有 80 周岁以上（包括 80 周岁）的老年人入住，84.0% 的养老机构内有 70～79 周岁的老年人入住，66.0% 的养老机构内有 60～69 周岁的老年人入住，48.0% 的养老机构内有 60 周岁以下（不包括 60 周岁）的老年人入住。由此可见，北京市养老机构入住老年人以 70 周岁以上者居多。

表 13　北京市养老机构老年人年龄分布情况（有效样本数：50）

单位：家，%

年龄段	数量	比例
60 周岁以下（不包括 60 周岁）	24	48.0
60～69 周岁	33	66.0
70～79 周岁	42	84.0
80 周岁以上（包括 80 周岁）	48	96.0

②健康状况

如表 14 所示，北京市认为自理型老年人与全失能型老年人"非常多"的养老机构比例相同，为 8.0%，占比不大；认为半自理型老年人与全失能

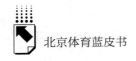

型老年人"比较多"的养老机构，占比分别达到 46.0% 与 34.0%；认为自理型老年人与全失能型老年人"比较少"的养老机构，占比分别是 26.0% 与 18.0%。由此可见，北京市养老机构内的老年人以半自理型为主。

表14　北京市养老机构不同类型老年人的数量（有效样本数：50）

单位：家，%

老年人类型	非常多		比较多		一般		比较少		非常少		合计	
	数量	比例	数量	比例	数量	比例	数量	比例	数量	比例	数量	比例
自理型	4	8.0	15	30.0	12	24.0	13	26.0	4	8.0	48	96.0
半自理型	3	6.0	23	46.0	15	30.0	6	12.0	2	4.0	49	98.0
全失能型	4	8.0	17	34.0	14	28.0	9	18.0	4	8.0	48	96.0

③入住资格

北京市有 37 家养老机构，占 74.0%，接收老人的条件是"老人志愿入住养老机构"；有 33 家养老机构，占 66.0%，接收老人的条件是"不接收患有精神疾病、传染疾病的老人"。

北京市有 28 家养老机构，占总样本的 56.0%，对于入住老年人有限制条件。其中，25 家养老机构，占 89.3%，最主要的限制条件是"有精神疾病、传染疾病、小脑萎缩，有暴力倾向的人员不收"。

2. 北京市养老机构健身休闲设施的配置情况

（1）健身休闲功能设施配置

①服务内容

如表15所示，在北京市养老机构健身休闲功能设置的服务内容中，有 40 家养老机构，占 80.0%，提供"专人指导老人进行适宜的娱乐健身活动"；有 37 家养老机构，占 74.0%，提供"其他有利于老人身心健康的娱乐健身活动"；有 36 家养老机构，占 72.0%，提供"专门服务老年人的健身房或适合老人健身的运动器械"；有 27 家养老机构，占 54.0%，提供"专门用于指导和帮助老人进行健身活动的图示或指南"。由此可见，北京市提供"专人指导老人进行适宜的娱乐健身活动"的养老机构数量最多，提供

"专门用于指导和帮助老人进行健身活动的图示或指南"的养老机构数量最少，提供"其他有利于老人身心健康的娱乐健身活动"与"专门服务老年人的健身房或适合老人健身的运动器械"的养老机构数量相差无几，整体数量居中。

表15　北京市养老机构健身休闲功能设置的服务内容（有效样本数：50）

单位：家，%

服务内容	数量	比例
专门用于指导和帮助老人进行健身活动的图示或指南	27	54.0
专门服务老年人的健身房或适合老人健身的运动器械	36	72.0
其他有利于老人身心健康的娱乐健身活动	37	74.0
专人指导老人进行适宜的娱乐健身活动	40	80.0

②场地设施

在室外活动场地设施上，如表16所示，北京市有39家养老机构，占78.0%，配置了"平坦的广场"；有37家养老机构，占74.0%，配置了"健身步道"；有34家养老机构，占68.0%，配置了"室外的小区健身器材"；有16家养老机构，占32.0%，配置了"专项体育场地"。由此可见，北京市配置"平坦的广场"的养老机构数量最多，配置"专项体育场地"的养老机构数量最少。

表16　北京市养老机构室外活动场地设施（有效样本数：50）

单位：家，%

场地设施	数量	比例
室外的小区健身器材	34	68.0
健身步道	37	74.0
平坦的广场	39	78.0
专项体育场地	16	32.0

在室内活动场地设施上，如表17所示，北京市有42家养老机构，占84.0%，配置了"文艺活动室"；有30家养老机构，占60.0%，配置了"室内专项体育场地"；有26家养老机构，占52.0%，配置了"康复器材

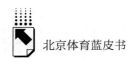

室"；有 23 家养老机构，占 46.0%，配置了"室内健身房"。由此可见，北京市配置"文艺活动室"的养老机构数量最多，配置"室内健身房"的养老机构数量最少。

表 17　北京市养老机构室内活动场地设施（有效样本数：50）

单位：家，%

场地设施	数量	比例
室内健身房	23	46.0
室内专项体育场地	30	60.0
康复器材室	26	52.0
文艺活动室	42	84.0

在专项活动场地设施上，北京市有 3 家养老机构，占 6.0%，有网球场地；有 6 家养老机构，占 12.0%，有门球场地；有 3 家养老机构，占 6.0%，有高尔夫场地；有 13 家养老机构，占 26.0%，有其他专项体育场地，包括台球室、乒乓球室、棋牌室、沙狐球室、羽毛球场。

（2）运动康复功能设施配置

北京市有 21 家养老机构，占 42.0%，有康复训练设施。其中，有 18 家养老机构，占 85.7%，配备"适合老年人预防性康复和治疗性康复的设施"；有 16 家养老机构，占 76.2%，配备"专职康复人员现场提供康复训练服务"；提供"老年人进行康复训练的程序或流程和技术标准""对老年人进行康复评估""对老年人进行康复训练的图示和说明"等康复训练服务的养老机构数量相同，均为 15 家，均占 71.4%；配置"作业/职业和运动/物理治疗室"的养老机构数量最少，共 10 家，占 47.6%（见表 18）。

表 18　北京市养老机构提供的康复训练服务（有效样本数：21）

单位：家，%

服务内容	数量	比例
作业/职业和运动/物理治疗室	10	47.6
适合老年人预防性康复和治疗性康复的设施	18	85.7
老年人进行康复训练的程序或流程和技术标准	15	71.4

服务内容	数量	比例
对老年人进行康复评估	15	71.4
对老年人进行康复训练的图示和说明	15	71.4
专职康复人员现场提供康复训练服务	16	76.2

如表 19 所示，北京市有 16 家养老机构，占 32.0%，在康复训练中采用"运动治疗"；有 12 家养老机构，占 24.0%，在康复训练中采用"医疗专用康复设备"；在康复训练中采用"作业治疗"与"理疗"的养老机构数量相同，均为 10 家，均占 20.0%。由此可见，北京市在康复训练中采用"运动治疗"的养老机构数量最多。

表 19　北京市养老机构康复训练设施或器械（有效样本数：50）

单位：家，%

设施或器械	数量	比例
运动治疗,如用于步行训练的平衡杆、恢复上下楼功能用的训练用阶梯、用于躯干牵伸的肋木等	16	32.0
作业治疗,如训练手眼平衡的套圈板、上螺丝、上螺母	10	20.0
理疗,如腰椎牵引床、颈椎牵引椅等	10	20.0
医疗专用康复设备,如红外线治疗仪等	12	24.0

（3）健身休闲设施的运营与管理

①健身指导员的配置

北京市有 17 家养老机构，占 34.0%，有专业的健身指导员，其中 1 家养老机构的健身指导员为外部健身顾问。

②健身休闲活动组织情况

如表 20 所示，北京市有 18 家养老机构，占 36.0%，没有组织过健身休闲相关的活动；有 24 家养老机构，占 48.0%，组织过"健身休闲相关的知识培训"；有 22 家养老机构，占 44.0%，组织过"健身休闲相关的运动活动"；有 18 家养老机构，占 36.0%，组织过"健身休闲相关的运动竞赛";有 15 家养老机构,占 30.0%,组织过"健身休闲相关的运动培训"。由此可见,北京市组织过"健身休闲相关的知识培训"的养老机构数量最多,组织过"健身休闲相关的运动培训"的养老机构数量最少。

表 20　北京市养老机构健身休闲活动组织情况（有效样本数：50）

单位：家，%

活动类型	数量	比例
健身休闲相关的知识培训	24	48.0
健身休闲相关的运动培训	15	30.0
健身休闲相关的运动活动	22	44.0
健身休闲相关的运动竞赛	18	36.0
以上都没有组织过	18	36.0

北京市有 12 家养老机构,占 24.0%,老年人"经常"自发组织健身休闲相关的兴趣活动;有 15 家养老机构,占 30.0%,老年人"偶尔"自发组织健身休闲相关的兴趣活动;有 23 家养老机构,占 46.0%,老年人"从未"自发组织健身休闲相关的兴趣活动。

③对外开放

北京市有 3 家养老机构,占 6.0%,"全部对外开放"健身休闲设施;有 2 家养老机构,占 4.0%,"部分对外开放"健身休闲设施;有 44 家养老机构,占 88.0%,"不对外开放"健身休闲设施;有 1 家养老机构,占 2.0%,选择"说不清"。

④收费情况

北京市有 1 家养老机构,占 2.0%,健身休闲设施"部分收费";有 43 家养老机构,占 86.0%,健身休闲设施"完全不收费";有 3 家养老机构,占 6.0%,选择"说不清";有 3 家养老机构,占 6.0%,选择"拒答"。

⑤日常维护

北京市有 44 家养老机构,占 88.0%,健身休闲设施"有日常管理维护";有 5 家养老机构,占 10.0%,健身休闲设施"没有日常管理维护";有 1 家养老机构,占 2.0%,选择"说不清"。

四 结论与建议

（一）结论

在北京市养老机构调查的 506 人中，60 周岁及以上老年人占 93.7%，60 周岁以下老年人占 6.3%。女性多于男性，年龄越大，人口数量越多。自理型老年人占 67.6%，半自理型老年人占 32.4%。老年人入住养老机构的时间集中在 2011~2017 年，2017 年入住老年人人数最多。超过六成的老年人依靠"自己的积蓄"入住养老机构，由"儿女出钱"入住养老机构的老年人占 26.5%。

北京市 67.6% 的入住养老机构老年人认为健身休闲活动在老年生活中非常重要，他们参加体育锻炼活动的前三个目的是"保持和增进健康""愉悦身心，保持良好心态""丰富老年人生活"。68.6% 的老年人在入住养老机构之前有体育锻炼的经历，经常参加的体育活动有健步走/快步走、跑步、健身路径、交际舞/广场舞、乒乓球。52.6% 的入住老年人认为与没参加体育锻炼相比，参加锻炼有助于减少患病就医的次数。77.1% 的入住老年人认为通过增加体育锻炼，有助于减少医疗费用上的开支。

北京市超过四成的入住老年人不使用健身休闲设施，但五成工作人员认为老年人对健身休闲设施的使用频率"比较高"。使用人数最多的室外活动场地设施是"室外的小区健身器材"，使用人数最多的室内活动场地设施是"文艺活动室"，前者使用人数大于后者。"健身步道"的使用人数仅次于"室外的小区健身器材"的使用人数。老年人不使用健身休闲设施最主要的原因是"身体情况不适合锻炼""对现在的健身休闲设施不满意"。39.7% 的入住老年人对健身休闲设施"比较满意"，54.0% 的工作人员认为养老机构内健身休闲设施"比较能"满足老年人需求。"健身休闲设施数量太少"是不能满足老年人健身娱乐需求的主要原因。老年人最希望增加的健身休闲设施是"室外的小区健身器材"、"康复器材室"与"文艺活动室"，建议

"增加新的健身设施或场地""配备专业的健身指导员"。

北京市超过半数的养老机构为私立养老机构,六成养老机构入住类设施为中型级别。养老机构之间消费水平差距大,平均消费水平为3777.8元/月。提供生活起居服务的养老机构数量最多,提供康复训练服务的养老机构数量最少。医护人员"不太常见"与"非常不常见"的比例较大。有八成养老机构配置医疗设施,其中五成养老机构配置的是医务室。入住北京市养老机构的老年人以70周岁以上者居多,多属于半自理型老年人。"老人志愿入住养老机构"是大多数养老机构主要的入住条件,限制条件是"有精神疾病、传染疾病、小脑萎缩,有暴力倾向的人员不收"。

在健身休闲功能设施配置方面,从服务内容与场地设施两个方面展开调查。在服务内容方面,北京市提供"专人指导老人进行适宜的娱乐健身活动"的养老机构数量最多,提供"专门用于指导和帮助老人进行健身活动的图示或指南"的养老机构数量最少。在场地设施方面,北京市室外活动场地设施以配置"平坦的广场"的养老机构数量最多,配置"专项体育场地"的养老机构数量最少;室内活动场地设施以配置"文艺活动室"的养老机构数量最多,配置"室内健身房"的养老机构数量最少;配置专项体育场地的养老机构数量极少,场地类型有网球场地、门球场地、高尔夫场地、台球室、乒乓球室、棋牌室、沙狐球室、羽毛球场。

在运动康复功能设施配置方面,北京市42.0%的养老机构配备了康复训练设施。配置"适合老年人预防性康复和治疗性康复的设施"的养老机构数量最多,提供"作业/职业和运动/物理治疗室"的养老机构数量最少。在康复训练中采用"运动疗法"的养老机构数量最多,采用"作业治疗"与"理疗"的养老机构数量最少。

在健身休闲设施的运营与管理方面,北京市34.0%的养老机构配备了专业的健身指导。组织过"健身休闲相关的知识培训"的养老机构数量最多,组织过"健身休闲相关的运动培训"的养老机构数量最少。54.0%的养老机构内老年人自发组织过健身休闲相关的兴趣活动。88.0%的养老机构

"不对外开放"健身休闲设施。86.0%的养老机构内的健身休闲设施"完全不收费"。88.0%的养老机构对健身休闲设施进行日常管理维护。

（二）问题与建议

1.问题

基于前述分析，本研究认为北京市养老机构体育供给存在以下问题。

（1）设施配置适老化不足，有效供给不足

北京市七成以上的养老机构室外活动场地设施以"健身步道"与"平坦的广场"为主，六成以上但不足七成的养老机构配置了"室外的小区健身器材"，只有32.0%的养老机构配置了"专项体育场地"。由此可见，北京市养老机构室外活动场地设施的配置没有将老年人行为特征与生活习惯考虑在内，仍旧在以普适性的场地设施"敷衍"老年人的体育需求，或者简单地将"适老化"等于"无障碍"，缺乏适老化理念指导与实践经验。针对养老机构场地设施的使用情况，老年人使用人数最多的室外活动场地设施是"室外的小区健身器材"，但配置"平坦的广场"的养老机构数量最多；配置"文艺活动室"的养老机构数量多于配置"室外的小区健身器材"的养老机构数量，但"室外的小区健身器材"的老年人使用人数大于"文艺活动室"的老年人使用人数。养老机构工作人员对老年人健身休闲设施使用频率与满意度的认知与实际情况相差极大。由此可见，养老机构健身休闲功能设施的配置与老年人体育需求不匹配，供需错位，有效供给不足问题突出。

（2）功能区分不明确，服务内容不具有针对性

养老机构健身休闲功能设置要区分一般功能服务与特定功能服务。一般功能服务适用于养老机构内所有的老年人，满足老年人基本体育需求；特定功能服务因老年人的身体健康状况与经济实力而异，满足老年人个性化体育需求。北京市超过八成的养老机构配置了"文艺活动室"，但配置"室内健身房"的养老机构不足一半，配置"康复器材室"与"室内专项体育场地"的养老机构各占52.0%与60.0%。由此可见，北京市大多数养老机构只能满足老年人基本体育需求而难以满足个性化体育需求。

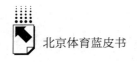
（3）服务辐射作用缺失，不具有社会效益

北京市 88.0% 的养老机构"不对外开放"健身休闲设施，"全部对外开放"健身休闲设施的养老机构仅占 6.0%，还有 4.0% 的养老机构"部分对外开放"健身休闲设施。可见，北京市养老机构健身休闲设施的服务数量与空间范围都局限在养老机构范围之内，不具有对外进行服务辐射的作用。

（4）重"治疗"轻"预防"，"体""医"各自为政

在北京市调查的 50 家养老机构中，有康复训练设施的养老机构不足一半，但能提供"医疗保健服务"的养老机构占到了 68.0%。配置医院、医务室与驻站医生的养老机构有 38 家，但配备康复师或理疗师的养老机构只有 2 家。养老机构重"医"轻"养"，还没有向"预防为主"的健康格局转变。

（5）重硬件设施轻软件设施，文化软实力不足

北京市超过七成的养老机构都配置了"专人指导老人进行适宜的娱乐健身活动""其他有利于老人身心健康的娱乐健身活动""专门服务老年人的健身房或适合老人健身的运动器械"，但提供"专门用于指导和帮助老人进行健身活动的图示或指南"的养老机构仅占 54.0%。由此可见，北京市绝大多数养老机构对于健身休闲活动的组织者、场地器材等硬件设施都有所配置，但对于科学健身知识相关的软件配备还不够重视。

2. 建议

针对北京市养老机构体育供给现状所反映出的问题，结合老年人体育需求，本研究建议从以下四个方面进行改进。

（1）对已有的设施进行改造，对没有的设施进行规划

小区健身器材与健身步道基本实现了养老机构的全覆盖，但是适老化程度与健身效果却参差不齐。针对这种类型的健身休闲设施配置，就应该严格按照标准健身步道的要求进行改造。对于小区健身器材，姑且不论是否适合老年人身体健康状况，都可对周边环境进行适老化改造，如增设扶手护栏，使用防滑防摔材料等。对于养老机构没有的设施，如康复训练设施配置的情况就不甚乐观，与养老机构内庞大的半自理型老年人群的现实情况不匹配。

康复训练设施应该作为养老机构的必备配置，至于设施的内容与数量可根据各个养老机构的具体情况而定。

（2）区分一般功能服务设施与特定功能服务设施

根据老年人体育需求的类别进行划分，可将健身休闲功能设施分成一般功能服务设施与特定功能服务设施。一般功能服务设施主要适用于身体自理程度较高的老人，满足他们的基本体育需求，常见设施有广场、健身路径等；特定功能服务设施则根据不同健身休闲设施类别适用于不同身体健康状况的老年人。以康复训练设施为例，运动治疗满足半自理型老年人的体育需求，作业治疗更适合失智或记忆力退化的老年人，诸如腰椎牵引床、颈椎牵引椅之类的理疗则能满足自理型老年人的康复保健需求。相较于一般功能服务设施，特定功能服务设施财政经费与人力资源的投入大，导致其在养老机构内的覆盖率低，因此该设施多见于中高档养老机构。鉴于养老机构因等级差异而造成的特定功能服务设施不全或缺失的情况，可根据老年人的需求程度将其纳入政府公共服务系统，寻求政府的财政资助与补贴。

（3）确定应该服务的人群数量和空间服务标准

在养老机构中，健身休闲设施闲置、废弃、挪作他用的情况并不少见，养老机构管理人员将其原因归为"老年人不想动、懒得动、动不了"。其实不然，归根结底还是养老机构健身休闲功能设置不能实现有效供给，没有从需求侧来分析供给侧，导致"需求"与"供给"之间矛盾重重。例如一个以失能型、半自理型老年人为主要服务对象的养老机构，不以康复训练设施为主却到处可见小区健身器材，这就是供需错位。养老机构健身休闲功能设置的内容要根据老年人体育需求内容而定，设施的数量要根据老年人体育需求的程度而定。未来机构养老与居家养老、社区养老融合发展，需要发挥养老机构的辐射作用。健身休闲功能设置还要处理好设施建设与设施运营的关系，在满足机构内老年人体育需求的基础上还要兼顾机构外老年人的体育需求。

（4）构建"体医融合"机制，推动"体医融合"工作

养老机构与老年人认可体育参与对健康的积极作用，却对"体医融合"模式在养老机构中的运用多持观望的态度。即便愿意尝试，也得保证"医"

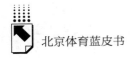

在前"体"在后。《"健康中国2030"规划纲要》提出"推动体医结合的疾病管理与健康服务模式",但是"如何推动"大多数养老机构一筹莫展。泰康人寿养老社区根据老年人身体健康状况设定老年人的运动强度与负荷,是"体医融合"模式在养老机构运用的表现。目前运用最多的融合模式是在康复保健中引进运动疗法。但是,无论是制定运动处方还是引进运动疗法所带来的经济负担都是低等级养老机构无法承受的。在养老机构中张贴体育健身活动指南,宣讲科学健身知识,实施基础性的体质检测,是所有养老机构都能开展的"体医融合"工作。构建"体医融合"机制,要加强健身休闲服务与医疗保健服务之间的合作,培养医护人员的体育意识,丰富健身指导员的医疗知识。

（5）加强体育文化建设,发挥文化的导向作用

体育文化与人的体育生活紧密联系在一起,规范着体育行为。加强体育文化建设,有助于把文化建设的目标任务融入体育实践中。老年人体育参与的动机具有很强的功利性,即强身健体,在体育尚未生活化成为他们每日的例行事务之前,他们很容易因为一些客观原因而中断体育参与。养老机构加强体育文化建设,不仅能够营造出一个良好的健身休闲环境,吸引不参与体育锻炼的老年人加入;而且还能督促老年人养成体育锻炼的习惯,保障体育参与的可持续性,形成健康的生活方式。加强体育文化建设,要求养老机构管理者树立正确的体育知行观。套用教育家张伯苓的话"不懂体育者,不可以当校长",不懂体育的院长也不是好院长。养老机构管理人员只有深刻认识到体育在老年生活中的重要地位和价值,才能根据一定的思想、理论、计划和方案对养老机构健身休闲功能的设置进行科学合理的规划。

参考文献

北京市老龄工作委员会办公室、北京师范大学中国公益研究院:《北京市老龄事业和养老服务发展报告（2016年—2017年）》,2017年10月30日。

成绯绯、孟斌、谢婷：《北京市养老机构现状分析》，华龄出版社，2018。

规划发展与信息化司：《健康中国行动（2019—2030 年）》，中国政府网，2019 年 7 月 15 日，http：//www. nhc. gov. cn/guihuaxxs/s3585u/201907/e9275fb95d5 b4295be83084 15d4cd1b2. shtml。

国家体育总局：《体育总局等 12 部门关于印发〈关于进一步加强新形势下老年人体育工作的意见〉》的通知，国家体育总局官网，2015 年 10 月 29 日，http：//www. sport. gov. cn/n16/n1077/n1242/7188534. html。

李捷、王凯珍：《京津冀地区城市老年居民体育锻炼参与现状研究》，《首都体育学院学报》2018 年第 3 期。

吴玉韶、王莉莉等：《中国养老机构发展研究报告》，华龄出版社，2015。

徐振军：《加强体育文化建设》，《吉林日报》2019 年 9 月 30 日，第 18 版。

中华人民共和国中央人民政府：《〈北京市老龄事业发展和养老体系建设白皮书（2017）〉发布》，中国政府网，2018 年 10 月 16 日，http：//www. gov. cn：8080/xinwen/2018 – 10/16/content_ 5331080. htm。

中华人民共和国中央人民政府：《中共中央国务院印发〈"健康中国 2030"规划纲要〉》，中国政府网，2016 年 10 月 25 日，http：//www. gov. cn/zhengce/2016 – 10/25/content_ 5124174. htm。

周燕珉、林婧怡：《国内外养老服务设施建设发展经验研究》，华龄出版社，2018。

组织建设篇

Organization Constructions

B.4
北京市体育社团社会责任履行状况研究

汪　焱*

摘　要：　经过几十年的发展演变，社会责任理论已经成为一个成熟的体系，能够为体育社团的勃兴助力。本研究采用了文献资料法、问卷调查法与访谈法、逻辑与综合分析法以及文本分析法，根据社会责任理论对北京市体育社团承担与履行社会责任的现状进行了系统分析，以期对北京市体育社团向更高层次发展进行理论探讨。研究结果发现，体育社团在承担与履行社会责任时有六个缺憾：对社会责任认识不足；自身管理缺位与政府监管错位问题；人才匮乏问题；资金短缺问题；缺乏志愿服务精神；自身造血能力不足。同时，本研究提出五点建议：完善责任内容体系的建设，加强体育社团成员对

---

* 汪焱，博士，副教授，研究方向为体育社会组织治理、体育社团社会责任。

该内容体系的学习，从而提高体育社团对社会责任的总体认识水平；健全组织自身的管理机制，进而形成组织自律、政府他律和行业互律三者互补互促的新型组织管理机制；对于表现优异的人才可以适当提拔，并为其提供良好的福利、待遇，提高体育社团成员的归属感与积极性；厘清体育社团的非营利性质，重点拓宽体育社团筹集资金的渠道，提升体育社团的自我造血能力；加强对体育社团履行社会责任的培育，提高体育社团自觉承担社会责任的能力。

关键词： 北京市 体育社团 社会责任

一 前言

党的十八大以来，中国特色社会主义进入了新时代。党的十九大报告把社会组织纳入中国特色社会主义事业建设之中，使社会组织成为全方位参与国家建设和社会治理的重要组成力量。具有新时代特征的社会组织是广大群众表达、吸纳、整合、协调个人需求的有机平台，不仅在过去发挥着显著作用，也是今天和未来的社会主义建设中举足轻重、难以替代的关键性主体资源和支撑性力量，具有"顶天立地"的结构方位。① 这种定位不仅拓展了社会组织发展的渠道、空间、平台，而且成为社会组织成长、成熟、成形的助推剂。2019 年 8 月，国务院办公厅印发《体育强国建设纲要》，提出"体育社会组织建设工程"是建设体育强国的重大工程之一。体育社团在持续服务国家体育战略、满足群众体育需求的同时，面临着建设体育强国所带来的时代机遇。与时代特征相适应，体育社团已经成为现代社会体育治理中不可替代的主要载体。

---

① 康晓强：《社会建构的逻辑：中国社会组织发展论纲》，中国政法大学出版社，2017，第 1~7 页。

  体育社团的快速崛起，从一个侧面反映了北京市民的体育生活发生了深刻变化，也从另一个侧面证实了北京市民的体育需求呈现多样化、多层次、多方位的新特点。这个现象使体育社团成为推进体育体制改革和体育普惠的重要载体和支柱力量。体育地位和作用的提升、人民需求矛盾的变化，使体育社团的社会辐射力和影响力增强。北京市的体育社团在持续服务国家体育战略、满足群众体育需求的同时，面临着体育强国建设、双奥城市发展所带来的时代冲击。深入了解北京市体育社团承担与履行社会责任的现状，能够让体育社团在发展壮大的过程中逐步认识到如何确定自身的社会定位和具体实践过程，这是体育社团自身发展与组织建设不能逃避的问题。要解决这一问题，必须全面摸清现阶段体育社团社会责任的基本情况、功能以及自身发展的规律与特征，科学合理地概括体育社团社会责任的内涵，探索出一条具有新时代中国特色的北京市体育社团履行社会责任的路径，提升北京市体育社团的管理水平，推动北京市体育社团的自身建设和社会公益事业良性发展，有利于促进北京市体育治理体系和体育治理能力的现代化建设。

二　研究方法

（一）文献资料法

  从中国知网、维普期刊资源整合服务平台、万方数据知识服务平台、百度学术数据库、Google 学术搜索等国内外学术资源数据库查阅体育社团履行社会责任的相关文献；并从国家图书馆、网上书店等借阅与购买相关书籍，梳理与体育社团、社会责任等相关的实践和理论研究成果，为本研究提供理论支撑。

（二）问卷调查法与访谈法

1. 问卷调查法

编制《北京市体育社团社会责任现实情况调查问卷》，以期了解体育社团社会责任履行现状。在实际调研过程中，随机分层抽取 25～30 个体育社团发放问卷。

2. 访谈法

选取体育社团负责人 10～15 人进行访谈，详细了解体育社团的社会责任履行情况。

（三）逻辑与综合分析法

梳理国内外与社会责任、体育社团与履行社会责任相关的研究成果，并结合管理学、社会学等学科理论以及与本研究有交叉的相关研究成果，从可持续发展与社会责任理论等系统理论出发，探讨如何促进北京市体育社团履行社会责任与社团可持续发展。

（四）文本分析法

通过对北京市相关体育社团章程的收集、分析与梳理，着重找出章程中对社会责任的规定，厘清不同体育社团社会责任的落脚点与它们之间的不同点，在此基础上抽象出它们的共性，让体育社团的社会责任更具有普适性。

三　结果与分析

（一）社会责任的概念

1. 社会责任含义的变迁

社会责任从提出到发展壮大，随着社会的变化其含义也不同。在变化中它不仅得到企业社会责任的滋养，而且得到了社会、市场与各类组织的成功印证，逐渐成为社会组织发展的"标准配置"。梳理社会责任概念的发展历史，可以把企业社会责任概念的发展分为 4 个阶段。第一阶段，概念界定阶段。从 1924 年首次提出企业社会责任概念，到 1953 年第一次界定了企业社会责任，并指出企业必须履行社会责任，此要求产生了强烈的社会影响。第二阶段，内容明晰阶段。1979 年，著名学者 Carroll 综合性地界定了企业社会责任，对多年的概念争论做了一个阶段性总结。[1] 当时，企业社会责任的概念相对宽泛，引起众多专家学者持续多年的论战，企业社会责任的概念在此过程中，逐渐得到厘清与明确；他们认为履行企业社会责任会扩大企业的社会影响和提高企业的社会声誉。[2] 第三阶段，快速拓展阶段。20世纪80年代开始，全球社会处于大发展时期，在理论上 Carroll 提出企业社会绩效三维模型，并且把社会责任分为四类；Freeman 提出的利益相关者理论，解决了受益对象模糊的问题，企业很快把社会责任的语言文字转化为富有社会意义的实际行动。因此，企业社会责任就被放在利益相关者层面上讨论，不再在受益对象模糊的状态下进行[3]，使企业社会责任能够合理地解决企业发展与社会责任之间的问题。第四阶段，系统全面阶段。2010年国际标准化组织（International Organization for Standardization，ISO）把企业社会责任改为社会责任，不但在操作层面上扩大了应用范围，而且把社会责任概念精细化，让它能够更深入组织内部，发掘社会责任对组织、社会以及环境的作用机制，能够实现组织目标和组织绩效互动双赢。

2. 社会责任内容变化

社会发展不断前进，人们对社会责任的理解也不断深刻。学者们对企业社会责任的内容有着不同的观点和看法，总结出具有代表性的7种社会责任内容模型（见表1）。

表1　不同社会责任内容模型的比较

模型提出者及时间	模型	社会责任内容
美国经济发展委员会,1971	"同心圆"模型	内层:最基本的内在责任;中层:经济与社会价值观,关注重大社会问题;外层:承担促进社会进步的无形责任
Carroll,1991	"金字塔"模型	经济责任;法律责任;伦理责任;慈善责任
Elkington,1997	"三重底线"模型	经济底线;社会底线;环境底线

①　曹丽娜：《组织变革下的国有企业组织学习与社会责任演进研究》，博士学位论文，东北财经大学，2011，第1~10页。
②　仲里、张福生主编《社会责任读本》，山西人民出版社，2012，第4~5页。
③　仲里、张福生主编《社会责任读本》，山西人民出版社，2012，第23~25页。

续表

模型提出者及时间	模型	社会责任内容
Schwartz 和 Carroll，2003	"维恩图"模型	经济责任；法律责任；道德责任
Jamali，2007	"3＋2"模型	强制性社会责任：经济责任、法律责任、道德责任 自愿性社会责任：自由决策的策略性责任、自由决定的慈善性责任
郑海东，2009	"利益相关者"模型	内部人责任：对股东、管理人员和员工承担的责任 外部商业伙伴责任：对债权人、供应商、分销商和顾客承担的责任 社会公众责任：对政府、环境和社区承担的责任
国际标准化组织，2010	"ISO 26000 国际标准"模型	把"企业社会责任"更名为"社会责任"，制定了七项责任主题：组织管理、人权、劳工实践、环境、公平运营、消费者权益、社区参与发展

3. 社会责任的概念界定

社会责任归根结底是一种有益的社会实践，而不是一种逻辑思辨；社会责任反映的是特定时期的社会普遍期望，而不是基于书本的抽象思维。在界定北京市体育社团社会责任时，一方面要考虑社会责任是什么，并且还应该体现它是如何实施的；另一方面它必须经过体育社团与利益相关者的相互博弈，并在履行中不断修缮。从对象上看，体育社团社会责任应该对政府、社区与社会大众负责；从内容上看，体育社团需要承担政府维度责任、社区维度责任与社会大众维度责任；从功能上看，体育社团在服务政府、社区与社会大众的过程中，逐渐成长为体育资源整合者、体育文化传承者、健康社会风气倡导者、社区体育建构者与社会矛盾缓解者；从性质上看，体育社团是一个高度社会化、理想化、制度化、责任感与使命感很强的行为个体。因此，北京市体育社团社会责任是指体育社团在服务社会的过程中应遵循的责任准则与应尽的义务，是一种责任观念与责任行为统一的综合责任。

（二）北京市体育社团社会责任的内涵

要牢牢把握住新时代体育社团社会责任的内涵实质，厘清北京市体育社

团社会责任究竟涵盖哪些必要的内容。首先要清楚了解体育社团社会责任的性质；其次还要概括出社会责任的主体、对象与内容等一系列核心问题。以下从 4 个方面对北京市体育社团社会责任的内涵进行了详细梳理。

1. 体育社团社会责任的性质

从社会责任的缘起和演化进程来看，体育社团社会责任的性质包括 3 个方面的内容。

首先，社会责任是一种社会价值观。社会价值观是回顾、观察、预见社会发展水平的标尺之一。改革开放后，北京的社会价值观演变较为明显。随着时代的进步，这种嬗变由起初的"细枝末节"型，渐进为"大刀阔斧"型。这种变化不但是外围观念和边际观念的变化，更重要的是核心观念的转变，这意味着社会价值观的主体构造发展退化。① 现存的核心价值观，不仅仅是对北京的经济、社会与政治现存状况的反映，更是人们对理想中的自我发展目标和自身社会关系情况的希冀。2012 年，党的十八大报告中确立"富强、民主、文明、和谐、自由、平等、公正、法治、爱国、敬业、诚信、友善"的社会主义核心价值观，这不仅仅是"当代中国精神的集中体现，更是凝结着全体人民共同的价值追求"。践行社会主义核心价值观是体育社团承担社会责任的现实需要。在社会与经济和谐发展过程中，我们要积极协调体育社团利益与社会责任之间的矛盾，不但要以社会主义核心价值观为指导理念，还必须兼顾北京市内的社区与大众等相关者的利益，以实现自身可持续发展。在这种社会思想的引领下，社会责任逐渐演化为社会的一种思想观念和精神文化。但在实际操作层面上，北京市体育社团对于履行社会责任的价值认同也不尽相同。在奥运项目协会中，提及最多的社会责任为"提高竞技能力，为奥运争光……对运动员、教练员进行梯队培养；管理各级俱乐部"等；而非奥项目协会则以"服务群众，提高群众参与兴趣……该项活动的普及和提高，政策宣传、积极开展活动"等方面为主。这些宗

---

① 百度百科：《社会价值观》，百度百科，2020 年 4 月 28 日，https：//baike. baidu. com/item/社会价值观。

旨与观点很好地展现出体育社团与其他类型社团不同层次的价值追求和不同人群的精神追求。

其次，社会责任是一种社会实践和自觉行动过程。一方面，社会责任表现为体育社团在社会交往中履行"责任承诺"的行动能力。这种能力需要得到社会培育与实践演练，空谈"承诺"而缺乏自觉履责能力，是一种"不负责任"或者"不履责"的表现。一旦体育社团在其章程中做出承诺而不履责时，不仅社团自身会受到社团成员与其他机构的质疑，推而广之的话，还可能导致整个社团组织的诚信体系受到损害。另一方面，履行社会责任实际是一种社会化的过程，可能演化为另一种与时俱进的"社会运动"形式。目前，北京市政府要求辖区内的各级体育社团积极承担与履行社会责任，但是体育社团对社会责任认识不全面、履责能力不强、群众对体育社团认可度不高等社会问题日益突出，这时各种要求体育社团积极承担与履行社会责任的呼声渐起。全民健身运动的持续发展、奥运会在北京的举办、志愿意识的萌芽、冬奥会的即将举行、体育强国思想的贯彻等不仅带来了对传统和现有社会秩序和规范的强烈挑战，并且激发了各类体育社团的责任意识。因此，随着社会责任理论研究的深入，构建自觉理性的社会责任文化，成为当前迫切的社会需要。

最后，社会责任是"社会化"的责任。体育社团承担并履行社会责任可以看作一种"教化"或者"社会化"的历史过程，是体育社团在积极融入社会的过程中对自身行动能力、自身角色担当、自身功能与历史使命的社会认同与自我认同。[①] 社会责任体系是整个社会都必须积极参与和构建的社会符号和规则体系。任何社团的社会责任模糊或缺失，都会腐蚀整个社会团体的价值观和规则体系。如果没有及时杜绝，会出现"千里之堤，毁于蚁穴"的结果。体育社团在承担与履行社会责任中与社会充分融合，合理地利用社会资源发展自身，同时通过自身力量的壮大反哺社会，承担更多的社

---

① 郑士鹏：《当代中国青年社会责任感及其培养研究》，博士学位论文，北京交通大学，2014，第 5 ~ 14 页。

会责任，为北京体育事业的繁荣发展添砖加瓦。

2. 体育社团社会责任的主体

体育运动项目有聚集大众的功能，因此体育社团社会责任的主体可能是社团本身也可能是社团的组织者，或者两者都要承担社会责任。任何组织者或社团、机构都可以出于自己的动机、目的进行体育运动项目技术的传授，但由此产生的后果往往都由体育社团来承担。如果我们仅仅在"体育运动参与者或者爱好者"的意义上论及"社会责任"，这种责任并不完全等同于"体育社团的责任"。在实际情况中它是泛指全社会的社会责任，这种责任包含了政府责任、利益相关者责任、公民责任等。在这种情况下，体育社团不应承担所有的责任，所产生的问题也不能简单地归于某一人群的责任，特别是当问题超出了体育社团工作人员的掌控或超出其权限时，尤其如此。

体育社团要肩负一定的社会责任，但其内部工作人员是承担社会责任的主体。比如，工作人员为不法分子提供使用体育社团平台的机会，使其进行传播邪教、煽动民族仇恨、鼓吹法西斯主义等活动，体育社团必须为此负责。因此，体育社团是具有高度组织化与较强目的性的社会组织，其内部的体育从业者均隶属于各体育社团，在进行体育活动与体育宣传的过程中都承担了某一环节的具体工作。本研究讨论的体育社团社会责任的主体不仅包括体育社团本身，还包括每一个管理者与工作人员。

总之，看一个体育社团是否真正履行了社会责任，不能只看社团履行责任的实际效果，关键看社团管理者与从业者是否具有积极的主观利他动机。如果他们具有主观利他动机，他们会主动投身于社会慈善活动，积极资助体育运动项目的开展与人民参加体育锻炼等公益事业，并且在活动中不直接得到经济利益。在服务过程中履行社会责任不仅有利于塑造良好的体育社团公众形象，从长远看也能为体育社团带来长久的政治、经济、文化与社会效益。

3. 体育社团社会责任的对象

体育社团社会责任的对象是指社团在履行社会责任过程中应该对谁负责。如果不厘清这个问题，那么社团所肩负的责任会出现较大偏差。体育社团的社会责任对象是由自身功能与职责决定的。可以从政府维度、社区维度与社会大众维度三个方面概括北京市体育社团的社会责任对象。

（1）社会责任对象之一：政府

体育社团的社会责任对象主要与其工具角色相关。体育社团虽然是民间组织，但是责任对象首先应该是中国共产党及各级政府。对政府负责任不仅仅指出了体育社团的组成目的，更会在实施过程中决定体育社团的运作方式。当然，体育社团并不只是被动地、盲目地迎合政府机构，体育社团在尽责尽职的过程中也会反作用于政府机构，并对社团内外部秩序乃至整个社会风气的转变产生积极的影响。例如，在参与体育相关政策法规制定时，体育社团的意见往往会更加的中肯与结合实际情况，更容易在社会中被人们接受；政府会指导体育社团承接部分的政府功能，购买部分的体育社团服务，以此来满足群众对体育的需求。如北京市体育局积极推行《群众冬季运动推广普及计划（2016—2020年）》，在北京市运动会中特意加入冰雪项目，在项目设置中传统与现代、奥运项目与群众项目的结合相得益彰，让群众积极参加冰雪项目，各个社团也组织群众参与这些项目，促使群众能够喜欢与坚持参与冰雪运动。这无疑彰显了体育社团在执行政府的体育战略时具有的特殊意义与实践价值。由此可见，体育社团的政府维度是与中国共产党作为执政党代表人民群众的利益相一致的。

（2）社会责任对象之二：社区

履行社会责任是体育社团的根本使命。体育社团生存和发展都必须被社会所认可和接受，这是其存在的合法性基础。北京市政府对体育事业与人民健康的日益重视，使体育社团功能得到进一步的挖掘，使体育社团的服务项目不断增多、服务范围逐渐扩大，使社区的体育活动开展次数与锻炼人数逐渐增加。在社区成为体育社团履行社会责任的最大受益者时，体育社团也能够从为社区服务过程中获得体育社团赖以生存的社会资源。部分发达国家的体育社团运作机制相对成熟与完善，其发展经验应成为处于发展时期的北京各级体育社团甄别汲取的养分。比如，国外发展相对成熟的体育社团较少依靠政府，把更多的注意力放在有机整合各类社会资源上，着重构建包括社区、企业和其他社团在内的多元化、多层次的社会关系网络。美国非营利体

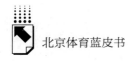

育组织注重把自身置于自己构建的社会网络中，搭建与其他社区相互促进、主动进行信息共享和资源交换的平台，非常注意与政府机构、社区、公益性组织和社会公众之间的互动①，为社团自身发展积累了大量的社会资源。还有学者认为体育非营利组织之间伙伴关系的建立有助于资源共享，促进共同发展②，丰富社区体育活动形式。体育社团在社会责任实践过程中要以为社区提供体育综合健身平台为前提，以借用先进的传播方式和渠道为基础，以体育政策为导向，大力拓展社区体育活动的运行方式与组织形式，提高社区内各部门协调配合的积极性与主动性，充分满足广大群众特别是青少年的体育健身活动的迫切要求与竞技体育运动发展的刚性需求；同时，还要在满足社区体育事业发展的基础上壮大组织力量。

（3）社会责任对象之三：社会大众

党的十九大报告指出，社会主要矛盾发生了关系全局的历史性变化，主要矛盾体现在人民日益增长的美好生活需要与不平衡不充分的发展之间的矛盾。现阶段，体育方面的突出问题是社会大众迅速增加的个性化、多元化的体育综合需求与体育公共服务有效供给不平衡、不充分之间的矛盾，还有竞技体育与群众性体育之间不匹配、不相当的矛盾。体育社团在新时代要积极承担与履行社会责任，充分有效缓解与化解北京市体育现存的主要矛盾，让广大群众切实体会到体育运动、健身活动、体育竞赛带来的身心上的益处。体育社团在服务社会的过程中，多方面地吸收成员与运动参加者是其主要工作之一，也是体育社团发展的前提条件。体育社团的社会服务能力、社会影响力与公众评价情况是吸引人们参加社团进行身体锻炼的重要维度。具体的指标如体育社团为社会提供服务的情况、服务对象投诉记录、服务对象满意程度、社会知名度与公信度、社团公益性服务情况、其他社会组织的评价等

---

① 赵烜民：《美中非营利体育组织比较研究——从 BGCA 看中国青少年体育俱乐部》，博士学位论文，北京体育大学，2011，第 65～70 页。

② Katie Misener, Alison Doherty, "Understanding Capacity through the Processes and Outcomes of Interorganizational Relationships in Nonprofit Community Sport Organizations," *Sport Management Review* 16（2013）：135－147.

关系到群众对体育社团的选择性参与。从社会大众的维度看，体育社团的主要任务除了上述的政治任务与组织自身发展外，更为重要的还是丰富参与平台、服务大众、提高体育人口比例、提升群众的参与度等。北京市体育局前局长孙学才在总结"十二五"期间北京市体育活动的开展情况时指出，"我们开展了丰富多彩的群众体育活动，遍及 16 个区，特别是开展的'一区一品'这项活动，吸引了更多的市民参与体育锻炼"，"根据国民体质监测显示市民体质合格率达到 89.2%，这和以前相比有了一个大幅度的提高"，"经常参加体育锻炼的人口增幅显著，目前已占北京总人口的 49.8%，这也是我们'十二五'期间群众体育工作取得的一个显著成效"。[①] 北京市体育局党组书记、局长赵文指出："北京市范围内已经创办了多项知名的体育赛事，希望能够让各项赛事在时间上互相衔接，在项目上互相补充，让北京市民全年都有优质赛事可以参加，打造北京国际运动城市的品牌；加强业态融合多元化发展，要不断深化体育 + 文化、体育 + 旅游、体育 + 健身、体育 + 休闲、体育 + 养老等多元化业态融合。"而体育社团在发展体育人口，促进群众体育发展，提升群众体育氛围方面有着天然的优势。

4. 体育社团社会责任的内容

从政府维度的责任来看，其责任内容应从讲政治的高度出发，进行正能量传播，监督体育社团履行社会责任，扶持与培育体育社团以分担部分政府职能，引导体育社团为北京体育体制改革与发展体育民生积极献计献策并主动参与体育相关政策的修订与制定。

从社区维度的责任来看，体育社团社会责任是一个社团最基本与最重要的责任，是体育社团区别于其他类型社会组织的核心责任，关系到社会组织是否正确发挥为社会提供高质量体育专业服务的本质功能。其责任内容包含了正确的思想导向，怎样全面构建社团内部规则，如何增强社团服务社会的能力，如何更好地为社会大众提供体育健身活动服务。

---

① 人民网：《"十二五"北京体育结硕果经常锻炼人口接近五成》，人民网 – 体育频道，2016年 2 月 2 日，http：//sports. people. com. cn/n1/2016/0202/c35862 – 28105032. html。

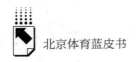
服务社会大众是体育社团社会责任的最终目的。其责任内容应含有为大众提供更多更优质的体育健身服务，提高群众满意度，同时提升社团的社会知名度与公信度；为大众或社区提供公益性服务和志愿服务，引导和指导大众进行科学的健身；进行体育文化知识的传播，特别是北京优秀传统体育文化的传承，需要体育社团更接地气、更贴近群众，把北京的传统体育文化保留、发展与传承下去；在服务大众的时候，要虚心接受社会大众对体育社团的评价。

（三）北京市体育社团社会责任的功能

有国外经济学家认为营利性社会组织的利润远远多于公益性社会组织，但是公益性社会组织的功能更倾向于为群众和社会提供有效的公共服务产品，并以此来增进社会公平，弥补市场的部分制度缺陷。北京市体育社团的功能也是如此。通过查阅文献与实地走访调查，本研究认为北京市体育社团社会责任的功能应分为直接功能与间接功能。

1. 体育社团社会责任的直接功能

体育社团社会责任的直接功能包含以下三个方面。第一，促进体育体制发展与改革，有效整合体育资源。从党的十八大提出进一步转变政府角色与作用开始，北京市的体育体制也必须紧跟深化改革的步伐，以便能够更好地发挥市场对全民健身与竞技体育资源的最优配置作用，实现政府对人们重视身体健康的最优化引导。在这个过程中，体育社团能够凭借自身优势提供有形服务，并通过这种高质量的服务来调配资源分布，去发现与解决群众健身与健康问题。第二，体育社团承担了体育文化表达功能。体育文化需要传承、创新、发展。体育社团能够为文化的传承与发展提供很好的创新性平台。北京市作为历史文化古城，有很多独具特色的传统体育社团如空竹运动协会、风筝协会等，每个社团都是传统体育文化传承的平台，使得人们在体育上、精神上、文化上的需求与渴望可以顺畅地表达。体育社团通过这些方式给予社会各阶层与其需要相适应的各种体育运动项目，来满足人们对体育、文化活动的需求。第三，体育社团承担了社区体育建设的功能。体育社团的资源不仅可以提高以社区为核心的区域体育健身与健康意识以及群众参与度，还可以为体育社团和社区之间的和谐共生提供软硬件的保障。社区体育发展弱化主要表现为居民体育健身意识较弱、缺少健康知识、社区内部体育场地设施规划与建设不足、大众在健身与竞技时缺少真正"内行"指导，如社区内部缺少适合青年人运动的大型场地如篮球场、足球场等，这会影响锻炼群体的参与积极性与主动性。体育社团有助于积极推动社区以及个人社会资本的整合与积累，通过鼓励社区参与和再结社将更多的分散机构带入社区以满足社区群众的体育需要。

2. 体育社团社会责任的间接功能

相对于直接功能，体育社团社会责任的间接功能较为隐晦，不是一眼就能够看出来的。其主要表现在两个方面。一方面，体育社团承担了体育的倡导功能。体育社团广泛分布在社会各个层面，与各阶层的人广泛接触交流，能够及时了解广大群众最迫切的体育需求。体育社团在日常活动中，可以清晰地了解来自大众的意愿，能够发现与收集一些被政府机构忽略的问题。这些问题恰恰能够反映大众锻炼需求，能够保护人民进行体育锻炼的基本权利。体育社团提供了一个让公众反映问题的平台，并且可以多渠道地汇集政府与社会资源来改善大众的基本锻炼环境与保证大众的锻炼权利。另一方面，可以缓解体育需求矛盾的紧迫性。体育社团自身的定位使其能够有效承担来自国家、社会的体育公共责任要求，并提高体育公共服务的实施效果，是构建和谐社会的积极力量。尤其是在体育健身需求越来越多元化的时代背景下，体育社团能够自觉履行社会责任对体育运动的普及、弱势群体健身的照顾、少数民族体育的关注等都有非常积极的社会作用。

（四）北京市体育社团履行社会责任的现状

北京市体育社团在北京市体育总会的带领与组织下，为北京市的体育活动与全民健身繁荣发展做出极大的贡献。体育总会带领的北京市级体育社团都是已登记注册的合法组织，在日常生活中能够严格遵守法律规范，自觉接受社会各界的监督，积极参与公共体育政策的制定和实施，合理有效地利用

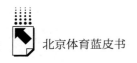
社会资源，得到公众的广泛认可。通过抽取北京市 28 个体育社团进行调查，其中奥运项目社团 3 个，非奥项目社团 13 个，其他社团 12 个（分类标准按照北京市体育总会市级体育社团分类标准执行）。

通过问卷调查，得出较为重要的六个社会责任。重要性从高到低依次为道德责任（78.57%）、政治责任（71.43%）、社区参与和发展责任（71.43%）、环保责任（64.29%）、组织自身发展责任（60.71%）和发展体育运动责任（50.00%）。其他选项的选择率均未超过 50.00%。

通过图 1 可以发现，体育社团最为重视道德、政治层面的原则性社会责任；其次是高度重视与社团可持续发展相关的社会责任，如组织自身发展责任、内部治理责任等；再次是较为支持与社团业务相关的社会责任，如发展体育运动责任、社会体育专业指导人才培养责任等；同时比较认同符合体育社团性质与宗旨的社会责任，如社区参与和发展责任、法律责任。值得一提的是，体育社团对环保责任的重视度较高，这或许与近些年来国家对环境保护的高度重视有所联系。最后体育社团对经济责任和利益相关者责任的重视程度较低，大部分体育社团认为社团自身无须履行经济责任的原因是对社团非营利性质的认识有误，很多体育社团都认为通过经营性活动来获得经费是违背体育社团性质和宗旨的，其实不然，体育社团只要是将所获得的收入全部用于开展社团日常活动和维系社团正常运转，那么这就不会与我们的性质和宗旨背离。与此同时，很多体育社团都认为利益相关者是在企业等营利性组织中才会出现的，殊不知体育社团同样有着政府部门、社团成员和体育爱好者等诸多的利益相关者，我们在组织各类活动时都应该对这些利益相关者承担相应的社会责任，都应该顾及和考虑到他们的利益。总而言之，体育社团对社会责任的重视程度不高，对社会责任的认识不够全面，意味着当前应亟待提高体育社团成员的社会责任认知水平，特别是要以经济责任和利益相关者责任为突破口，补齐体育社团的社会责任认知短板。

1. 对社会责任的认识与理解

体育社团自身的特殊性，使得社团在日常的行为活动中会不自觉地履行社会责任，甚至在承担与履行社会责任之后也不知道。在对北京市部分体育

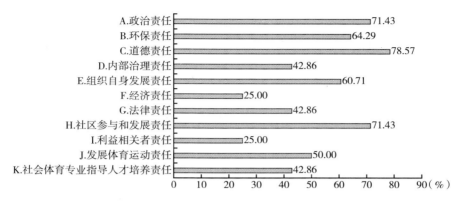

图1 体育社团应该承担和履行的社会责任

社团与健身站点的负责人进行调查与访谈后，认为体育社团与健身站点的负责人对社会责任的认识存在不足，对社会责任概念的整体理解深度不够，对社会责任具体包含内容的分解不够细致，从而导致体育社团承担与履行的社会责任不充分。

据图2得知，在北京市体育社团中有78.58%的体育社团对社会责任有所了解，其中有39.29%的体育社团非常了解社会责任，有39.29%的体育社团只是了解一些社会责任，说明大部分体育社团仅是对社会责任有一个初步的认识，对社会责任的认识不够深入，较为浅显。此外，还有21.43%的体育社团表示不了解社会责任，这表明当前北京市体育社团对社会责任的认知情况并不理想，不过虽然这些体育社团对社会责任的概念及内容缺乏认知，但却高度认同社会责任的重要性，认为进一步了解社会责任具有一定的必要性。

通过访谈得知，北京市部分体育社团与健身站点的负责人认为社会责任就是对社会的责任，主要做好健康传播、组织培训、推广项目等工作，对社会责任这一名词的理解模糊不清，对社会责任内容的认识较为浅显，将社会责任与协会的宗旨和目标混为一谈。众所周知，协会秘书长是协会的核心人物，在整个协会中起决定性作用，他们对社会责任的认识和理解能够提升社团成员与健身参与者的整体认识水平。

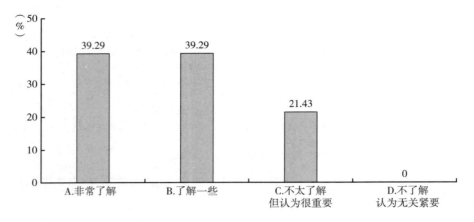

图2　北京市体育社团对社会责任的了解程度

据图3得知，北京市体育社团负责人了解社会责任的渠道呈现多元化，主要了解渠道由高到低依次为网络、广播电视、书籍、报纸、与朋友交谈以及其他渠道，其中网络是最主要的了解渠道，所占比例为63.33%，其次为书籍和广播电视，所占比例分别为43.33%和46.67%，最后是通过报纸、与朋友交谈和其他渠道，分别占26.67%、26.67%和20.00%。通过分析发现，网络是最有效的传播社会责任信息的渠道，所以各类组织应当合理利用网络渠道，特别是要依托微博、抖音、学习强国等新的信息传播媒介来普及社会责任知识，跟上信息化时代高速、高质、高效传播知识的脚步。

目前，普遍缺乏认识和理解社会责任的途径，一部分原因在于政府没有足够地重视社会责任，没有下发相关文件进行强调和引导，另一部分原因在于相关协会没有重视起来，没有开设相关的培训班进行教育和指导，两者都忽视了对体育社团社会责任意识的培养，没有切实地履行好其被时代和社会赋予的角色义务，存在一定程度上的责任缺失。

究其原因，其一是当前学术界特别是体育学界对体育社团应该承担与履行的社会责任内容不统一、不明确，由于体育学界对社会责任的接触较晚，对适合体育社团的社会责任内容研究不深入、不透彻；其二是政府对社会责任的宣传力度较弱；其三是社团负责人了解社会责任知识的渠道匮乏，大多

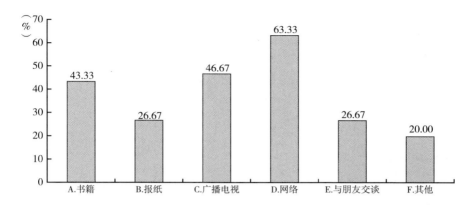

图3　体育社团负责人了解社会责任的渠道

数人想要了解却无从下手。这些问题困扰着想了解社会责任的社团领导者与健身站点负责人。

2. 对承担与履行社会责任的看法

据图4得知，所有的体育社团都认为其承担与履行社会责任是很有必要的，其中有53.57%的体育社团表示非常赞同，有46.43%的体育社团表示赞同，说明体育社团承担与履行社会责任具有一定的必要性，应当受到社会各界的高度重视。这说明北京市体育社团与健身站点负责人对社团履行社会责任的看法大部分是一致的，表达出社团承担社会责任具有一定的社会必然性与必要性。据访谈可知，各类体育社团虽然可以承担与履行相应的社会责任，但是并不代表社团就一定能很好地履行全部社会责任。因为体育社团承担与履行社会责任的前提是维持组织的正常运行，特别是当下多数体育社团存在资金短缺、锻炼资源匮乏等短板，小部分体育社团根本无暇顾及社会责任。

据图5得知，有39.29%的体育社团认为本社团很好地落实了社团章程的内容，有39.29%的体育社团认为本社团较好地落实了社团章程的内容，有21.43%的体育社团认为社团自身基本落实了社团章程的内容，说明体育社团较好地履行了组织自身治理方面的社会责任。

体育社团是体育社会组织的重要分支，是由社会人士自主管理、自愿参与的社会团体，但却具有独特的官民两重性，长期以来都存在"管办不分

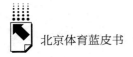
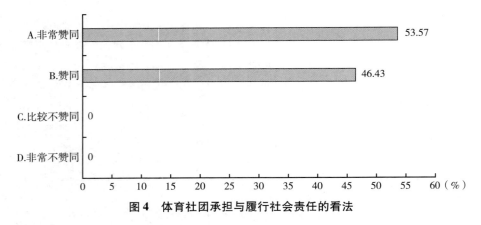

图4　体育社团承担与履行社会责任的看法

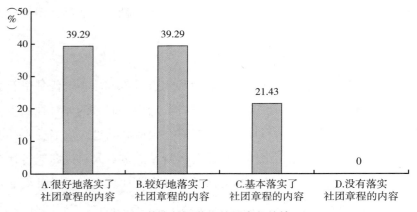

图5　体育社团落实社团章程的情况

离"的问题，即"一套人马，两块牌子"，严重影响体育社团参与社会治理的活跃度，制约体育社团的蓬勃发展。但据图6得知，北京市体育社团的法人代表和秘书长主要是由社会人士和退休人士担任的。其中担任体育社团法人代表的社会人士、退休人士和在职政府官员占比分别为53.57%、32.14%和14.29%，担任体育社团秘书长的社会人士、退休人士和在职政府官员占比分别为60.71%、32.14%和7.14%，说明在北京市加快推进政社分开、管办分离的背景下，体育社团的社会化改革初显成效，体育社团管理正在逐步实现政社分开、管办分离。

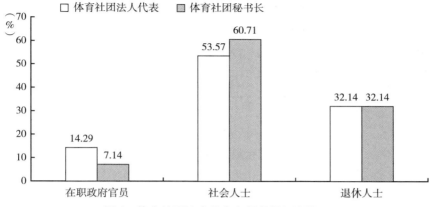

图6 体育社团法人代表和秘书长任职情况

因此，北京市体育社团承担和履行相应的社会责任必须确保体育社团的长远发展，现阶段应该加强社会责任的理论引导，让体育社团逐渐熟悉社会责任的组成、实施方式与履行社会责任后的评价方法；不能够只依靠个人热情、自我觉悟来承担与履行社会责任。

3. 北京市体育社团活动经费情况

体育社团的活动经费是其开展各类体育活动的基础之一。充足的活动经费能够为社团开展更多更好的活动提供支撑。

据图7得知，目前体育社团最主要的经费来源是会员费（60.71%），其次是核准业务范围内自身的经营活动（32.14%）、行政拨款（28.57%）、商业赞助（25.00%）和捐赠收入（21.43%），最后还有基金会支助（14.29%）和广告收益（7.14%）。不难发现，体育社团过度依赖收取会员费和行政拨款等方式来增添经费，在谋求商业赞助、获取广告收益等方面却较为薄弱，社团筹集经费的渠道过于单一，难以做到自给自足。但是，当健身气功协会、信鸽协会、风筝协会等一大批体育社团获得一定的社会捐赠和企业赞助时，其公信力也会备受社会各界的广泛关注。

据图8得知，有85.71%的体育社团表示社团经费不充足，难以满足体育社团的基本运转，而在体育社团经费不充足时，体育社团最主要是通过政

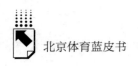
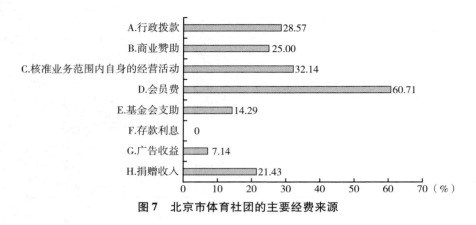

图7 北京市体育社团的主要经费来源

府支持、商业赞助和会员自筹等渠道来筹集经费，其中政府支持方面主要包括体育局、民政局和社会组织管理局等相关单位；商业赞助主要是获取广告费用或企业冠名费等；会员自筹是指对体育社团成员收取会员费，自发地筹集活动经费，并且充分利用会员的人力、场地、器材等资源来节省场地器材租赁、雇用裁判及工作人员等方面的费用。不仅如此，还有部分体育社团会向当地的街道或社区居委会、体育基金会等部门寻求帮助，或者通过自主经营合法性活动来增加经济收入，如参加商演、组织培训或举办赛事等。总体来看，体育社团筹集经费的渠道多种多样，但是缺乏合理的自主经营收入，商业化运作程度不高，社团经费"入不敷出"的情况尤为普遍。这使得体育社团的发展缺乏足够的动力支撑，导致体育社团在组织赛事活动上的积极性大大受挫，严重影响了体育社团的正常运行。

4. 北京市体育社团承担与履行社会责任的具体情况分析

（1）体育社团的政治责任履行情况

当前我国正处在新时代社会主要矛盾深刻变化的凸显期，体育需求日益高涨与体育供给量小力微的矛盾逐渐激化，因争夺场地或噪声扰民等引起的矛盾冲突层出不穷，这些社会现象折射出来的是当下严峻的民生问题。因此体育社团应合理、有效地利用现有的各种社会资源，包括人力、物力、财力等资源，确保体育资源的最优化配置，解决体育资源配置不公平、不合理的

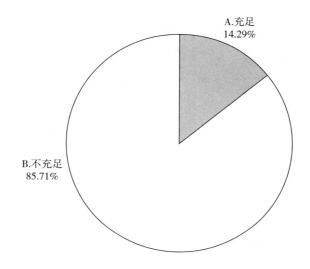

图 8　北京市体育社团的经费是否充足情况

问题，进而缓解体育需求激增与体育供给欠缺之间的矛盾。体育社团应该积极主动地为民谋利和解忧，通过对社会大众承担相应的社会责任来改善民生，促进社会和谐有序发展。

据图 9 得知，有 96.43% 的体育社团认为社团的党建工作有助于社团更好地履行社会责任，认为党建工作不重要的体育社团有 3.57%，说明大部分体育社团都认为体育社团的党建工作重要，认为其能够促进体育社团更好地履行社会责任，因此应重视和加强体育社团的党建工作，培养体育社团成员的社会责任感。

据图 10 得知，完备的社会组织登记监管制度对体育社团的发展有着至关重要的作用。

据图 11 得知，所有的体育社团都认为社团自身在履行社会责任时对维护社会稳定有所帮助，其中有 46.43% 的体育社团认为有很大的帮助，有 32.14% 的体育社团认为有较大帮助，有 21.43% 的体育社团认为有帮助，说明体育社团履行社会责任对维护社会稳定具有一定的促进作用，对于社会的和谐发展有着不可或缺的重要意义。

《体育强国建设纲要》指出要创新社会治理体制，引导社会组织成为参

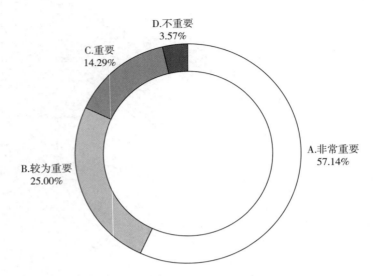

图9　体育社团的党建工作有助于社团更好地履行社会责任

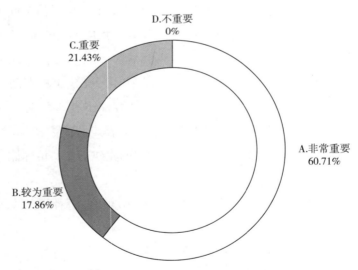

图10　完备的社会组织登记监管制度对体育社团发展重要性认识

与社会治理的强大力量。体育社团作为我国公民参与体育活动、实现体育结社权利的重要组织形式，既是党和政府联系人民群众的纽带，也是向上反映群众诉求、表达集体利益的中介，同时肩负着参与社会治理的重要使命和责

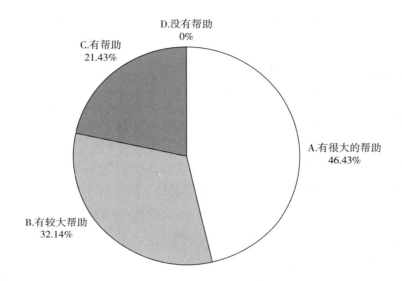

图 11　体育社团在履行社会责任时对维护社会稳定的作用

任，所以体育社团应在管理好组织自身事务的同时，积极主动地参与到社会治理中，充当政府与社会沟通的桥梁，完成国家和人民赋予的重要使命。

（2）体育社团的利益相关者责任履行情况

体育社团是通过与社会建立契约而获得合法性的，故具有社会契约性，这与企业签商业合同类似，不过其签订的契约是实现一定的体育目标和共同的体育愿望，要保证的是契约双方的权益，即体育社团与利益相关者之间各取所需，所以体育社团应该对利益相关者承担相应的社会责任。具体内容包括以下几方面。①利益相关者的识别与参与。体育社团的直接利益相关者有组织管理者、组织成员、组织雇员、捐赠者、志愿者、合作伙伴和政府等，间接利益相关者有媒体、社区、社会大众和其他组织等，体育社团应该承担的社会责任内容之一就是要认识这些利益相关者并加强与他们之间的沟通。②保障利益相关者的利益。ISO 26000 标准中特别强调，在利益相关者参与合作时应保障利益相关者利益，不能因为利益相关者沉默就对其忽略漠视，应大公无私、公平对待、诚信公开，与利益相关者的对话应涉及独立的各方，包括财务信息的披露。所以体育社团应保证社团资金使用合理，不能谋取个人私利，在经济收支方面应主动公开，将财务报表公示出来，提高组织决策和活动的透明度，自觉接受利益相关者监督，同时应切实保障利益相关者的利益，特别是保障成员的经济权益，为其提供应有的福利和福祉，最后应合理协调组织自身利益与利益相关者利益、社会整体利益之间的冲突，确保体育社团的稳步发展。

据图 12 得知，有 39.29% 的体育社团在履行社会责任时非常重视利益相关者，有 39.29% 的体育社团在履行社会责任时较为重视利益相关者，说明大部分体育社团都是比较重视利益相关者的，但也有 21.42% 的体育社团表示不太重视利益相关者或对利益相关者忽略不计，说明部分体育社团对利益相关者的重要性没有足够的认识，特别是在体育社团履行社会责任时没有充分考虑到利益相关者的利益或建议，在这种情况下利益相关者的利益将无法得到应有的保障，这同样是一种社会责任缺失的体现。

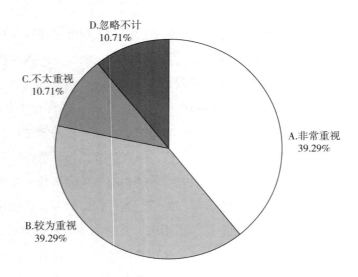

图 12　体育社团对利益相关者的重视程度

据图 13 得知，有 32.14% 的体育社团表示在履行社会责任过程中能够充分调动利益相关者的行动积极性，有 53.57% 的体育社团着重强调要在对利益相关者充分解释和说明之后才能调动其积极性，说明体育社团在调动利益相关者行动积极性的时候一定要注意沟通的方式方法，要晓之以理，动之以情，有耐心地做好相关工作。同样也有 14.28% 的体育社团反映在调动利益相关者的行动积极性方面比较困难，说明体育社团需要多花费一些心思来做好利益相关者的沟通动员工作。

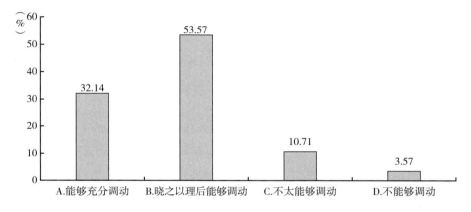

图 13　体育社团调动利益相关者的行动积极性情况

（3）体育社团的组织自身发展责任履行情况

体育社团作为提供体育服务的群众性组织，积极参与体育公共服务，积极承接政府转移的公共体育职能，健全体育社团的体育公共服务体系，在为人民群众提供优质的体育公共服务的过程中，发展壮大自身。据统计，从 2018 年 1 月 1 日到 2019 年 8 月 30 日，北京市体育社团举办体育赛事与活动超过 200 场，为北京市民提供了丰富的体育"大餐"，也为北京市民提供了优质的体育服务。这只是从侧面反映了北京市体育社团提供的体育服务。在日常生活中，体育社团为群众的体育生活努力奉献着自己的热情，为改变北京市民体育供需不足尽自己最大的努力。

体育社团发展公益事业不仅符合社团的宗旨和章程，同时也可以提高社团自身的美誉度、公信力及社会影响力。所以北京市的体育社团应当积极承担公益责任，突出组织自身的公益性特征，主动追求、倡导和坚守公益理念，并将公益理念作为大家所共同遵守的行为准则；关注体育爱好者的健身需求，免费或更加优惠地为社会大众提供场地器材，提供无偿的技术指导和培训，保障公民的体育权利；高频率、高质量地开展体育公益活动，大力提升体育公益活动的影响范围，带动更多的社会大众参与体育公益事业。北京市体育社团在服务大众健身事业上殚精竭虑、尽心尽力，如租借场地给参与者锻炼、安排义务教练员与社会指导员对群众进行指导、精心组织各级各类群众赛事，并积极地承担起组织自身的社会建设责任。北京市体育社团取得的这些成就都是群众有目共睹的，社会各界也都能看到体育社团的这些社会责任行为，群众对体育社团的满意度较高，主管单位与辖区政府也对体育社团的行为有着高度的评价。

据图 14 得知，体育社团中每年组织各类培训 1~5 次的情况居多，所占比重为 53.57%，其次为每年组织各类培训 6~10 次的体育社团，所占比重为 39.29%，值得一提的是每年组织各类培训 11~15 次的体育社团为 0，每年组织各类培训 16 次以上的体育社团占比为 7.14%，说明体育社团在组织培训方面的社会责任履行情况不容乐观，没有为社团成员和人民群众创造更多的学习和进修机会。

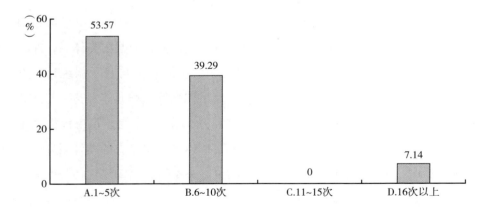

图 14 体育社团每年组织各类培训活动次数

据图 15 得知，有 92.86% 的体育社团认为社团活动能够协助和推动本地区体育项目的发展，其中有 50.00% 的体育社团认为有较大帮助，有

42.86%的体育社团认为有很大的帮助，有7.14%的体育社团认为不太有帮助，说明体育社团组织各类体育活动，并积极承担社会责任会对当地体育项目的发展有较大的促进作用。

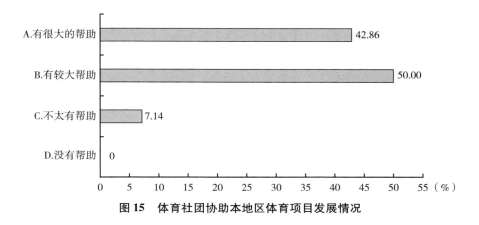

图15 体育社团协助本地区体育项目发展情况

举办各类体育活动是体育社团的业务活动之一，也是提升组织自身造血能力的重要渠道之一。为了响应国家的号召，积极推进体育强国建设，丰富群众的生活，北京市体育社团开展了丰富多彩的各类体育活动。在各类社团的章程里也规定了举办赛事是社团的重要任务之一。在《北京市星级全民健身团队评定办法》中，要求体育社团积极开展各级各类体育赛事，并发现举办赛事级别的高低对其星级高低有影响。特别是连续举办多届的"北京市体育大会"汇聚了北京市26个体育协会，涵盖了30多个群众喜闻乐见的体育项目，吸引了15000多名体育爱好者参加。这种影响范围大、参与人数多、比赛项目广的赛事，能够促进体育社团履行社会责任。

据图16得知，有46.43%的体育社团认为履行社会责任能够较大地提高社会竞争力，有28.57%的体育社团认为履行社会责任能够很大地提高社会竞争力，有17.86%的体育社团认为履行社会责任能够提高社会竞争力，但也有7.14%的体育社团表示履行社会责任不能够提高社会竞争力。从整体来看，体育社团履行社会责任能够提高本社团的社会竞争力，对体育社团的长远发展有所裨益。

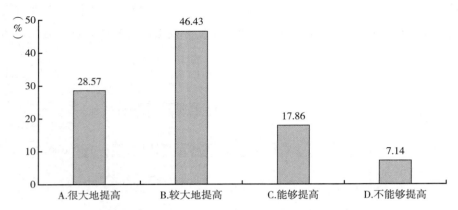

图16 体育社团对履行社会责任后是否能够提高社会竞争力的认识情况

据图 17 得知，所调查的体育社团都认为履行社会责任能够促进社团自身的发展，说明体育社团积极承担与履行社会责任不但不会阻碍体育社团的发展，反而能够促进体育社团的发展。

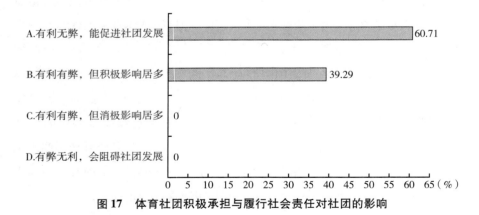

图17 体育社团积极承担与履行社会责任对社团的影响

据图 18 得知，虽然所有的体育社团都支持本社团的成员参与社会责任活动，总体的认可度较高，但还是有少部分的体育社团不鼓励本社团的成员参与社会责任活动，反映出少部分体育社团对组织自身履行社会责任的重要性认识不足。

在实地调研过程中，不管是社团负责人还是健身站点负责人对积极举办

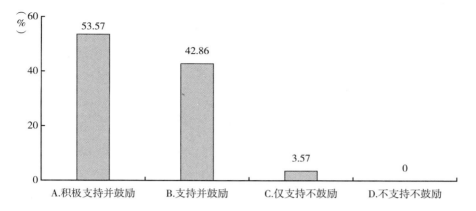

图18　体育社团支持本社团的成员参与社会责任活动情况

赛事都持肯定态度，认为赛事不仅仅是比赛本身，更重要的是通过赛事扩大项目的影响力，宣传协会自身；同时还能够吸纳更多的健身爱好者参与其中；最终形成举办赛事—扩大社团影响—吸纳成员—推广项目—促进全民健身的循环链条，把赛事的功能与影响最大化。

（4）体育社团的内部治理责任履行情况

随着体育社团社会化、实体化力度的加大和步伐的加快，体育社团对社会的作用和影响逐渐放大，体育社团的数量也呈"井喷式"增长，体育社团与健身站点监管难、治理难的问题日益凸显。在此背景下，体育社团出现了很多"滥用职权"和"谋取私利"的不良行为，滋生了大量的"离岸社团"和"山寨健身点"，这些现象经媒体和舆论放大后产生了极其恶劣的社会影响，严重影响了体育社团的公信力，破坏了体育社团风清气正的良好形象，因此体育社团应该主动为政府部门分忧解难，避免组织自身出现此类不良行为，从根源上杜绝类似现象的产生，在积极地承担"自律"责任的同时，也要加强"他律"监督制度的完善。

据图19得知，有67.86%的体育社团认为有必要在官方网站上披露相关财务信息，同时也有32.14%的体育社团认为没有必要在官方网站上披露相关财务信息，说明大部分体育社团还是支持财务信息披露的，但也有少部分体育社团认为没有必要在官方网站上披露相关财务信息。这一部分原因可能是其对信息公开方面的社会责任内容认识不足，另一部分原因可能是部分体育社团的资金量较小，收支的财务信息较少，通过面谈或者用微信交流的方式就足以对外说明和公示。体育社团只有"严于律己"，才能更好地赢得政府的赞誉和公众的支持，组织自身的公信力和美誉度才会随之提升，所以体育社团应确保组织自身的行为公平，与其他社团组织进行良性竞争；在经济收支方面保持公开透明，定期公示工作报告及相关文件，营造一个规范、和谐的体育社团发展环境。

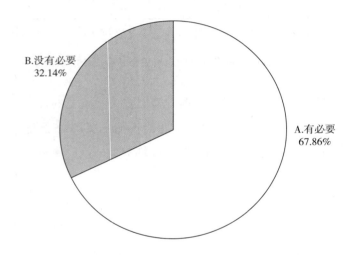

图19 体育社团公开披露相关财务信息情况

北京市部分体育社团没有建设属于自己的网站，有一部分协会与健身站点创建了微信公众号，即便有公众号也只是发布一些健身与比赛信息，并无公示与协会以及健身站点工作相关的信息文件。极少部分健身站点在财务信息上严格保密，严重忽视了建立透明公开的公示制度的重要性，严重损害了公众的知情权，根本没有认识到承担这些社会责任的重要性。这些将会直接影响体育社团与健身站点在公众当中的信誉度，这样的社团组织很难赢得公众更广泛、更有力、更长久的支持。

另外，体育社团应树立"公平公正、诚信自律"的责任理念，培养组织成员养成自律意识，完善组织内部管理制度，加大信息公开力度，及时编制和发布社会责任报告，自觉接受利益相关者及社会各界的监督，建立自我约束、自我管理的自律机制，在履行社会责任的过程中自觉维护体育社团的信用体系。

据图20得知，有57.14%的体育社团认为履行社会责任对维护本社团的信用体系非常重要，有39.29%的体育社团认为履行社会责任对维护本社团的信用体系较为重要，仅有3.57%的体育社团认为履行社会责任对维护本社团的信用体系不太重要，说明体育社团履行社会责任对维护本社团的信用体系有促进作用，具有一定的重要性。

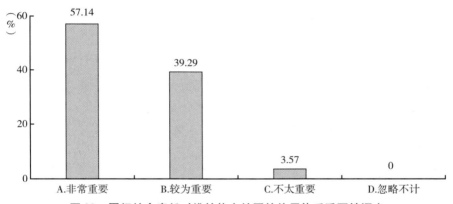

图20 履行社会责任对维护体育社团的信用体系重要性调查

5. 体育社团在履行社会责任后的被认可程度调查

认可是对满足所规定要求的一种证实，这种证实大大增强了政府、监管者、公众、用户和消费者对合格评定机构的信任。这种证实在市场，特别是在国际贸易以及政府监管中起到了相当重要的作用。利益相关者的认可是体育社团发展的必要条件。

通过图21得知，体育社团的成员都支持本社团履行相应的社会责任，其中有60.71%的体育社团成员表示非常支持，有39.29%的体育社团成员表示较为支持，说明体育社团成员对本社团履行社会责任的支持度较高，这让体育社团履行社会责任具备一定的有利因素。

由图22可知，体育社团在履行社会责任后能够得到社区（71.43%）、政府相关机构（64.29%）以及参与人群（64.29%）的高度认可，其次能

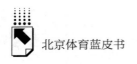
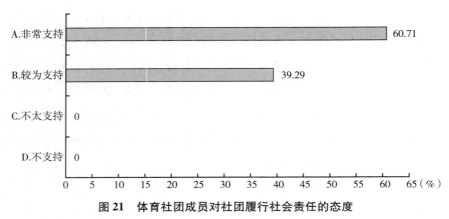

图21　体育社团成员对社团履行社会责任的态度

得到媒体（28.57%）和其他社团（25.00%）的认可，说明体育社团积极履行社会责任可以提高社会认同感，能够获得一定的美誉度和知名度，这将对体育社团的长远发展起到潜移默化的促进作用。

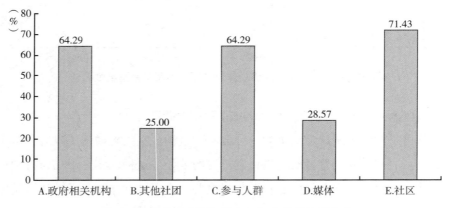

图22　体育社团在履行社会责任后的被认可程度

（五）体育社团承担与履行社会责任时存在的主要问题

依据调查、访谈以及查阅北京市体育社团的相关资料，对北京市体育社团承担与履行社会责任时出现的主要问题进行概括，指出亟待解决的不足之处，为有针对性地提出北京市体育社团积极承担社会责任的对策夯实基础。

1. 对社会责任认识不足

认识决定行动，认识上不去，行动就跟不上，所以当前北京市体育社团承担社会责任的情况不理想的根本原因就在于对社会责任的认识不足。具体问题如下：①对体育社团承担社会责任的重要性和必要性认识不足，存在一定的理解误区，如部分体育社团认为社会责任是如企业等营利性组织所应当承担的，而作为非营利性组织的体育社团则无须承担；②对社会责任的概念认识不足，缺乏对社会责任原则的了解，根本不知道哪些才是体育社团所应承担的社会责任内容，存在一定的理解偏差，如经济责任、生态文明责任等方面的部分内容就不被大众认可；③对体育社团积极承担社会责任的作用认识不足，特别是没有认识到积极承担社会责任在促进组织可持续发展方面的作用，以及体育社团积极承担社会责任对于社会的深远意义；④对体育社团的利益相关者认识不足，利益相关者的识别是社会责任实践的基本内容，也是深入认识社会责任的先决条件之一，但是北京市体育社团在对利益相关者的认识上明显不足，根本不知道哪些是属于体育社团的利益相关者，所以就更别谈怎样去加强与利益相关者之间的沟通了。

2. 自身管理缺位与政府监管错位问题

随着社会发展和时代变迁，政府职能发生了巨大的变化，特别是将体育公共服务这一部分的职能转移给体育社团之后，体育社团顺理成章地成为满足群众体育需求的服务者和承接体育公共服务职能的践行者。政府与相关业务部门在加强管理的同时也会积极放权给体育社团，但并不意味着政府所扮演的管理者角色将逐渐消失，在某些方面还对其管理能力进行了强化，如在注册与登记事宜、财务监管与党组织建设方面，可能会引起部分功能与职能产生错位。政府在扮演引导者角色的同时还是监管者，使体育社团难以真正成为享有自主管理权的社会组织。另外，政府虽然疏于对体育社团的日常管理，没有很好地宣传社会责任内容和提倡体育社团积极承担社会责任，但这并非问题的根源所在，问题的根源则在于体育社团自身的管理缺位，没有很好地发挥出组织自身的管理作用，组织自我监管能力薄弱，组织管理机制不完善，具体表现为组织缺乏自律和社会责任意识、组织架构和分工不合理、

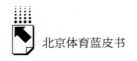
组织的发展规划不科学与组织的发展布局不长远等。

3. 人才匮乏问题

优秀的人才是保障体育社团稳步发展的关键，但体育社团以非营利为目的，具有志愿性、公益性等特征，且体育社团获取的收益只能用于维持组织自身发展，而不能拿给组织成员们私下分配，故其没有良好的福利待遇，吸纳人才的能力差，留住人才的条件差，组织发展的稳定性差，而就算是有一定志愿精神的人才加入体育社团，相信长期的低福利待遇也会大大打击他们提供体育公共服务的积极性，最后的结局都将会是人才的大量流失。通过调查发现，在体育社团中以下四类人才较为匮乏且流动性大：①高层次学历的体育人才，可以理解为学历高、文化程度高的体育爱好者，该类人才能够为体育社团制定科学合理的发展规划，帮助其他成员理解社会责任；②体育专业型技能人才，主要是指体育运动技能突出、体育裁判水平突出、体育教学能力突出的专业型人才，能够确保体育社团的高效运转，引领整体体育水平的提高；③高水准的社团管理人才，是指能够统筹兼顾，很好地处理体育社团事务的管理者，具有一定的全局观，能确保体育社团的全面发展；④具有志愿精神的服务人才，主要是指不谋取私利、不贪图回报，一心只想为体育社团乃至整个社会做义务贡献的人，具有极高的志愿精神和极强的社会公益心，完成体育社团工作时积极主动，是乐于奉献、乐于助人的有志之士。

4. 资金短缺问题

当前北京市体育社团面临较为严重的资金短缺问题，如一些体育社团成员没有基本的生活保障，甚至很多交通、住宿等支出都是自掏腰包，就更不用说健康保障和相关福利了，这对于体育社团的长远发展极为不利，甚至影响了社团的正常运转以及社会责任的承担。具体情况如下。①对体育社团的扶持力度不足。当前体育社团对政府财政的依赖性较强，尤其是体育社团成立初期亟须资金支持，但刚成立的体育社团没有一定的名气，没有含金量高的品牌赛事，难以获取企业赞助，更是在跟其他成立较早的体育社团竞争时处于劣势，只能得到政府少量的财政拨款。因为政府是根据体育社团的成绩和贡献来给予相应的经费，这就让新成立或者发展情况不好的体育社团举步维艰，照此发展下去，很有可能会形成体育社团"贫富差距两极化、区域发展不均衡"的格局。②体育社团的造血能力不足。北京市体育社团筹集资金的渠道较少，过度依赖政府的财政拨款以及社会各界的捐赠，所能筹集到的资金体量也不理想，基本上是属于入不敷出的经济收支状态，使得体育社团时常需要应对资金短缺的危机，不能有效、全力地提供优质的体育公共服务，这严重影响着体育社团的健康发展。与此同时，体育社团的发展速度缓慢，发展模式过于传统固化，缺乏改革创新，距离社会化、规范化发展仍有巨大差距，特别是在经济上缺乏实体化发展，在筹集资金的渠道上缺乏多元化发展，自身造血能力严重不足。

5. 缺乏志愿服务精神

体育社团具有非营利性质和公益性宗旨，因其并不是事业单位，故没有享受国家财政的全额或差额拨款，没有设立专职人员的能力，也正是资金短缺问题的制约，使得体育社团不能给人才提供好的待遇，更不能解决住房等诸多的现实问题，在人才招募上缺乏足够的竞争力和吸引力，难以纳入较为优质的新鲜"血液"。除此之外，体育社团是群众自愿参加的组织，没有签署约束性的协议和合同，在无法保障社团成员福利的同时，社团成员也有自主离开的权利，这使得一些优秀的人才频繁流失。但归根结底，人才匮乏问题并不完全是体育社团福利待遇不足所导致的，而是因为当下人们功利心太强，缺乏志愿服务精神，社会责任意识薄弱，普遍缺乏踊跃参与体育社团的内在动力。另外，由于缺乏志愿精神与社会责任感，体育社团提供的志愿服务向"货币化"发展，体育社团成为部分人的"聚财"工具。

6. 自身造血能力不足

首先，体育社团的资金主要来源于政府拨款、企业赞助、会员费、参赛费及社会支持等方面，政府拨款需要根据社团的运行情况决定，成立较早、品牌较大、办赛表现突出的部分社团往往能取得更为可观的拨款金额。但多数"小项目"体育社团与足球、篮球、乒乓球、羽毛球等社团相比，其社会影响力以及国家的支持力度较低，特别是很多新兴项目的体育协会成立较

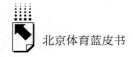
晚，启动资金严重短缺，难以维持组织正常运行，更别提组织体育活动和打造品牌赛事了，这导致体育社团申报政府经费和寻求企业赞助较为困难。其次，体育社团的资金来源渠道过于单一，过度依赖政府拨款，自身筹集资金的能力不足。最后，大多数体育社团对社团的非营利性质和宗旨的认识有误区，观念滞后，他们认为体育社团是非营利性质的社会团体组织，不能靠培训、办赛等方式获取用于维持组织自身发展的资金，这一错误的观点是导致体育社团自身造血能力不足的原因之一。

四　结论与建议

（一）结论

第一，体育社团内部成员对社会责任的认识存在不足，对社会责任概念的整体理解深度不够，对社会责任具体包含内容的分解不够细致，从而导致体育社团承担与履行的社会责任不充分。

第二，当下多数体育社团想承担社会责任，但是社团存在资金短缺、锻炼资源匮乏等短板，小部分体育社团根本无暇顾及社会责任。

第三，调查显示，28 家体育社团中有 85.71% 的体育社团表示经费不足，难以满足体育社团的基本运转，而在体育社团经费不充足时，体育社团最主要是通过政府支持、商业赞助和会员自筹等渠道来筹集经费；其中政府支持方面主要包括体育局、民政局和社会组织管理局等相关单位，商业赞助主要是获取广告费用或企业冠名费等。

第四，通过问卷调查，得出较为重要的六个社会责任。重要性从高到低依次为道德责任、政治责任、社区参与和发展责任、环保责任、组织自身发展责任和发展体育运动责任。

第五，重视和加强体育社团的党建工作，能够培养体育社团成员的社会责任感；完备的社会组织登记监管制度对体育社团的发展有着至关重要的作用。

第六，体育社团履行社会责任时没有充分考虑到利益相关者的利益或建议，导致利益相关者的利益无法得到应有的保障，这同样是一种社会责任缺失的体现，不利于体育社团的长期稳定发展。

第七，体育社团积极承担社会责任会对当地体育项目的发展有较大的促进作用；同时体育社团履行社会责任能够提高本社团的社会竞争力，对体育社团的长远发展有所裨益。所调查的体育社团都认为履行社会责任能够促进社团的发展，说明体育社团积极承担与履行社会责任不但不会阻碍体育社团的发展，反而能够促进体育社团的发展。

第八，体育社团履行社会责任对维护本社团的信用体系有促进作用。体育社团积极履行社会责任可以提高社会认同感，能够获得一定的美誉度和知名度，这将对体育社团的长远发展起到潜移默化的促进作用。

第九，体育社团在承担与履行社会责任的过程中还有六个不足之处，分别是对社会责任认识不足、自身管理缺位与政府监管错位问题、人才匮乏问题、资金短缺问题、缺乏志愿服务精神、自身造血能力不足。

（二）建议

1. 完善责任内容体系建设

增添有利于体育社团了解社会责任的便利渠道，为体育社团更好地理解社会责任提供建议指南，如组织体育社团成员进行 ISO 26000 或 GB/T 36001 等社会责任标准的学习，安排专家对社会责任的相关理论进行解读，重点帮助体育社团成员弄清楚社会责任的相关内容，促进体育社团成员深入认识体育社团社会责任内容体系以及体育社团积极承担社会责任的作用；帮助体育社团识别利益相关者，并加强与这些利益相关者的双向沟通，动员利益相关者为体育社团的发展分忧解难，从而使体育社团在参考利益相关者意见和接受利益相关者监督的基础上做出最优的决策；厘清体育社团承担社会责任的重要性和必要性，进一步完善体育社团社会责任内容体系，加强体育社团成员对该内容体系的学习，从而提高体育社团对社会责任的总体认识水平。

2. 健全组织管理机制

首先，体育社团应健全组织自身的管理机制，加强社团的日常管理，特别是在财务披露、信息公开等方面，不断提高体育社团运作的透明度，创新体育社团的管理制度，革新体育社团的管理理念，培育社团成员的自律意识和社会责任意识，进而提高体育社团自身的服务水平，增加体育社团的自我创收能力；其次，政府自身要起好模范带头作用，重视体育社团的社会责任问题，提高体育社团对社会责任的重视程度，宣传和明确体育社团应承担的社会责任内容，大力倡导体育社团积极承担社会责任，并建设更加完善的法律体系对体育社团的行为进行规范；最后，可通过第三方评估机构对体育社团进行评估和监督，并推动社会力量参与到体育社团的监督中，充分发挥新闻媒体的监督作用，提高社会公众的监督意识，最大限度地促进体育社团的诚信自律，提高体育社团的公信力和自我约束力，进而形成组织自律、政府他律和行业互律三者互补互促的新型组织管理机制。

3. 吸纳紧缺体育人才

保障体育社团成员的应有权益，消除成员的后顾之忧，建立合理、有效的奖惩机制，对于表现优异的人才可以适当提拔，并为其提供良好的福利、待遇，提高体育社团成员的积极性，反之则给予严厉惩罚，促使体育社团内部形成良性的竞争环境，增强体育社团吸纳人才的能力，保证社团成员的稳定性，为体育社团的良性发展增添活力；要坚持以人为本，高度注重社团人才的培养，安排社团成员外出进修，定期组织社团成员参加培训，加强成员的专业知识和技能水平，形成长效和良性的学习机制；注重体育社团成员的道德品质，加强成员的使命感和社会责任意识，培养社团成员的志愿精神，注重组织文化的塑造，提高社团成员的整体素质，进而促使社团成员最大限度地履行好自身的社会责任。

4. 提升自我造血能力

重点提升体育社团的自我造血能力，厘清体育社团的非营利性质，拓宽体育社团筹集资金的渠道，并且通过培训、办赛等方式来合法、合理地获取收入，促进体育社团的实体化发展；加强体育社团的自身建设，提升体育社团的战略谋划、项目运作和宣传推广能力，通过组织体育募捐活动和打造品牌体育赛事来筹集资金，通过引导志愿者参与体育社团的公共服务来节省资金；根据社团实际情况来灵活制定扶持政策，重点扶持新成立的体育社团和无法维持正常运转的体育社团，并给予相应的税务减免，但对步入正轨和发展较好的体育社团逐渐降低资金扶持力度，从而促使体育社团减少对政府财政的依赖程度，增加危机意识，帮助体育社团建立自给自足的发展模式，进而确保组织的可持续发展。

5. 加强政府对体育社团社会责任的培育

在建设体育强国背景下，政府突出强调要以人民健康为中心，推动全民健身和全民健康深度融合，并明确地指出体育各部门应"知责思为"，所以政府部门必须按照国家需求对体育社团的社会责任进行相应的培育。

从图 23 得知，有 96.43% 的体育社团认为政府培育对体育社团履行社会责任有重要作用，其中有 71.43% 的体育社团认为非常重要，有 25.00% 的体育社团认为较为重要，仅有 3.57% 的体育社团认为可以忽略不计，说明政府的大力培育是推动体育社团履行社会责任的关键，起着至关重要的作用。

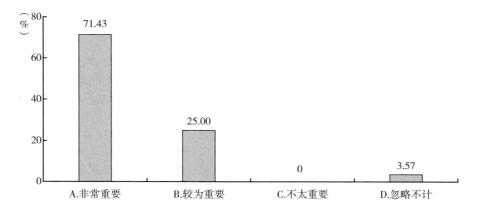

图 23　政府培育对体育社团履行社会责任的影响

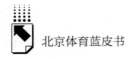
据图24得知，在政府引导方面，首先有57.14%的体育社团认为政府应给予经费上的支持，帮助体育社团改善"入不敷出"的现状，提高体育社团履行社会责任的积极性，其次有35.71%的体育社团认为政府应在政策上有所倾斜，给予体育社团一些如减免税收等政策优惠，最后有3.57%的体育社团认为政府应安排专业人员来进行指引，提高体育社团成员的社会责任认知水平，增强体育社团成员的社会责任意识。

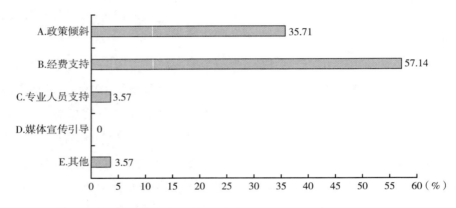

图24　政府对体育社团社会责任进行引导的最合理方式

参考文献

曹静：《基于社会责任的企业组织变革研究》，硕士学位论文，天津科技大学，2013。

常凯：《经济全球化与企业社会责任运动》，《工会理论与实践》2003年第4期。

陈承：《无形资源视角下企业社会责任对竞争优势的影响研究》，博士学位论文，华中科技大学，2012。

高尚全：《企业社会责任和法人治理结构》，《中国集体经济》2005年第1期。

况志华、叶浩生：《基于心理学视野的责任过程与结构研究》，《徐州师范大学学报》（哲学社会科学版）2009年第2期。

黎友焕、刘延平主编《中国企业社会责任建设蓝皮书（2010）》，人民出版社，2010。

李丽、王孝霞、吴晶：《社会责任与ISO 26000国际标准解读》，中国标准出版社，2013。

李伟阳、肖红军：《企业社会责任概念探究》，《经济管理》2008 年第 2 期。

刘水林：《从个人权利到社会责任——对我国〈食品安全法〉的整体主义解释》，《现代法学》2010 年第 3 期。

马俊：《员工视角的企业社会责任、人力资源管理与组织绩效关系实证研究》，博士学位论文，南开大学，2014。

穆青：《我国媒体社会责任及评价体系研究》，博士学位论文，中国矿业大学，2015。

田虹：《企业社会责任及其推进机制》，经济管理出版社，2006。

王红一：《转变经济发展方式与企业社会责任——从一个新角度看经济法的功能》，《经济法研究》2011 年第 00 期。

张彦宁、陈兰通主编《中国企业社会责任发展报告》，中国电力出版社，2008。

H. R. Bowen, *Social Responsibilities of the Businessman* (New York: Harper, 1953), p. 31.

Kathy Babiak, "The Role and Relevance of Corporate Social Responsibility in Sport: A View from the Top," *Journal of Management & Organization* 4 (2010): 528 – 549.

B.5
北京市体育社会组织扶持对策研究[*]

汪流 许宏^{**}

摘 要: 本研究在深入了解北京市体育社会组织基本情况的基础上,对政府相关部门、各类体育社会组织、健身居民进行广泛调查,了解政府部门的扶持与培育措施,了解体育社会组织及社区居民的需求,分析各自存在的问题,并提出相应的扶持对策。

关键词: 体育社会组织 政府 扶持方式

一 问题的提出

社会组织是区别于政府和企业的"第三部门",活跃在教育、文化、环境等各个领域。特别是20世纪80年代以来,得益于中国社会转型和体制转轨所形成的宽松的制度环境和广阔的社会空间,类型各异、规模不同的社会组织大量产生,成为我国各项事业发展的重要社会力量。体育社会组织是社会组织的重要类型,也是我国体育事业多元治理结构中的重要一极。扶持和培育体育社会组织,促进其健康发展,不仅有利于推进体育治理体系和治理能力现代化,也是贯彻落实全民健身国家战略、推进体育强国建设的重要组

---

* 科技创新服务能力建设—高精尖学科建设(市级)项目:政府扶持体育社会组织:理论基础、政策表征及实施路径。

** 汪流,博士,副教授,硕士生导师,研究方向为体育社会组织、社区体育;许宏,在读研究生,研究方向为体育社会学。

织保障。但是，从全国范围来看，体育社会组织普遍存在"弱、小、散"的特点，专业人才缺乏，社会支持氛围不浓。

放眼国外，作为政府与市场之外的"第三部门"，非营利组织早已成为完善现代社会管理和公共治理体系的重要力量，美国、英国、日本、荷兰和新加坡等国的体育非营利组织较为发达，不仅其社会化、市场化运作的能力较强，而且国外政府财政支持的经验也较为先进，为体育非营利组织的生存和发展提供了尽可能多的财政保障。2016 年 5 月，英格兰体育理事会发布了2016～2021 年大众体育发展战略"走向充满活力的国家"，扶持和指导大众体育组织发展，以顾客为中心，提升服务质量，促使体育组织更加受欢迎、更具包容性；2018 年 5 月，法国体育部长劳拉·弗莱塞尔宣布将投入至少 500 万欧元来扶持资金困难的俱乐部，并委托地方青年、体育及社会团体部门来管理。①

近年来，我国各地纷纷采取措施，对体育社会组织进行分级分类扶持和培育，并取得了一些积极的成效，但在扶持和培育的过程中也面临着很多问题，需要完善和改进。例如，扶持流程与模式尚未制度化，存在较大的随意性和随机性，评价监督体系尚不完善，扶持效果难以科学呈现。当前，我国正在推行各级体育社团与政府的脱钩工作，2019 年 6 月，国家发展改革委员会、民政部等十部委联合发文，国家体育总局 89 个协会全面脱钩改革启动。毫无疑问，体育社会组织与政府部门"脱钩"，有利于塑造良性政社关系，改变以往"政社不分"的体制机制弊端，让体育社会组织回归应有的社会本位，但体育社会组织与政府"脱钩"后的生存问题也随之成为社会各界关注的焦点。对于一些市场化程度高、群众基础雄厚的体育社团而言，"脱钩"工作对其生存影响不大，因为此前这些组织已经积累了独立生存的能力和经验，具有自我造血的能力。但对于大部分体育社团而言，政府的扶持措施必须跟上，"脱钩"也需要"脱贫"，"脱钩"需要注重组织自身能

---

① 武婧雅：《法国大众体育信息三则》，体育资讯网，2018 年 10 月 30 日，http：//www. sportinfo. net. cn/show/Article. aspx？TID = 58870。

力的提升。因此，制定和完善扶持政策，建立新型政社关系，加大对体育社会组织的扶持力度，充分发挥其在全民健身活动中的主体作用，是全民健身事业发展的迫切需求。

近年来，在各级领导的关心支持和有关部门的共同努力下，北京市体育社会组织得到了长足发展，服务社会的能力不断增强，社会影响力和知名度不断扩大，特别是一些植根于社区、服务于社区居民健身娱乐的健身团队，更是在满足市民的多元体育需求、推进全民健身事业发展、促进社区凝聚力和向心力等方面发挥了积极作用。为贯彻落实全民健身国家战略和《北京市全民健身条例》，更好地培育和壮大这一社会力量，建立与北京市体育社会组织发展相适应的扶持政策，打造覆盖广泛、载体多样、措施有力的扶持体系，充分发挥体育社会组织在开展全民健身活动中的主体作用，本研究力图在了解北京市体育社会组织基本情况的基础上，调查了解政府部门的扶持与培育措施，分析各自存在的问题，并提出相应的扶持对策。2018年以来，课题组在北京市体育局相关部门的支持和引荐下，深入了解北京市多个法人型体育社会组织和基层社区健身团队的运作状况，实地考察政府部门扶持体育社会组织的基本情况，广泛听取区体育部门、街道、乡镇、社区居委会等部门的意见，了解部分市民参与体育社会组织的现实需求，最终形成调研报告，供相关部门决策参考。

二 研究方法

本研究主要采用社会调查法、文献研究法等方式收集资料。

2018年5~12月，深入了解北京市空竹运动协会、北京市跆拳道协会等10余个法人型体育社会组织的运作情况及面临的问题；对丰台区大红门街道、东城区永定门外街道、海淀区四季青镇、平谷区王辛庄镇等基层管理部门及辖区的20个健身团队进行实地考察，就全民健身活动开展的基本情况、政府财政扶持体育社会组织的基本情况及健身团队发展的基本环境等问题与相关负责人进行交流，了解不同类型的体育社会组织的现实需求，了解当前扶持工作中存在的实际问题。

2018 年 8 月，课题组全体人员赴上海调研，就上海市扶持体育社会组织的基本做法和经验，对上海市体育局群体处负责人进行访谈，就组织运作、活动创新、经费来源等情况，采访上海市体育协会负责人，同时走访了上海市杨浦区控江路街道办、上海市杨浦区羽毛球俱乐部、上海市虹口区职工文化体育协会等机构。

为了获得较为充分的理论支撑，本研究还采用了文献研究法。通过图书馆、网络查阅有关体育社会组织研究的已有文献，梳理已有的研究成果；通过地方政府网站、地方体育局网站、民政局网站，收集地方扶持社会组织及体育社会组织的政策文件；资料的收集还包括关于体育社会组织的新闻报道、电子公告等。

三　我国地方政府扶持体育社会组织主要方式

早在 2012 年，国家体育总局就发布了《中央级彩票公益金资助全国性体育社团开展全民健身活动办法（试行）》，经过修订，《中央级彩票公益金资助全国性体育社团和体育总局相关单位开展全民健身活动办法》于 2015 年出台。

为推动体育社会组织发展，2013 年，国家体育总局曾专门召开群众体育组织建设研讨会，针对不同层级、不同类型、不同地区的体育社会组织发展情况进行交流，就当前体育社会组织发展中存在的各类问题进行探讨，并就今后如何规范管理、如何培育扶持等方面广泛收集意见和建议。

2016 年 5 月国家体育总局发布的《体育发展"十三五"规划》，提出要"大力引导、培育、扶持体育社团、体育民办非企业单位、体育基金会等体育社会组织发展"①。2016 年 7 月 13 日发布的《体育产业发展"十三

---

① 发展规划司：《体育发展"十三五"规划》，中华人民共和国国家发展和改革委员会网站，2017 年 8 月 10 日，https://www.ndrc.gov.cn/fggz/fzzlgh/gjjzxgh/201708/t20170810_1196892_ext.html。

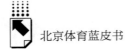
五"规划》，将"培育体育社会组织"作为"十三五"规划的主要任务之一。《国家体育总局贯彻落实〈法治政府建设实施纲要（2015—2020 年）〉实施方案》也提出"大力引导、扶持体育社会组织发展，创新体育社会组织管理方式"①。2017～2018 年，国家体育总局先后使用本级彩票公益金 7740 万元和 4084 万元，用于资助群众体育组织和队伍建设。②

在地方层面，各级政府及体育管理部门在扶持体育社会组织方面扮演了重要的角色，出台了一系列推动体育社会组织发展的扶持政策。我国地方政府扶持体育社会组织主要方式包括以下几个方面。

（一）政府经费补贴

政府经费补贴是指政府拨出部分财政资金用于无偿资助体育社会组织发展。在政府经费补贴上，补贴内容是多方面的，如一次性开办经费补贴，举办、协办或参加体育赛事（活动）补贴，场地租金补贴，器材设施补贴，专职或外聘人员工资补贴，公益创投项目补贴，参加或开展技能培训补贴，其他运营补贴（党建经费补贴、财务代理记账补贴、宣传推广活动补贴、内部会议活动补贴、文件资料费用补贴）等。在我国各地方政府的扶持实践中，经费补贴力度较大的地区有北京市、上海市、江苏省（如常州市、宿迁市、南京市）、广东省、广西壮族自治区等；补贴项目较为丰富的地区有北京市、上海市、广西壮族自治区等。例如，广西壮族自治区体育局对行业体育协会的经费补贴项目细化到"资料费用补贴""内部会议补贴""宣传推广补贴"等方面。

政府补贴经费是各地方政府财政扶持体育社会组织工作中最为常见的做法。但值得注意的是，一些地方政府文件中明确规定，政府经费补贴的范围

---

① 国家体育总局：《体育总局关于印发〈国家体育总局贯彻落实《法治政府建设实施纲要（2015—2020 年）》实施方案〉的通知》，国家体育总局网站，2016 年 9 月 12 日，http：//www. sport. gov. cn/n316/n336/c752494/content. html。

② 数据来源于《国家体育总局 2017 年度本级体育彩票公益金使用情况公告》和《国家体育总局 2018 年度本级体育彩票公益金使用情况公告》。

不包括以政府购买服务的形式开展的项目。也就是说，一些公共体育服务项目不能同时享受政府经费补贴与政府购买服务两种扶持方式的补贴。

（二）政府奖励政策

政府奖励政策是指地方政府为鼓励体育社会组织创新争优，对于符合奖励条件的体育社会组织或组织工作者，按照奖励标准给予一定数额的资金奖励。奖励范围包括以下几个方面。

一是参赛成绩奖励。体育社会组织或组织成员代表本辖区参加上级比赛（活动）并取得优秀成绩的，政府按照赛事活动级别给予相应的资金奖励。例如济南市对于代表本市参加省级以上赛事活动的体育社会组织，按照参赛成绩给予资金奖励；对比赛中取得优异成绩的组织成员，参照济南市体育竞赛奖励标准给予奖励。洛阳市对于委派参加全国性、全省性邀请赛及展示活动的体育社团，在报销参赛交通费、食宿费、保险费、体检费、报名费的基础上，额外对获奖的体育社团或社团成员分别给予最高不超过 5000 元或 500 元的经费奖励。

二是社会组织规范化建设等级奖励。通过"以奖代补，评星定补"的方式，对于在"社会组织规范化建设评估活动"中获得评价等级的体育社会组织，按等级高低给予相应的经费奖励。此外，上海市、宿迁市等地方政府还建立"复评奖励"机制，对于评价等级较上一年度有所提升的体育社会组织，补足等级之间的奖金差额；对于仍保持原有较高等级（3A 级以上）的体育社会组织，额外再给予一定的资金奖励。

三是优秀组织（个人）奖励。对于承接政府购买服务且绩效评估优秀，或积极参与公共体育服务供给，或对本辖区贡献突出、发挥作用明显的优秀体育社会组织及优秀个人（领军人物）给予一定资金奖励。例如宿迁市体育局对于配合开展青少年业余训练并向市级培训机构引进和输送高水平教练、运动员的体育协会，授"突出贡献奖"并给予一定资金奖励；对于社会化运作年创收达 10 万元以上、20 万元以上、30 万元以上的体育协会分别给予 1 万元、2 万元、3 万元的经费奖励。广西壮族自治区体育局对于在地

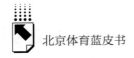

方全民健身事业中做出突出贡献的体育社会组织给予一定的资金奖励。在个人奖励方面，北京市、上海市、天津市、深圳市等地方政府都采取了对体育社会组织"领军人物"或"先进工作者"的资金奖励措施。

（三）政府购买服务

政府购买服务已成为当前我国地方政府财政扶持体育社会组织的重要手段，在各地方政府的扶持实践中都比较常见，而且逐渐呈现向规范化、制度化方向发展的趋势。例如我国多个地方政府在购买服务时采用了公开招标、邀请招标、竞争性谈判、竞争性磋商、询价等方式确定承接主体，运用契约、竞争等社会手段规范和优化政府财政资源的配置，保证符合条件的体育社会组织具有获得政府资源的同等机会，极大地激发了体育社会组织的积极性和创造性。

当前，公益性体育竞赛和表演活动的组织与承办、科学健身推广与业务技能培训、全民健身活动的组织与承办构成了各地政府向体育社会组织购买服务的主要内容。此外，为保证服务供给质量，各地方政府还积极健全监督保障机制，全程跟踪服务完成情况，建立绩效评价机制并根据评估情况拨付资金、尾款以及确定奖惩。

（四）税收优惠

地方政府给予体育社会组织的税收优惠，主要是将国家层面对各类社会组织的普适性税收优惠政策落地执行到位。经过对政策文件的筛查整理，发现北京市、上海市、江苏省、广东省、山东省、无锡市、沈阳市等地方政府文件中均提到了要"落实国家税收优惠政策""开展体育社会组织免税、公益性捐赠税前扣除等资格认定""保障体育社会组织依法享受税收优惠待遇"等扶持措施。

（五）费用减免

费用减免也是政府财政扶持的一种方式，即地方政府为支持体育社会组织发展，减少或免除其日常运营所需缴纳的一部分管理费用或服务费用，如房屋租金、场地使用费、水费、电费、通信费、物业费等。

我国多个省市地方政府均采用了这种扶持方式，如广东省为支持省级体育社团发展，将闲置的办公用房、福利设施、体育场馆附属设施等国有或集体所有资产，通过无偿使用等优惠方式提供给省级体育社团开展全民健身公益活动；深圳市龙岗区南湾街道以免租金或低租金的方式为社区社会组织租赁活动场地及为其他基本服务提供优惠；上海市静安区人民政府彭浦新村街道向成立时间在 2 年内的社区社会组织免费开放办公工位、办公室和活动场地；上海市闵行区浦江镇政府对于入驻镇内的社会组织，1 年内无偿提供办公场地，同时在水、电、通信等费用上予以优惠。需要注意的是，这里提到的费用减免要区别于政府的直接资金补贴，如已享受政府房租经费补贴的体育社会组织，无法同时享受租金减免政策。

四　社会效应

（一）促进了体育社会组织良性发展

各地政府为促进体育社会组织发展所采取的一系列扶持措施，不仅为当地体育社会组织提供了资金支持，也提供了政策、人才等方面的保障。譬如，对新成立的组织给予一次性开办费用补贴，房屋、水电费减免，极大地减轻了"初创期"体育社会组织的生存压力；为"成长期"体育社会组织提供运营补贴、专业人才经费，不仅提升了体育社会组织的专业化水平，同时缓解了日常运营的资金周转压力；对于"成熟期"体育社会组织，在公益创投项目、政府购买服务等方面予以财政倾斜，鼓励其参与公开竞争、项目运作和绩效评估，极大地提高了体育社会组织的规范化、专业化与社会化水平，提升了组织向外获取社会资源的能力，促进了组织的良性发展。

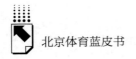

（二）推进了政府自身职能转变

采取政府购买服务的财政扶持方式，将一部分公共体育服务交由体育社会组织承担，政府只负责提供资金、了解需求与监督执行，这使得政府免去了服务供给中一些琐碎繁杂事务的干扰，可以集中力量履行好自身必要的职责，极大地提高了政府部门的工作效率，有效降低了行政成本。同时，体育社会组织与政府的关系也得到了转变，由原来体育行政部门的"办事伙计"转为"合作伙伴"，一定程度上也反映了政府开始由"管理型"政府向"服务型"政府转变，由"全能政府"转向"有限政府"，由微观管理变为宏观调控，真正形成小政府、大社会的合理格局。

（三）促进了政府扶持体育社会组织的制度化建设

近年来，以政府体育部门为主体，地方政府各部门出台了诸多扶持体育社会组织的相关政策法规。数量之多、范围之广、密集程度之高前所未有。不仅有体育部门的专门政策，民政、财政、税务等其他政府部门也在建立并不断完善着扶持体育社会组织的配套制度与措施，税收优惠、补贴奖励、人才吸纳等多项事关体育社会组织发展的重要事项被纳入各类扶持措施和政策文件中，在一定程度上推动了扶持工作的制度化建设。

（四）提升了公共体育服务的质量

计划经济时期，我国公共体育服务一直由政府提供，供给主体和内容单一、供给方式简单化及行政化的问题一直饱受诟病。体育社会组织所具有的非营利性、自愿性的本质特征，使其在体育公共服务的供给方面具有天然的优势。近年来，各地政府在积极推进体育社会组织实体化改革的同时，有意识地加以扶持，为体育社会组织发展提供了良好的制度环境，推升了体育社会组织提供公共体育服务的能力，一些发育情况较好的体育社会组织已成为公共体育服务供给的重要主体与全民健身活动开展的主要力量。作为民间力量的代表，体育社会组织因其亲民、便民的自然属性，更容易获得基层群众的认可与接受，在一定程度上提升了公共体育服务的质量。

五 北京市体育社会组织扶持现状

北京市坚持发挥体育对北京建设政治中心、文化中心、国际交往中心、科技创新中心的独特作用，积极探索与国际体育中心城市、国际一流的和谐宜居之都要求相匹配的全民健身发展模式，最大限度地激发社会活力，促进体育社会组织的健康有序发展，初步形成了"内容丰富、种类多样、覆盖广泛"的健身组织网络，在党建引领、对接政府、服务社会等方面发挥了重要作用。近年来，无论是在市委、市政府层面，还是在市体育局、民政局层面，北京市都出台了很多专门或涉及体育社会组织建设与管理的重要政策文件，为北京市各级体育社会组织发展创造了一个良好的制度环境。2017年，包括市足协在内的27家体育社团分成两批先后"脱钩"，第一批为市足协、市风筝协会、市民族传统体育协会、市毽绳运动协会、市回春保健操协会和市保龄球运动协会，第二批为市农民体育协会等21家社团。随着北京市冰雪运动发展提速，有关冬季项目的市级社团也逐渐增多。2016年，北京市冰壶协会、北京市滑雪协会相继成立；2018年3月，北京市滑冰协会正式成立；2019年7月，北京市雪上运动协会宣告成立。截至2019年，"市级体育组织97个，区级单项体育组织、俱乐部531个，基层健身团队7983个"[①]。总结归纳北京市扶持体育社会组织的做法及存在的主要问题，发现其主要包括以下几个方面。

（一）完善政策措施

近年来，北京市出台了一系列政策文件，既有对各类社会组织的普适性

---

① 北京市体育局：《北京市体育局2019年度绩效管理工作报告》，北京市体育局网站，2020年1月10日，http://tyj.beijing.gov.cn/bjsports/zfxxgk_/1421305/679324/index.html。

扶持政策，也有专门针对体育类社会组织的扶持措施。如 2017 年的《关于改革社会组织管理制度促进社会组织健康有序发展的实施意见》及《关于通过政府购买服务支持社会组织培育发展的实施意见》等政策文件，提出"建立健全公共财政对社会组织的资助和奖励机制""研究制定财政补贴、特许经营、贷款贴息等政策""落实有关税收优惠政策""鼓励银行业金融机构加大服务力度，为符合条件的社会组织提供信贷支持"等扶持意见。2017 年，《北京市全民健身条例》（以下简称《条例》）经过修订后重新发布，《条例》对健身组织的培育和发展进行了明确规定，加大扶持基层健身组织也成为本次《条例》修订的一个亮点。较之于 2006 年的《条例》，新修订的《条例》设立"体育社会组织和健身团队"专章，提出基层健身团队可向乡镇人民政府、街道办事处或者居民委员会、村民委员会申请备案，经备案的健身团队可享受场地、资金等方面的政策支持。

为贯彻落实《北京市全民健身条例》，规范健身团队发展，2017 年 6 月，北京市体育局及北京市体育总会联合印发了《关于健身组织备案工作的指导意见》（以下简称《意见》）。《意见》是《条例》的配套文件，分为总体思路、备案范围、备案程序和要求、管理体制四个部分，明确具体的工作要求和职责分工，力图切实推动基层健身组织的健康、规范、有序发展。为进一步推动基层体育组织建设，完善全民健身团队评定制度，2018 年初，北京市体育总会开始牵头研究制定《北京市星级全民健身团队评定办法》。2019 年 4 月，《北京市星级全民健身团队评定办法》正式由北京市体育局及北京市体育总会联合下发。

（二）推进政府向体育社会组织购买公共服务

当前，政府购买服务成为全国各地政府转变职能、改革工作机制的普遍做法。政府购买服务的对象一般包括社会组织和企业，但为了扶持社会组织，政府采取购买服务的同时，总是有意无意地向社会组织倾斜，在同等条件下，优先购买社会组织的服务。体育社会组织提供的服务是政府购买的主要内容之一。

北京市是最早实施政府购买服务的地区之一，近年来更是陆续出台了《关于政府向社会力量购买服务的指导意见》《关于通过政府购买服务支持社会组织培育发展的实施意见》《北京市体育局政府购买服务指导性目录》等一系列文件，为体育社会组织承接政府购买服务营造了良好的政策环境。

北京市购买公共体育服务的主体是北京市体育局，也包括其他政府部门，如北京市社会建设工作办公室、北京市民政局等。

北京市体育局则通过预算内资金、体育产业发展引导资金、全民健身活动专项资金，向体育社会组织购买科学健身指导、公益性竞赛及体育活动的组织与实施、体育专业培训与认证服务等公共体育服务。而北京市社会建设工作办公室及北京市民政局主要利用市级社会建设专项资金、福利彩票基金向体育社会组织购买公共体育服务。

（三）对不同类型的体育社会组织实施分类扶持

对于法人型体育社会组织，注重通过提升专业服务能力以及监督评估等方式进行培育；主要采用提供办公场地和培训场地、普及政策知识和专业知识、政府购买、经费补贴等方式进行扶持。比如在政府购买方面，购买内容包括赛事举办或展示、技能培训、体质监测等。鼓励参与市级社会组织等级评估，2018年北京市足球运动协会被评为5A级社会组织；北京市棋牌运动协会、北京市风筝协会、北京市门球运动协会、北京市无线电运动协会、北京市击剑运动协会、北京市垒球运动协会、北京市田径运动协会7家协会被评为4A级社会组织，北京市铁人三项运动协会、北京市拳击协会、北京市健美协会、北京市举重运动协会、北京市航空运动协会、北京市冬泳俱乐部6家协会被评为3A级社会组织。

对于基层社区健身团队，在人、财、物、技术等方面予以支持。2015年，北京市体育局下发《北京市优秀全民健身团队扶持方案》，选拔出优秀健身团队3816个，对优秀全民健身团队按照每年1200元的标准进行奖励扶持。扶持资金用于全民健身团队购置健身器材、服装，支付参加体育活动的交通费等。2019年，北京市现有社会体育指导员5.4万名，其中国家级近

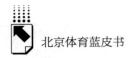
2000 名①，这些社会体育指导员长期坚持在社区、农村、公园、广场、机关、企事业单位、厂矿等组织全民健身活动，是基层体育社会组织的发动者和管理者。为提升社会体育指导员的技能与管理水平，2018～2019 年，分别培训国家级社会体育指导员 227 名和 105 名。

（四）存在的主要问题

国家体育总局原局长刘鹏认为，"十三五"时期中国体育事业发展面临五大挑战，其中"基层体育社会组织薄弱，发展滞后，自身能力建设有待加强，在全民健身事业中的重要作用尚未充分发挥，支持和培育体育社会组织发展的体制机制尚不健全"是五大挑战之一。总体上看，北京市体育社会组织发展呈现上升趋势，扶持政策与措施也在不断地完善之中，但与国际体育中心城市建设的整体要求和首都群众体育健身的实际需求还有着一定的差距。

近些年来，我国地方政府及体育部门出台了一些体育社会组织扶持政策措施，推动了体育社会组织健康发展。但同时，这些政策措施自身的问题也日渐凸显，如部门协同不够、配套措施缺乏、扶持行为不够规范化等问题。北京市在推进扶持措施、加大扶持力度的同时，也面临着一些类似的问题。

一是部门协同不够。体育社会组织职能广泛，涉及群众体育和竞技体育两个领域，涉及各类群体、各类项目，作为全民健身事业发展的重要载体，需要体育、财政、民政、教育、卫生、审计、公安等部门协同为组织发展提供扶持和保障。但是在目前的实践运作中，由于各部门的立足点不同，致使达成的有效协同不足，给体育社会组织发展带来很大困扰，如与教育部门在学校场地协调方面，与民政部门在体育社会组织登记注册的前置审核要求方面，与税务部门在体育社会组织的免税、减税执行方面都难

---

① 王灿：《北京市国家级社会体育指导员培训班举行》，中华全国体育总会网站，2019 年 8 月 28 日，http：//www.sport.org.cn/sfa/2019/0828/289213.html。

以形成合力。

二是扶持政策不够匹配。尽管在市、区两个层面都有鼓励体育社会组织发展的政策文件，但多缺乏可操作性，没有具体的实施细则，无法有效落实。如文件提出加大对社会组织的资金投入力度，而没有具体的补贴范围、补贴标准与实施办法，在实践中无法进行有效实施。此外，政府购买服务也缺乏制度化参与机制，"条块"间均有体育项目申请和服务购买，但缺乏统一信息平台，体育社会组织获取信息存在难度。部分项目购买方式竞争性不足，存在一定的形式购买。

三是扶持行为随意性较大。调研中发现，在扶持体育社会组织的实践中还存在着较大的随意性和不规范性，使一些扶持措施无法延续。当前政府的扶持行为缺乏规范的、程序公开的监督管理，主管部门与各体育社会组织之间在扶持资金的分配过程中容易产生设租、寻租行为，有些扶持资金流于形式，难以真正落实到需要扶持的体育社会组织。

四是扶持方式及内容单一。当前对于体育社会组织的扶持主要表现为资金扶持，而大量的资金扶持主要集中在政府购买服务。但是，政府购买行为严重倾向于体育赛事活动的组织开展。通过调研了解到，在街道层面，受财务报销制度等方面的制约，街道倾向于将有限的全民健身专项经费主要用于集体健身活动的开展，对于日常健身活动的组织与指导方面难以给予必要的扶持。

此外，体育社会组织自身也存在专业人员缺乏、治理结构不健全、服务水平较低、公信度不高、创新意识不足等问题。社会组织由于公益性、非营利性的限制，提供的报酬待遇和职业前景不如其他行业，不能吸引年纪轻、学历高的专业从业人员。当前体育社会组织发展处于初级阶段，组织影响力和职业发展空间有限，社会影响有限，使得社会组织难以吸引人才并留住人才。在调查中发现，大部分体育社会组织缺乏专职人员、专业人才，以兼职的退休人员为主。这导致体育社会组织难以开展有效的项目策划、项目运作、资金筹措等工作，影响了社会组织的服务能力和水平，无法形成知名的品牌活动，难以获得广大群众的认可。

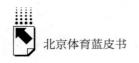
六　北京市扶持体育社会组织的政策建议

（一）充分发挥枢纽型体育社会组织的平台作用

枢纽型社会组织建设是我国社会组织管理中的一大特色，这一组织既具有联合性组织的特征，也发挥着政府的助手作用。早在 2008 年，北京市就确立了枢纽型社会组织的发展思路，寄希望于这一类型的组织能够起到桥梁和纽带作用，联结政府和不同类型的社会组织，构建起社会组织的网络体系。在各地的扶持实践中，地方政府通过委托、购买服务、资金补贴等方式与枢纽型体育社会组织建立合作，枢纽型体育社会组织作为政府与其他体育社会组织之间的桥梁纽带，在为其他组织提供人、财、物等方面支持的同时，广泛网罗社会化的体育资源向其让渡，既改变了其他体育社会组织与政府部门之间存在的行政依存关系，又避免了脱钩以后的游离状态。[1]

体育社会组织扶持工作应继续发挥枢纽型体育社会组织在资源整合、统一调配、信息共享、引导合作等方面的重要作用，借此整合和盘活各层级之间的体育社会组织，建立起一个层级互动、左右关联的体育社会组织生态系统，这是当前我国社会组织发展所处阶段的必然要求。

（二）激励街道、乡镇层面的综合性体育社会组织建设

《北京市全民健身条例》第二十四条提出：本市鼓励成立跨街道、乡镇、社区的专项的健身社会组织和健身团队。街道具有区域性、综合性、社会性的特征，是城市中最基层的行政管理层次，也是社区体育资源整合、实施全民健身活动的最合适的平台。目前，街道在社区体育活动的组织开展方面越来越暴露出人力不足的弊端，而大量出现的社区健身团队又展现弱、散

---

①　孟欢欢、李健、张伟：《政府培育社会体育组织的实践与反思——以上海为例》，《沈阳体育学院学报》2018 年第 2 期，第 16～22 页。

的特点，建立街道层面的综合性体育社会组织来组织协调健身活动开展，整合社区体育人力、场地、组织资源既有政策法规的依据，也有现实需求。对于在街道层面成立的综合、专项体育社会组织，建议给予一次性开办和运营补贴。街道也可以通过购买的方式，与综合性体育社会组织建立合作伙伴关系，实现综合性体育社会组织对社区健身团队在场地协调、技术配送、赛事组织、经费补贴等方面的培育和扶持。

（三）丰富对体育社会组织的扶持内容

应改变当前扶持资金主要局限于组织开展体育赛事活动的弊端，尽可能丰富扶持内容。对于法人型体育社会组织，除了全民健身品牌活动、全民健身交流活动，扶持资金应更多地向推广健身项目、普及全民健身科学知识、培育全民健身骨干队伍方面倾斜。对于基层健身团队，建议加大对基层健身团队优秀健身项目开展、健身赛事活动参与的经费扶持力度，着力解决健身团队在活动资金、组织协调、活动场地、人才队伍等方面的实际困难和发展需求。

（四）充分发挥政府购买服务的撬动作用

对于法人型体育社会组织而言，争取政府购买服务不仅是其社会影响力提升的重要机遇，也是其发展资金的重要来源之一。而对于政府而言，根据群众体育事业发展的要求、居民健身需求，鼓励体育社会组织积极参与政府购买服务，也是其实现职能转变、工作方式转变的重要途径。在政府购买服务的实践探索中，应不断完善体制机制，不断扩大政府购买服务的内容，充分发挥政府购买服务的撬动作用，激发体育社会组织的活力和积极性。

（五）立足于体育社会组织能力的提升

尽管政府及其体育部门在推进体育社会组织的发展方面出台了很多政

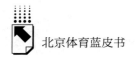
策，扶持力度也很大，但由于各方面的原因，各级各类体育社会组织的能力不足是一个现实的问题。学界的研究也表明，无论是登记注册的法人型体育社会组织，还是基层社区的非法人型体育社会组织，能力欠缺成为政府职能转变的制约因素，是全民健身发展的短板。大量属于体制之外的社区体育社会组织的能力欠缺问题更为突出，许多组织服务水平较低，无法参与到社区体育治理和提供公共体育服务中，大多停留在自娱自乐层面。加大力度培育和扶持社会组织，不单纯是为了体育社会组织数量的增长，也不能用投入了多少经费来衡量，而是期望其能在社会建设、全民健身中发挥实实在在的作用。为此，需要我们在扶持体育社会组织的具体实践中，立足于其资源汲取、公共服务等方面能力的普遍提升。

参考文献

邓国胜：《中国草根 NGO 发展的现状与障碍》，《社会观察》2010 年第 5 期。

董遇：《北京市体育局向社会力量购买公共体育服务研究》，硕士学位论文，北京体育大学，2016。

方琦、范斌：《多元关系与运作逻辑：社会组织扶持政策设计基点分析》，《理论与改革》2016 年第 6 期。

井敏：《构建服务型政府：理论与实践》，北京大学出版社，2006。

雷洁琼主编《转型中的城市基层社区组织——北京市基层社区组织与社区发展研究》，北京大学出版社，2001。

〔美〕莱斯特·M. 萨拉蒙等：《全球公民社会——非营利部门视界》，贾西津、魏玉等译，社会科学文献出版社，2002。

彭善民：《财政扶持政策与社会组织发展》，《社会科学》2017 年第 2 期。

孙选中：《服务型政府及其服务行政机制研究》，中国政法大学出版社，2009。

王名主编《中国民间组织 30 年——走向公民社会》，社会科学文献出版社，2008。

杨桦：《中国体育治理体系和治理能力现代化的概念体系》，《北京体育大学学报》2015 年第 8 期。

B.6
北京市体育健身团队负责人群体特征

赵少聪[*]

摘　要： 体育健身团队负责人是体育健身团队的灵魂，其工作能力直接影响体育健身团队的发展与消亡，研究体育健身团队负责人对体育健身团队发展、全民健康有重要意义。本文采用文献资料法、问卷调查法等对北京市体育健身团队负责人群体进行研究，研究表明：体育健身团队负责人队伍，女性多、年龄大、学历低、中低收入、有配偶居多；运动技能较好、比较了解科学健身知识、参加锻炼年限长、大多有社会体育指导员资格；有团队管理经历少、担任负责人年限较长、以服务社会和兴趣爱好为主要工作动机、工作满意度较高。

关键词： 体育健身团队　全民健身　北京市

一　前言

没有全民健身就没有全民健康，没有全民健康就没有全面小康。习近平强调：要把人民健康放在优先发展的战略地位，加快推进健康中国建设，努力全方位、全周期保障人民健康。[①]《全民健身计划（2016—2020年）》是

---

[*] 赵少聪，博士，教授，研究方向为体育人文社会学。

[①] 中华人民共和国中央人民政府：《全国卫生与健康大会19日至20日在京召开》，中华人民共和国中央人民政府官网，2016年8月20日，http：//www.gov.cn/xinwen/2016 – 08/20/content_ 5101024.htm。

实现全民健康的重要路径，旨在通过扶持基层体育社会组织、组织群众体育活动、传授科学锻炼方法等手段来提高人民的健康水平，扩大体育健身活动的社会参与度。基层体育社会组织是将《全民健身计划（2016—2020 年)》付诸行动的基础保障，基层群众体育事业的发展与否关乎体育强国梦的实现与否，助力和引导基层体育社会组织发展，强化发展基层群众体育事业，能够有效破解当前社会力量参与不足、体育社会组织活力欠缺等困境，保证我国群众体育事业健康发展，保障《全民健身计划（2016—2020 年)》顺利实施。

体育健身团队是基层体育社会组织的重要组成部分，主要集中在社区、街道、公园等公共场所，大多由自发组织或单位、街道等协办产生。它弥补了法人型体育社团不能完全满足社会不同群体体育锻炼需求的不足，在社区发展和居民生活中发挥着不可替代的作用。2017 年北京市登记备案的健身团队已达 7893 个[①]，且数量在不断增加，体育健身团队数量之大、参与人数之多，使其日渐成为群众参与体育锻炼的重要形式，在全民健身中发挥着重要的作用。体育健身团队负责人是体育健身团队的灵魂，"卡理斯玛型权威"理论认为，一个组织的领导者往往要具有超常品质和个人魅力，组织成员对首领超凡魅力的"认可"或"崇敬"是一种精神力量，只要首领存在，组织就具有强大的生命力，反之，该组织极易分崩离析。[②]调查显示，大多体育健身团队正是以这种"卡理斯玛型权威"建立起来的，由居民自发组织，主要依靠"自治"，这种"自治"在很大程度上要依赖组织的负责人，这意味着负责人是一个团队的中流砥柱。体育健身团队负责人具有"天然性"和"民间性"，他们的能力参差不齐，这可能直接影响体育健身团队的发展与消亡，可见其对于组织发展的重要地位。既然体育健身团队负责人对于我国体育事业发展如此重要，那么当前正在从事体育健身团队工作的负责人群体具备什么样的特征？他们的工作能力如何？本研究决定对体育

---

① 北京市体育总会：《解读〈关于健身组织备案工作的指导意见〉》，北京市体育局网站，2017 年 7 月 26 日，http：//www. bjsports. org/bjsports/zcfg15/zcjd/1476389/index. html。

② Qiusha Ma, *Non-Governmental Organizations in Contemporary China：Paving the Way to Civil Society?*（London：New York：Routledge，2005）.

健身团队负责人这一群体进行调查研究，调查体育健身团队负责人群体特征，为建设更加优秀的体育健身团队负责人队伍提供参考，为推动我国体育事业全面发展做出贡献。

二 研究方法

以北京市海淀区、朝阳区、东城区、西城区、石景山区、丰台区的体育健身团队负责人作为调查对象，设计了《北京市体育健身团队负责人群体特征调查问卷》，问卷分为人口学特征、体育参与特征和履历特征三个部分。以街道、乡镇为抽样框进行分层随机抽样[①]，共抽取街道、乡镇共24个，在每个街道、乡镇调查 15~40 个样本，根据各区人口数量比例，共调查样本 640 个，各区样本分布见表1。在 2019 年 7 月 1 日~8 月 31 日，通过联系各街道、乡镇相关负责人，进行问卷发放，发放问卷 640 份，回收635 份，经复核，剔除其中信息填写不完整问卷 32 份，有效样本 603 份，采用描述性统计方法对数据进行百分比统计分析。

表 1　问卷发放回收情况

单位：份，%

地区	发放	回收	有效	有效率
东城区	50	49	46	92.0
西城区	68	68	64	94.1
朝阳区	194	193	186	95.9
丰台区	115	114	108	93.9
石景山区	34	34	31	91.2
海淀区	179	177	168	93.9
总数	640	635	603	94.2

---

① 风笑天：《现代社会调查方法（第五版）》，华中科技大学出版社，2014，第 47~79 页。

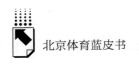

三 相关概念界定

体育健身团队是指以地缘关系，自发、自愿聚集而成的群众性健身群体或组织，在健身时间、地点、项目和成员方面较为固定。[①] 依据北京市体育健身团队的备案要求，认为体育健身团队应是命名规范，成员众多（5 人及以上），活动场所、时间和项目较为固定，且有完全民事行为能力人作为负责人和具有一定数量社会体育指导员的群体组织。[②] 北京市海淀区、朝阳区、东城区、西城区、石景山区现登记在册的体育健身团队约为4300 个。

体育健身团队负责人是指负责团队日常锻炼、比赛等各项工作的人员。本研究的体育健身团队负责人指已在街道、乡镇等相关部门登记的体育健身团队，各个体育健身团队当中负责日常锻炼、比赛等各项工作最主要的负责人；通常也指体育健身团队在相关部门备案登记的负责人。[③]

体育健身团队负责人群体是没有受到有关部门认可或准许而集结成的群体，他们在体育健身过程中产生，有共同的特征，也各自存在差异。群体特征可分为稳定、相对稳定和不稳定三类特征[④]，本研究调查的体育健身团队负责人群体特征是指范围稳定、不易改变，且与体育健身团队负责人工作岗位相关的特征，包含人口学特征、体育参与特征、履历特征三个方面。

① 焦敬伟、郑丹蔺、高歌：《上海市社区群众性体育健身团队的调查研究》，《武汉体育学院学报》2008 年第 6 期，第 65 ~ 68 页。
② 北京市体育总会：《北京市体育局 北京市体育总会关于健身组织备案工作的指导意见》，北京市体育局官网，2017 年 7 月 26 日，http://tyj. beijing. gov. cn/bjsports/zcfg15/fgwj/dffg/15 08606/index. html。
③ 赵少聪、王凯珍：《北京市六城区体育健身团队负责人的特征研究》，《首都体育学院学报》2019 年第 1 期，第 22 ~ 27 页。
④ 杜阳：《团队特征、二元学习与新产品开发绩效关系研究》，博士学位论文，吉林大学，2014，第 55 ~ 65 页。

四 结果与分析

（一）体育健身团队负责人的人口学特征

1. 性别对比

表 2 显示，2019 年体育健身团队负责人当中女性占比为 84.7%，男性占比为 15.3%，女性比男性高约 69 个百分点。2016 年的相关调查显示，女性体育健身团队负责人高出男性 61 个百分点[1]，可见体育健身团队负责人性别比例失衡还在进一步加剧。据调查，在体育健身团队当中操舞、武术占比最大。[2] 近几年广场舞等发展迅速，在公园、街道、小区空地等随处可见，这一方面是由于操舞类项目容易上手，而且项目本身具有一定的观赏性，容易吸引周边居民参加；另一方面操舞类项目对于场地要求不高，有块空地即可。这些操舞类健身团队当中的队员基本为女性，受这影响女性作为体育健身团队负责人的比例远远大于男性。

表 2 2019 年体育健身团队负责人性别对比

性别	男性	女性	总计
人数（人）	92	511	603
占比（%）	15.3	84.7	100.0

2. 年龄分布

表 3 显示，2019 年体育健身团队负责人，50 岁及以下占 13.5%；主要集中在51～70 岁年龄段，占 77.1%；70 岁以上占 9.4%。可见，年轻人担任体育健身团队负责人较少，主要以 50 岁以上退休中老年人为主。体育健

---

① 赵少聪、王凯珍：《北京市六城区体育健身团队负责人的特征研究》，《首都体育学院学报》2019 年第 1 期，第 22～27 页。
② 王玮娴：《北京市海淀区体育健身团队研究》，硕士学位论文，首都体育学院，2015，第 12 页。

身团队管理需要一定的时间投入，而51～70岁年龄段的人，相对闲暇时间较多，精力比较充沛，因此担任体育健身团队负责人的占比最大。与2016年的调查相比较，体育健身团队负责人平均年龄为58.5岁，50岁以上占83.2%[1]，说明这几年体育健身团队负责人有进一步老化的趋势。

表3　2019年体育健身团队负责人年龄分布

年龄	23～30岁	31～40岁	41～50岁	51～60岁	61～70岁	70岁以上
人数（人）	3	27	51	210	255	57
占比（%）	0.5	4.5	8.5	34.8	42.3	9.4

3. 学历结构

学历可以反映一个人的综合素质和工作水平，如政府部门或企业的工作岗位都有一定的学历要求，但"草根组织"中的体育健身团队负责人没有学历要求。表4显示，2019年体育健身团队负责人研究生学历占2.0%，大学（大专）学历占29.4%，高中（中专）学历占比最大，为53.2%，初中及以下学历占比为15.4%。2015年我国人口抽样调查数据显示，大专以上学历的人数占比为12.4%[2]，可见在学历方面，体育健身团队负责人会普遍高于普通公民。这主要原因有：一方面体育健身团队负责人往往是经过推荐或选拔而产生，在负责人产生过程中学历是一个很重要的标准；另一方面在成为体育健身团队负责人后，为更好地管理团队，负责人也会感受到自身工作能力的重要性，往往会进入老年大学等继续接受教育，使得学历得到提升。研究认为，体育社团管理人员中应有超过70%的本科及以上学历的人员[3]，这说明肩负团队管理和组织发展重任的体育健身团队负责人群体的学历相对偏低。

---

① 赵少聪、王凯珍：《北京市六城区体育健身团队负责人的特征研究》，《首都体育学院学报》2019年第1期，第22～27页。

② 国务院人口普查办公室、国家统计局人口和就业统计司编《中国2010年人口普查资料》，中华人民共和国国家统计局网站，2015年1月1日，http://www.stats.gov.cn/tjsj/pcsj/rkpc/6rp/indexch.htm。

③ 肖嵘、汤起宇、吕万刚：《我国省级体育社团管理队伍现状及发展思路》，《体育学刊》2004年第6期，第17～19页。

表4　2019年体育健身团队负责人学历结构

学历	研究生	大学(大专)	高中(中专)	初中	小学及文盲
人数(人)	12	177	321	93	0
占比(%)	2.0	29.4	53.2	15.4	0

4. 收入状况

根据2019年统计,北京市居民全年人均可支配收入为62361元①,表5显示,体育健身团队负责人年收入在60000元以上的只占10.9%,其中10000元及以下和无收入的共占40.8%,年收入100000元以上的只占1.5%,表示绝大多数体育健身团队负责人的收入低于平均水平,整体收入偏低。这主要原因是体育健身团队负责人中退休人员居多。

表5　2019年体育健身团队负责人收入状况

收入情况	无收入	10000元及以下	10001~30000元	30001~60000元	60001~100000元	100000元以上	拒答
人数(人)	33	213	102	141	57	9	48
占比(%)	5.5	35.3	16.9	23.4	9.4	1.5	8.0

5. 婚姻状况

表6显示,2019年体育健身团队负责人当中有配偶的占87.6%,未婚的只占2.0%,婚姻状况对家庭生活影响极大。研究表明,单身和离异群体参与体育锻炼的时间明显低于有配偶的居民②,另外,在全体家庭成员中能够促进社交和提供支持,并且最有可能成为知己的就是配偶③,故表现出有配偶的体育健身团队负责人比例高。

① 北京市人民政府:《居民收入》,北京市人民政府网站,2019年4月20日,http://www.beijing.gov.cn/renwen/bjgk/rmsh/jmsr/t1593150.htm。

② 李骁天等:《北京市居民体力活动时间现状研究——基于北京市第3次群众体育现状调查的数据》,《天津体育学院学报》2016年第4期,第322~327页。

③ P. A. Dykstra, "Loneliness among the Never and Formerly Married: The Importance of Supportive Friendships and A Desire for Independence," *Journal of Gerontology* 50 (1995): 321-329.

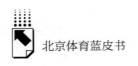

表6 2019年体育健身团队负责人婚姻状况

婚姻状况	未婚	有配偶	单身(离异、丧偶)	总计
人数(人)	12	528	63	603
占比(%)	2.0	87.6	10.4	100.0

(二)体育健身团队负责人的体育参与特征

1. 运动技能掌握情况

体育健身团队主要是由自发形成和帮扶形成的,其中自发型体育健身团队约占62%[1],自发型体育健身团队由负责人组织起团队,这些团队的技术指导工作几乎都是由负责人承担,在帮扶型体育健身团队当中也有部分负责人兼任技术指导员工作。在体育健身团队管理过程中,负责人有较好的运动技能,可以在团队当中树立威信,让成员更加信服于管理。擅长运动项目指对该项目的运动技术比较了解,能够玩得起来,在一定程度上可以指导其他人锻炼。表7显示,2019年体育健身团队负责人中对锻炼项目比较擅长的占92.5%,不擅长的占7.5%,可见,大部分体育健身团队负责人运动技能较好,这主要原因是:一方面在负责人产生过程中,是否擅长运动技能是一个重要的衡量指标;另一方面当前政府对群众体育活动都比较重视。北京市、区体育局会定期举办社会体育指导员和体育健身团队负责人培训活动,如"北京市国家级社会体育指导员培训"和"北京市优秀社会体育指导员健身技能进基层培训"等常态化活动,为体育健身团队负责人自我提升运动技能提供良好的机会。

表7 2019年体育健身团队负责人运动技能掌握情况

是否擅长锻炼项目	是	否	合计
人数(人)	558	45	603
占比(%)	92.5	7.5	100.0

---

[1] 王玮娴:《北京市海淀区体育健身团队研究》,硕士学位论文,首都体育学院,2015,第12页。

2. 参与体育锻炼年限情况

作为团队负责人应该具备健康的心理才能更好投入工作，研究表明锻炼年限与心理健康相关，长期体育锻炼对心理健康有明显作用①，特别是普通老年人的心理健康水平会明显低于有 5 年以上体育锻炼习惯的老年人②。表 8 显示，2019 年体育健身团队负责人中锻炼 15 年以上的占 35.3%，11~15 年的占 21.9%，6~10 年的占 24.4%，5 年及以下的占 17.4%，说明当前体育健身团队负责人投身体育锻炼的时间普遍较长，这对体育健身团队负责人的心理健康有良好的促进作用，长此以往的体育锻炼对运动技能掌握，以及在队里的威望都起到一定作用，将有利于健身团队管理。

表 8　2019 年体育健身团队负责人锻炼年限情况

锻炼年限	说不清	5 年及以下	6~10 年	11~15 年	15 年以上
人数（人）	6	105	147	132	213
占比（%）	1.0	17.4	24.4	21.9	35.3

3. 科学健身知识了解情况

运动锻炼可以促进健康，防病益寿，但不科学的锻炼不仅对健康没有帮助甚至会对身体产生不良作用。由于缺乏科学健身指导，因健身而发生的伤害事件时有发生③，可见健身知识的重要性，体育健身团队负责人作为一个团队的领袖，对于科学健身知识的了解是非常有必要的。科学健身知识包括运动处方、锻炼方法、医务监督、急救与意外事故处理、机体疲劳的消除和恢复、运动营养与健康膳食等。表 9 显示，2019 年体育健身团队负责人了解科学健身知识的占 91.0%，不了解的占 9.0%，北京市普通居民关注和了解科学健身知识

① L. M. Leith, A. H. Taylor, "Psychological Aspects of Exercise A Decade Literature Review," *Journal of Sport Behavior* 13 (1990): 219 - 239.

② 赫秋菊：《体育锻炼对老年人心理效益促进的研究》，《沈阳体育学院学报》2010 年第 2 期，第 99~103 页。

③ 平杰等：《基于物联网的科学健身指导模型的构建与验证》，《上海体育学院学报》2015 年第 6 期，第 16~19 页。

的占 34.6%①，说明健身团队负责人掌握科学健身知识的情况优于普通居民，大部分健身团队负责人了解科学健身知识。这主要原因是：一方面，作为团队领袖，掌握科学健身知识才能更好带领团队科学健身，减少运动伤害事件的发生；另一方面，近年来国家层面对全民健康的重视，各市、区体育局非常重视对群众体育组织的培育和扶持，会定期组织对体育健身团队负责人科学健身相关知识的培训，如"2019 年北京经济技术开发区社会体育指导员体医结合讲座"等，为体育健身团队负责人了解科学健身知识带来极大的帮助。

表 9　2019 年体育健身团队负责人科学健身知识了解情况

是否了解科学健身知识	是	否	合计
人数（人）	549	54	603
占比（%）	91.0	9.0	100.0

4. 取得社会体育指导员资格等级情况

《社会体育指导员管理办法》② 中对晋升不同等级社会体育指导员做了相应要求，在时间上从三级到二级需要两年以上，二级到一级需要三年以上，一级到国家级需要四年以上，等级越高体育指导员晋升年限越长。还对运动技能、科学健身知识以及团队管理组织能力等方面做了相应要求，因此，体育健身团队负责人等级在一定程度上可以反映管理经验、运动技能、健身知识等。表 10 可见，2019 年，体育健身团队负责人社会体育指导员等级为国家级占 14.9%，一级占 22.9%，二级占 18.4%，三级占 25.9%，无社会指导员等级资格的占 17.9%。2016 年没有社会体育指导员等级证书的负责人占比为42.7%③，说明近三年没有取得社会体育指导员资格的健身团队负责人比例大幅度减少，这主要与北京市、区体育局对社会体育指导员培训工作的重视有关。

---

① 王凯珍等：《北京市居民体育活动参与和服务需求现状》，《首都体育学院学报》2016 年第 4 期，第 292～298 页。

② 国家体育总局：《社会体育指导员管理办法》，国家体育总局网站，2011 年 11 月 3 日，http：//www.sport.gov.cn/n16/n1092/n16864/5843455.html。

③ 赵少聪、王凯珍：《北京市六城区体育健身团队负责人的特征研究》，《首都体育学院学报》2019 年第 1 期，第 22～27 页。

表10　2019年体育健身团队负责人社会体育指导员等级情况

社会体育指导员等级情况	国家级	一级	二级	三级	无等级
人数（人）	90	138	111	156	108
占比（%）	14.9	22.9	18.4	25.9	17.9

（三）体育健身团队负责人的履历特征

1. 体育健身团队管理工作经历

优秀团队管理者，应该具备沟通、协调、规划、决策等能力，不同团队管理岗位工作有所区别，但有其共性的地方，团队管理经验可以相互借鉴，有团队管理经历的人更能胜任体育健身团队负责人岗位工作。表11显示，2019年在担任体育健身团队负责人之前有过团队管理工作经历的占24.4%，没有团队管理工作经历的占75.6%，说明大部分的健身团队负责人管理经验较少，这主要是因为，体育健身团队属于"草根组织"，负责人没有准入门槛，负责人管理能力参差不齐。

表11　2019年体育健身团队负责人团队管理工作经历

是否有团队管理工作经历	是	否	合计
人数（人）	147	456	603
占比（%）	24.4	75.6	100.0

2. 体育健身团队管理工作年限

人力资本理论认为工作年限与工作经验是成正比的，一个人在某个岗位工作的时间越长，表明他从工作经验中可能学到的工作技能就越多，同时越能掌握一些便于高效工作的技巧和知识，进而获得越高的工作绩效。[1] 表12显示，2019年担任体育健身团队负责人3年以上的占比超过55%，1年以下的占比为9.0%，不确定的占19.4%，主要是因为在担任体育健身团队负责人

---

[1]　闫佳怡等：《工作年限与工作绩效关系研究》，《职业》2014年第1期，第74～75页。

过程中出现中断情况，所以无法计算具体时间。工作年限在 10 年及以上的负责人占 30.3%，说明体育健身团队负责人工作相对稳定，这主要原因有：一方面是负责人对岗位工作的热爱，工作能力得到大家的认可；另一方面有些负责人难以找到合适的接班人，为了团队能持续发展，不得不继续担任体育健身团队负责人工作。

表 12   2019 年体育健身团队负责人工作年限

工作年限	1 年以下	1～3 年	4～6 年	7～9 年	10 年及以上	不确定
人数（人）	54	99	93	57	183	117
占比（%）	9.0	16.4	15.4	9.5	30.3	19.4

3. 参与体育健身团队事务管理动机

动机是指引发和维持某种活动并向特定目标不断进取的一种内在心理力量。[①] 不同动机决定是否愿意成为健身团队负责人、担任负责人工作的目的是什么，以及担任负责人持续的时间是多久。表 13 显示，2019 年体育健身团队负责人以服务社会为动机的占比最大，为 56.7%，体育健身团队属于公益组织，不以营利为目的，多数负责人通过健身获得健康和快乐，愿意带动更多的人参与锻炼获得健康；其次是兴趣爱好占 50.3%，健身团队负责人工作是一项长期的公益活动，没有兴趣爱好很难做好团队负责人工作；团队成员要求占 18.9%，上级任务占 9.5%，个人利益占 3.5%。这说明当前健身团队负责人的主要工作动机是服务社会和兴趣爱好。

表 13   2019 年体育健身团队负责人工作动机

工作动机	服务社会	上级任务	个人利益	兴趣爱好	团队成员要求	其他
人数（人）	342	58	7	303	84	54
占比（%）	56.7	9.5	3.5	50.3	18.9	9.0

注：此题为多选题。

---

① 燕国材主编《心理学家告诉你：如何成为学习的赢家》，上海人民出版社，2001，第 159 页。

4.体育健身团队事务管理自我工作满意度

自我工作满意度是个人对工作满意程度的主观反映，影响自我工作满意度的因素主要有学历、薪酬、认同感、工作性质、晋升、同事关系等①，工作满意度和工作绩效呈正相关，工作满意度越高工作绩效越高②。表14显示，2019年对体育健身团队负责人工作比较满意的占47.7%，非常满意的占22.9%，非常不满意和不太满意的分别占6.5%和4.0%，表明大部分的体育健身团队负责人比较满意其当前的工作现状，同时负责人的工作业绩也受到团队成员的相对认可，负责人和团队成员之间能够和谐相处，高满意度的工作状态有利于带领体育健身团队更好发展。

表14　2019年体育健身团队负责人自我工作满意度

工作满意度	非常不满意	不太满意	一般	比较满意	非常满意
人数（人）	39	24	114	288	138
占比（%）	6.5	4.0	18.9	47.7	22.9

五　结论与建议

（一）结论

体育健身团队是落实全民健身战略的基础保障，是促进我国群众体育事业发展的坚实根基，其中体育健身团队负责人是体育健身团队的中流砥柱，对体育健身团队发展起决定性作用，利用和培育好体育健身团队负责人是做好基层群众体育工作的关键。当前，对北京市体育健身团队负责人群体研究

① 王志刚、蒋慧明：《关于中国员工个体特征对其公司满意度影响的实证研究》，《南开管理评论》2004年第1期，第101~106页。

② 韩翼：《工作绩效与工作满意度、组织承诺和目标定向的关系》，《心理学报》2008年第1期，第84~91页。

结果如下。

1. 人口学特征

受女性老年人参与的操舞类项目健身团队较多、年轻人参与的竞技类项目健身团队较少情况的影响，体育健身团队负责人群体当中，男女比例严重失衡，女性明显多于男性，女性占比约为85%；老年人居多，50岁以上中老年人占比达86.5%，较2016年调查有进一步老化的趋势；学历总体高于普通居民，大学及以上学历约占31%，但作为团队管理者学历偏低；平均收入低于普通居民，大部分为中低收入者；有配偶居多。

2. 体育参与特征

体育健身团队负责人运动技能掌握较好的占92.5%；大部分负责人锻炼年限较长，有5年以上锻炼经历的占80%以上；90%以上的负责人比较了解科学健身知识；近三年没有社会体育指导员资格的负责人比例大幅度减少，但依然有18%左右的负责人未取得社会体育指导员资格证书。

3. 履历特征

有过团队管理工作经历的负责人约占24%；担任团队负责人工作3年以上的超过半数，工作10年以上的约占30%，其中有些负责人年龄偏大，但难以选到合适的接班人；服务社会和兴趣爱好成为健身团队负责人的最重要工作动机，多数负责人有较强的奉献精神，愿意积极参与各种社会公益活动，也得到了团队成员的认可；大部分团队负责人对当前的工作比较满意，非常满意和比较满意共约占70%，说明负责人和团队成员之间关系和谐。

（二）建议

第一，坚持"进步导向—均等共享"的体育公共服务供给模式，重点关注年龄大、学历低和收入低的团队负责人以及他们的团队，根据实际情况对这些弱势群体给予资金等方面的支持。创新群众体育管理方式和机制变革，提升体育健身团队负责人的工作能力，在政府职能转变的大背景下，形成体育协会等上位组织与各类体育健身团队的有机联系，着力发挥老年人体育协会及各类单项体育协会等正式组织的专业优势，为体育健身团队提供有力的人力资源、技术和技能指导的保障。

第二，增建适合男性和年轻人参与的运动项目场地，丰富适合不同性别和不同年龄群的健身活动项目，培育年轻人和男性体育健身团队。

第三，积极宣传基层体育工作的益处，吸纳更多高学历、高收入的居民担任体育健身团队负责人，进入基层体育组织管理体系，发挥体育健身团队负责人的联络作用，使其成为政府与民众的桥梁。

第四，地方体育部门应做好体育健身团队负责人相关培训工作，注重运动技能、科学健身知识、团队管理方面的内容；鼓励体育健身团队负责人积极提升社会体育指导员等级，提升体育健身团队负责人工作水平。

活动赛事篇

Activities and Events

B.7
北京市老年体育活动促进研究

湛　冰[*]

摘　要： 体育作为推动老年健康的重要元素，开展什么体育活动？如
何推广体育活动？谁来推广体育活动？体育活动推广需要怎
样的环境？这是当前亟待探讨的问题。本研究以北京市老年
体育活动为切入点，从老年体育活动维度、老年体育推广者
维度、老年体育参与者维度、老年体育推广环境维度探讨老
年体育活动推广的问题，并提出相应的建议。

关键词： 老年体育推广　老年体育活动　代际融合

---

* 湛冰，首都体育学院副教授，研究方向为老年体育。

一　前言

1. 人口老龄化的趋势和体育促进健康的地位促使体育成为我国促进老年健康的主要方式

21世纪以后，细数欧洲的德国、芬兰等人口老龄化严重的发达国家，以及亚洲日本等已迈入高度老龄化的国家，老龄化已成为全球社会的常态，这是人类社会发展的历史必然。相比于西方发达国家人口老龄化进入早、老龄化程度高的困境，中国的人口老龄化进程速度快、老龄人口基数大。随着老人年龄的增大，老年人口的生理机能逐渐衰退；随着科技的发展和生活水平的提高，老年期望寿命延长，患慢性疾病的概率也增加。然而，各国的老年体育活动参与现状表明，即使健康状况允许，许多老年人也不从事体育活动。研究表明，社会弱势老年人尤其难以接触，需要特别关注。2003年国家卫生服务调查结果表明，我国60岁以上老年人的慢性疾病患病人数高达总人口的3.2%。面对老龄化中个体的自然衰老和病理衰老两个过程，1997年世界卫生组织在集结了欧洲、美洲和亚洲专家的研究成果后，提出老年人参加体育活动对短期与长期促进老年健康的功效显著，因此，全球老年体育专家达成共识，老年体育在延缓衰老、促进健康、提高生命质量的维度，举足轻重，不可替代。同时，期望寿命的增加与健康寿命相关，对老年人来说，身体活动的生命历程方法对于改善健康状况至关重要。体育活动能确保尽可能长时间保持老龄化人口的功能。定期、适度的体育活动可以延缓老年人的功能下降，减少慢性疾病的发病率。积极的生活可以使老年人心理健康和获得幸福感，并促进老年人的社会交往。积极主动地参与体育活动可以帮助老年人尽可能长时间保持独立，恢复社会功能，它也有助于降低摔倒的风险。对于踊跃地参加体育活动的老年人来说，医疗费用要低得多。

2. "十二五"到"十三五"时期是发展老龄事业的机遇期，突显关注国外老年体育和发展我国老年体育的重要性和恰时性

2017年，国务院发布的《"十三五"规划》肯定了"十二五"规划期

间"老年文化、体育、教育事业快速发展",并在第五章第一节提出推进医养结合;第二节提出加强老年人健康促进和疾病预防;第三节提出发展老年医疗与康复护理服务;特别在第四节提出加强老年体育健身,通过建设和改善体育健身场所和增加设施配备,加快开展老年康复健身体育活动的步伐。在科学指导老年体育参与的维度上,《"十三五"规划》也提出分类引导老年体育活动项目的开展,通过举办全国老年人体育大会,推进全国老年体育活动的可持续发展。在通过体育促进老年健康的道路上,国家从场地、设施、方法、科研、组织建设等多方面提出了新的要求和发展方向。可以说,提高人民体质、推动我国经济发展、建设全面小康社会都离不开老年体育,它是提高老年健康的重要元素,更是落实全民健康的重要组成部分。该文件提出当务之急我国应建构"健康支持体系",将体育融入我国老年健康老龄化,加快"体医融合"的步伐,保障老年人有尊严的老年生活,是老年健康支持体系的重要组成部分。

3. 老年体育是"代际融合"的重要纽带,是建立"不分年龄、人人共享"和谐社会的重要条件

人口老龄化是指随着出生率快速增长而死亡率的降低,老年人所占的比重越来越大。老年体育活动是改善生活方式,保持终身健康的最积极、最经济、最有效的方法之一。积极应对来势汹汹的人口老龄化,大力发展公共体育事业,促进老年体育参与,提高老年人生活和生命质量是实现"不分年龄、人人共享"和谐社会的重要手段。在中国,"居家养老"(aging-in-place)已成为一种制度化的传统,但随着城市化进程的加快,一方面,老人随子女外迁的现象越来越普遍,老年人离开家乡,进入城市社区越来越频繁;另一方面,农村子女的流动性加大,农村"独居"老年人口越来越多,老人和子女的代际关系发生变化,子女和老人相处时间越来越少。社区养老具有独特的优势,社区发展老年体育也成为促进老年人身心健康的重要手段。因此,"老幼携手,走出家庭,走向户外",有指导地、科学地参加群体活动不仅仅有助于老年人的保健康复、社会交往、调节心理状态,更有助于老年人独立生活、拥有健康的老年生活,提高老年生活质量。

4. 大力开展北京市群众体育的行动为发展老年体育提供契机

北京作为"双奥"城市，承担着引领全国群众体育发展先行和榜样的职责，2018 年是改革开放 40 周年，也是北京市落实《北京市全民健身实施计划（2016—2020 年）》的攻坚年，2018 年北京市创建了 60 个全民健身示范街道和体育特色乡镇，并完成了《北京市全民健身实施计划（2016—2020 年）》的中期评估工作。第一，全市开展全民健身活动共 2.3 万余次，举办了第十五届北京运动会群众项目比赛、全民健身体育节、十大群众体育国际品牌赛事、北京市体育大会、"一区一品"群众体育品牌活动等受大众欢迎的体育项目；践行"带动三亿人参与冰雪运动"，开展了 336 项市、区级活动，发展冰雪运动，扩大冰雪运动人口规模。第二，北京市全民健身设施的建设也卓见成效，在 2017 年共新建重要民生实施项目 509 片专项活动场地。第三，弘扬体育文化精神，通过互联网和云计算等现代化信息技术手段与全民健身结合，提高社区健身中心和体育场馆的运营管理和服务水平，开拓智能化全民健身新空间。第四，为了贯彻落实《"健康北京 2030"规划纲要》，为推动全民健身和全民健康的深度融合，北京市尝试医疗体检和体质测试结合试点工作，运动处方师培训班在全市的各类三甲医院和社区家庭医生当中如火如荼地开展；社会体育指导员是社区体育活动的重要指导人员，是运动处方师培训班的主要参与对象；科技部、国家体育总局、北京市教委等各级单位为提高老年人科学健身设立老年人科学健身、安全健身、老龄化科学应对等科研指南，为科研工作者提供专项研究的渠道；社区印制老年人健身安全培训讲义和便携本，在全市 15 家涉老协会开展社区老年人健身安全培训工作。

5. 改善北京市老年健康状况的需求

2010 年我国第六次全国人口普查结果显示，60 岁及以上人口为 177.7 万人，占北京市常住总人口的 13.2%。《北京市"十三五"时期老龄事业发展规划》显示，截至 2015 年底，北京市 60 岁及以上户籍老年人口约为 313.3 万人，占户籍总人口的 23.4%，居全国人口老龄化程度第 2 位；全市常住老年人口为 340.5 万人，占常住人口总数的 15.7%。2017 年底，北京市常住人口

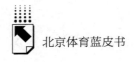

为 2170.7 万人，北京市户籍人口为 1359.2 万人，其中男性 676.8 万人，女性 682.4 万人；60 岁及以上的老年人口为 336.4 万人，占户籍总人口的 24.7%，65 岁及以上老年人口为 222.9 万人，占户籍总人口的 16.4%。从 2018 年北京市疾病预防控制中心发布的《北京市 2017 年度卫生与人群健康状况报告》来看，2017 年北京市户籍居民期望寿命为 82.15 岁，比 2016 年增加 0.12 岁，其中，男性 79.98 岁，女性 84.41 岁，处于国内前列，与世界排名靠前的日本（83.4 岁）水平接近。2017 年北京市户籍居民慢性非传染性疾病以恶性肿瘤、心血管疾病、糖尿病和慢性呼吸系统疾病为主，因为疾病死亡的病因顺位主要为恶性肿瘤、心脏病、脑血管疾病和呼吸系统疾病。65 岁及以上的前三位死因为心脏病、恶性肿瘤和脑血管疾病，共占该人群死亡人数的 72.3%。

二 研究方法

（一）文献综述法

首先，通过中国知网、万方数据库、中国国家图书馆检索"老年体育""老年娱乐活动""老年休闲体育"等关键词查询期刊、硕博学位论文和相关学术专著，获取国内外老年体育对老年健康重要性的影响研究以及北京市大众体育发展、老年体育活动现状、组织管理、推进策略的相关文献；其次，通过采用包括 PubMed、Web of Science、CINAHL、MEDLINE 等在内的国外数字资料库，通过检索"physical activity"、"exercise"、"recreational activity"和"older adults"、"elderly"、"old people"对国际上老年体育活动促进现状有一个基本把握。

（二）访谈法

为获取专家对老年体育发展和推广等相关问题的看法和意见，采取重点走访、客观陈述的方式展开访谈。重点走访有关体育学、老年学、老年体育活动相关部门的负责人，了解专家们对本研究的看法和意见；主要通过北京市体育局、中国老体协、北京市老体协负责人以获取政府层面对老年体育的政策及其实施力度、推进策略；通过访谈社区体育活动指导员了解体育活动推广的动力和障碍。

（三）问卷调查法

2014 年和 2016 年同一课题组团队成员在北京市民体育活动参与和需求现状调查中，对北京市 18 个区县 1057 名京籍老年人（以 60～70 岁为主）进行了调查，了解老年人体育活动参与的动机、障碍和需求，为本研究提供翔实的数据。

三 研究结果与分析

谈到北京市老年体育活动推广，整个过程涉及要素主要包括推广什么样的活动，谁来推广活动，为谁推广活动以及推广对象（老年人）需求如何，推广活动中有哪些影响因素这四个环节。因此，我们先针对这四个环节的现状进行分析。

（一）北京市老年体育活动推广的现状

老年体育推广的重要内容是老年人的体育活动，涉及活动类型、活动强度以及运动处方三个重要内容。活动类型主要包括不同体育项目的活动和竞赛；活动强度主要包括根据不同健康状况的老年人设计的从中等强度到低等强度的体育活动；运动处方是指家庭或社区医生根据老年人病情开具的体育锻炼方案。当前，根据 2014 年和 2016 年北京市社区老年体育活动调查抽样的情况，针对 1057 名 60～70 岁的老年人的调查显示，其中，858 人针对体育活动参与情况进行了详细回复。北京市城区老年人的体育活动丰富，如健步走（含快步走）、跑步、健身路径（路边的健身设施）、力量练习（徒手、器械）、乒乓球、羽毛球、足球、篮球、排球、骑车、太极柔力球、毽球、跳绳、保龄球、门球、排舞、广场舞、健美操、交际舞、体育舞蹈、民间舞蹈、体操（包括广播体操、艺术体操、竞技体操等）、健身气功（易筋经、八段锦、五禽戏、六字诀）、游泳、散打、武术套路、太极拳、太极剑、木兰扇、瑜伽、轮滑、滑冰、滑雪、跆拳道、拳击、趣味扔包、台球、唱歌、单杠、双杠、公园健身设施、钓鱼、打牌、全身拍打、老年保健操、通背拳、骑车、慢步走、散步等。在体育参与频率的回复中，每天平均参加体育活动一次的人数为 438 人，占比 51.0%；每天两次及以上的人数达 177 人，占比 20.6%。每次锻炼 31 ~ 60 分钟的人数为 433 人，占比 50.5%；61 ~ 90 分钟的人数为 194 人，占比 22.6%。参加健步走（含快步走）的人数高达 722 人，占比 84.1%，健身路径参与人数为 375 人，占比 43.7%；排舞和广场舞参与人数为 134 人，占比 15.6%。

（二）老年体育活动推广者的现状

体育社会组织在推进老年体育事业发展的过程中不可或缺，这是学界的共识。但当前，我国体育社会组织的宏观社会环境仍然存在诸多问题，在改革开放前的社会主义计划经济体制下形成的高度集中的自上到下的调控资源的模式，既是在市场经济改革环境下发展老年体育组织的动力，也是在很长时期内发展的障碍。老年体育组织在体制转轨、社会转型和社会职能转变的过程中，逐渐发展起来。初期发展于 1981 年，"官办"背景的中国老年体育协会在人们日益高涨的体育参与热情和退休老干部们的努力下成立，此后三年内，各省、自治区、直辖市各级老年体育协会也陆续成立。30 年来，我国老年体育协会的数量大规模增加，但行政化倾向明显，其管理方式和工作方式仍需进一步调整和创新。整体来看，我国老年体育推广机构或管理主体包括全国老龄工作委员会领导下的各级地方老龄协会、国家体育总局领导下的地方体育部门和各级体育指导中心。北京市体育局和老年体育社会组织是老年体育的主要管理机构和推广者，主要包括政府体育局的群众体育部门，例如北京市体育局群体处；国家体育总局社会体育指导中心下属的中国老年体育协会领导的北京市老年体协和各区老年体协，例如海淀区老年体协。老年体育活动的直接推广者是老年社会体育指导员。从行政管理的角度看，老年社会体育指导员由各级体育行政部门的社会体育指导员协会管理。但当前该协会在老年社会体育指导员的管理体制、培训方式和内容、指导员个人素质等方面都缺乏系统性和规范性。

北京市老年体育组织的建设和发展稳定前行，为老年人体育事业发展提供了空间和平台。北京市老年体协始建于 1980 年，挂靠在北京市体育局和北京市体育总会。截至 2013 年 12 月，北京市各级老年人协会 6127 个，其中社区（村）级老年人协会 6091 个，街道（乡镇）级老年人协会 34 个，区（县）级老年人协会 2 个。随着老年人口的日渐增加，北京市老体协也逐步迈向二级项目即老年体育组织的建设，老年体育活动逐渐增多；曾举办三届市级老年人运动会，形成北京特色的品牌活动，如"北京中老年优秀健身项目表演赛""百家社区猜疑大赛"等。

（三）老年体育参与者及其需求的现状

考察推广对象是由于老年人不同年龄和不同文化背景的差异性。根据 2014 年和 2016 年北京市社区老年人抽样调查的情况，在 60 ~ 70 岁的 1057 名调查的老年对象中，多数没有吸烟或喝酒的习惯，健康状况良好，其慢性疾病的患病情况从比例来看，以高血压、心脑血管疾病、糖尿病为主。

王东敏和陈功对 2013 年朝阳区 2000 名老年人的体育参与影响因素调查研究表明，教育程度、单位性质、经济状况、是否照看孩子和是否与子女同住对老年人参与体育锻炼无明显差异。根据 2014 年和 2016 年北京市社区老年人抽样调查的情况，199 人针对"未来是否参加体育活动"的意向进行了回复，其中，"没有考虑在未来参加体育活动"的人数高达 146 人，占比 73.4%；"未来三个月内参加体育活动"的人数为 37 人，占比 18.6%；"未来 6 个月到 1 年参加体育活动"的人数为 16 人，占比 8.0%。在调查的"希望参加的体育活动"中，健步走、排舞和广场舞、健身路径是社区老年人首选的体育活动项目。

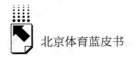

北京体育蓝皮书

（四）老年体育推广环境的现状

环境包括鼓励老年人参与体育预防健康的社会氛围、社区和公园的空气和安静自然环境、健身场地环境、老年人参加体育活动距离休闲圈的可得性。社会氛围是指全社会对老年人的敬老、养老、健老的宣传，如家庭成员代际老年体育活动的宣传，老年健身节，老年健身节目的展示等。

首先，北京属于北温带半湿润大陆性季风气候，四季分明；夏季高温多雨，冬季干燥寒冷；春秋短促。但近些年北京市的健康环境都有较大的改善，仅 2017 年北京市空气质量达标天数为 226 天，比 2016 年增加 28 天，达标天数比例为 61.9%。

其次，北京公园和社区的健身路径、体育活动与休闲圈的距离对老年人体育参与有一定影响。王东敏和陈功对 2013 年朝阳区 2000 名老年人的体育参与影响因素调查研究表明，除了年龄、工作性质、健康状况外，有无运动场地、有无公园、是否关注自身外貌对老年参加锻炼的影响在统计学上有明显的差异。在日常生活中，安全和有吸引力的交通和体育活动环境是最有力的因素之一，可以长期改变该区域范围内所有人的社会规范和行为。然而，随着时间的推移，通过影响城市设计、土地使用和交通等决策的实施，社会对汽车越来越依赖，生活、工作、购物和休闲活动之间的地理分离日益明显，整个地区的当地环境越来越不利于体育活动。因此，在一些国家，自行车和步行等主要交通方式的作用显著下降，包括老年人在内的各年龄阶层人群都只能转向寻求其他室内、限制区域内或有组织的体育活动。改善当地环境的政策行动，包括限制交通量和速度，以及投资"绿色"和"蓝色"空间和其他基础设施，有助于确保所有年龄段的人骑车和步行的安全。这需要在包括地方政府在内的多个层面开展多部门工作，让环境支持日常老年体育活动的概念成为一个跨领域的原则。因此，它与环境变化提案的许多例子被整合在整个战略中。通过改善当地环境，在基本层面上支持和加强针对个人生活过程中特定环境或行为改变的其他行动。应授权人们和社区控制影响老年人健康状况的决定因素。因此，各级城市规划部门应加入健康促进的战略行列中，积极参与制定影响他们的政策和干预措施，以消除障碍并提供有利于发展老年体育的激励措施。

最后，政策环境是我国老年体育发展的保障。梳理新中国成立以来的老年体育促进政策，与"老年体育"、"老年体育活动"或"老年娱乐活动"相关的政策文本共 109 部。其中，以这些关键字为主题或主要内容的共 46 部。专门针对老年体育的政策首先是 1983 年颁布的《关于成立中国老年人体育协会的报告》；1999 年颁布的《关于加强老年人体育工作的通知》和 2015 年颁布的《关于进一步加强新形势下老人体育工作的意见》是当前我国老年体育发展的主要政策文本。从政策文本的整体情况看，以法律形式颁布的老年体育促进政策仅占 5%。由于其政策类型以"意见"和"通知"的形式发布，因此其权威性不高，在贯彻实施中力度不大。《北京市"十三五"时期老龄事业发展规划》对北京市老年体育发展具有提纲挈领的作用。2014 年国务院印发的《关于加快发展体育产业促进体育消费的若干意见》将全民健身上升为国家战略的举措，为我国老年体育发展提供了重要保障。2019 年，自从全国老龄办纳入国家卫健委以后，国家卫健委老龄健康司积极推进各项促进老年健康的活动，其中体育锻炼、定期体检、健康管理和心理健康都与我国老年疾病预防和健康促进息息相关。但王东敏和陈功对 2013 年朝阳区 2000 名老年人体育活动参与的调查研究表明，老年人的体育参与与老年人是否取得交通出行的优惠政策相关性不强。因此，在考察政策修订环节时，应充分考虑老年人的实际需求。

四　结论与建议

（一）北京市老年体育活动推广的问题

1. 老年体育活动维度

首先，李捷和王凯珍对京津冀城市老年居民体育活动调查的结果显示，

90.34%的城市老年居民表示"近一年内"没有参加过有组织的体育活动，另外，94.21%的老年居民没有参加过社区组织的老年体育比赛和体育展示活动。一半以上的老年体育活动主要以自发组织的体育活动为主，16.67%的人参加过社区组织的排舞、乒乓球和羽毛球等活动。例如，北京市朝阳区老年体育活动方式和内容单一，老年人主要集中在早上进行体育锻炼，老年人的健身消费意识弱，大多数老年人的健身场地设施都属于公共体育服务设施，因此经济状况对朝阳区老年人的体育活动参与影响不大。其次，京津冀地区城市老年居民参与体育锻炼受个人生活方式、家人、朋友、社区及社会等多方面因素的影响。调查结果显示，京津冀城市老年居民与朋友、同事一起锻炼的选择频次占59.5%，这与随迁老年人在邻里交往中表现出主动参与群体活动、城市老年人教育背景较高有紧密的关系；其次是个人锻炼的人数比例为51.4%，京津冀城市老年人以"社区养老""就地养老"为主，选择散步等锻炼方式决定了老年人个人活动比例较高，北京市朝阳区老年人所参加的体育活动项目主要为散步、逛公园、唱歌、保健操、太极拳等，其抗阻和技巧类体育活动较少，个人项目多，集体参加的项目少；和家人一起锻炼占34.36%，说明"代际体育""家庭体育"的可发展空间较大；参与社区组织的活动仅占12.29%，排名第4位。这种以个人方式为主，参与社区锻炼较少的调查结果说明老年体育的社会组织形式少，社会体育组织化程度不高。

2. 老年体育推广者维度

目前，北京社区的社会体育指导员多为离退休老年人，总体学历和技术水平偏低，受到自身兴趣爱好、机动时间的多少、掌握的运动项目与技能的限制，他们既不能满足社区广大热爱体育活动的中年老年人、年轻老年人的多种休闲体育活动需求，也不能根据年长老年人或残疾老年人的身体活动满足其科学、专业指导的需求。因此，我国老年社会体育指导员亟待解决指导员总量、指导员品质、指导员整体结构三方面构建的问题。其次，长期以来，《社会体育指导员制度》中提及的社会体育指导员绝大多数都是义务从事社会体育活动方案设计与组织、指导工作；少数为兼职和适当的有偿服务，为了锻炼自身健康和获得利益而兼职社会体育指导员工作，无暇顾及科学健身方法的普及和健身知识的传播，更不会实时更新健身理念，大多数是由热情的个别群体或多个骨干人员轮流担任，故缺乏职责意识。

3. 老年体育参与者维度

代际关系是两代人之间的人际关系，老年人与年轻人在生理和心理上，以及社会地位和经历上不同而形成不同的人生观和价值观、生活方式和生活态度。但代际关系是老年人的核心，因为这些关系会影响幸福，并提供与衰老相关的自我感知价值。以人民福祉和生活质量为重点的资源和干预措施已成为必要的政策和实践举措。

4. 老年体育推广环境维度

老龄健康是一项涉及政治、经济、文化和社会生态文明的多领域的工作。2016 年北京市老龄委成立专委会，纳入市政市容委、市食品药品监管局、市中医局等单位，成员单位增至 52 家。1999 年，由科技部资助的国家"八五"攻关计划《中国国民体质监测系统的研究》完成，2000 年首次实现了全国 31 个省区市（除港澳台地区）的不同年龄阶段（幼儿、青少年、成年人和老年人四个阶段）的国民体质监测和评价。其中，老年男性测试年龄范围为 60～75 岁，老年女性测试年龄范围为 55～75 岁。同时，在不同性别年龄组中按照每 5 岁为一个年龄组继续划分；将男性老年人划分为三组，将女性老年人划分为四组。针对身体形态、身体机能和运动素质选测项目三类测试指标，通过等全处理掌握我国老年人体质基本情况。2015 年的测试年龄组别划分稍做调整，其评测内容和标准基本保持不变。1998～2015 年，我国开展了 5 次较为系统和大范围的老年体质监测工作。整体的体质监测人数、覆盖面并未达到均衡，并且体质监测的目标是使国家宏观掌握国民体质，其体质测试结果如何反映的是当前老年身体健康状况，如何为日常生活、休闲娱乐和体育活动所需的体适能进行储备以及运动处方的制定提供依据，尚没有建立实质的联系。

（二）北京市老年体育活动推广的建议

1. 老年体育活动维度

策略1：双管齐下地开展老年体育活动，根据北京各区域特色开展符合区域性特点的适应性传统老年体育活动，以及常规化跨区的老年体育赛事。

《"十三五"规划》提出，通过科学指导老年体育参与的健身方法、老年体育促进健康的科学研究，广泛开展老年体育区域性乃至全国性的大型赛事，有利于老年体育活动的可持续发展。

首先，在北京地区根据城区和郊县现有的设施条件和地理条件，开发特色老年体育活动，考虑高龄老年人、不同性别老年人、患病老年人的体育活动需求。例如，湖北荆门市的"持杖健步走"运动是荆门市的特色化老年体育活动。第一，该项目在荆门市的推广得到了荆门市政府的重视，市政府领导参加活动推广的会议并在省、市级健走活动中发表讲话，市政府办公室印发的老年体育事业发展规划中明确提到推广以该市的"持杖健步走"为特色的老年体育活动。第二，荆门市老体协在活动推广时，将其列入"3A工程"，并建议健步走推广委员会，将"健步走"和"持杖健步走"两个活动一手抓。第三，荆门市老体协在市和县两级举办"健步走"裁判员、教练培训班并积极选拔优秀学员，使其参加全国竞赛；同时利用新闻媒体宣传先进集体和个人典型。第四，为了地毯式推进该项目的普及，全市通过特色区试点，在漳河新区48个行政单位和社区组织比赛，扩大该项目在基层的引领带动作用。

其次，北京市城区也可考虑组织老年人围绕重大节日、重大政治活动、重要历史事件，以欢乐广场文体活动为载体，积极开展系列庆祝、纪念活动，倡导健康向上的生活方式。同时，各区积极探索、建立和完善招商引资的渠道，引进资金赞助，推动老年体育赛事的跨域健康发展。

策略2：结合科研部门推出科学的循证体育项目。

促进体育活动和减少久坐生活方式的策略必须以现有的最佳科学证据和评估行动的最佳实践实例为基础。这些证据包括体育活动对健康的积极影响和促进体育活动的各种干预措施的有效性，以及促进体育活动的各种政策工具的有效性。其主要重点应是实施循证行动，并在制定和分享良好做法的基础上采取进一步措施，实现有效干预以及政策的制度化和规模化实施。应特别注意将知识转化为行动，包括监测和评价。例如，欧盟国家在确定 23 个一级指标的帮助下，为执行欧盟理事会关于促进跨部门健康、促进体育活动的建议而制定的监测规定的做法，我国也可借鉴。老年身心特点具有特殊性，市级、区级等各级老年相关的协会和组织是落实老年体育培训的主要抓手；地方老年大学是开设太极拳、太极剑培训班等具体老年体育活动的主要阵地，也是老年体育教育、科学健身信息传播的主要场所；地方政府组织老年人参加各级体育比赛和体育展示活动是老年体育活动开展成效的检验渠道。适时开展健身展示、运动竞赛、体育知识教育不仅有助于寓教于乐、帮助老年人满足文化娱乐方面的精神需求，而且使老年人生活丰富多彩，扩大交际网络，有益于身心健康。针对疾病分类的老年体育活动的普及和运动处方的运用是当前科学开展老年体育活动的重要方面，能够科学指导老年人在锻炼中的损伤预防知识和健身知识。

策略 3：通过改良现有的体育活动，培养适应性老年体育活动。

例如气排球运动是我国首创的一种改良排球运动项目，气排球由于球质软、球网低、场地需求小，成为老年人广泛传播的一种群体性运动。全国老年气排球比赛如火如荼地举办，2019 年该比赛设置为循环赛，在重庆铜梁、湖南株洲、新疆奎屯、江苏徐州和山东蓬莱五站举行。为促进全国性的老年体育比赛的普及和推广，中国老年体育协会从 2014 年起，在各省市进行"全国气排球之乡"命名活动，2019 年全国各地的 13 个省市、新疆 12 个地区的 36 支代表队，共 328 名运动员参加了比赛。这个项目得到了当地政府工会、当地体育局、老体协的大力支持，各地每年积极开展气排球运动会、兴建场地、培训骨干，深入县、乡镇通过辅导员进行气排球轮训，帮助制订学习活动计划。这项改良排球运动在各单位的女性和退休老年人中推广，丰富了广大职工的文化生活。

2. 老年体育推广者维度

策略 4：加强社区基层的社会体育指导员工作。

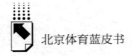

当前社会体育指导员培训是群众体育指导员培养的主要渠道。我国社会体育指导员等级分为四级：国家级、一级、二级、三级。我国目前的各级各类社会体育指导员队伍庞大，但统计不完全、归属不明确、管理涣散。国家级社会体育指导员占比低、二级和三级社会体育指导员占比高达90%以上。另外，各社区并未设置专门的老年社会体育指导员，并未开展老年社会体育指导员的专门培训工作，因此，老年社会体育指导员在社区有效指导和协助老年体育开展的效果甚微。因此，在宏观管理上，要改善我国社会体育指导员的管理较为松散，仅个别省市成立地方社会体育指导员协会的局面，在完善社会体育指导员管理体制的基础上，应加快管理主体向社会性的体育组织转移。在微观管理上，社会体育指导员应实行分类管理，同时老年社会体育指导员的类别结构更加细化，应充分考虑特殊老年人群的需求，提高老年社会体育指导员的服务意识，提高指导员的上岗率。在北京市、区、街道三级组织网络的构建下，建立老年社会体育指导员的派遣制度和岗位津贴制度，扶持和鼓励老年人积极加入各类体育协会、社区体育健身俱乐部、社区健身团队和活动站点，逐渐形成以志愿教师、公务员为骨干的队伍。在指导员的组织链建设上，逐渐构建从国家、省、地方指导员协会到街道、社区、住宅楼管理人员的自上而下的指导员组织机构。在指导员结构上，改善技术等级结构、性别结构、年龄结构、学历结构和职业状况是当前不断调整和改善的重点。

策略5：培育自发社会组织，鼓励志愿者加入老年体育活动指导的队伍。

老年体育活动是公共体育服务的重要组成部分。需要一种综合、跨部门的方法来减少身体不活动的发生率。应在个人、社区、文化、政治和环境层面引入补充性的政策和干预措施。各级政府领导人和决策者应建立治理机制，促进政府部门、国家和地方机构、专家、民间社会以及适当情况下的私营部门之间的跨部门合作，同时保障有效决策的完整性。建议认识并充分利用现有机制、平台和举措，包括其他部门的机制、平台和举措，发挥其协同作用，这些部门可以在改善体育活动的环境和基础设施条件方面发挥重要作用。例如，包括旨在促进体育运动的政策、鼓励积极开展老年体育指导人才培养的政策以及减少非传染性疾病的战略等。

3. 老年体育参与者维度

策略 6：注入始终呵护生命历程的理念，提倡终身体育的意识。

晚年的健康受经验积累和生活方式的影响。因此，需要一种生命历程方法来有效地促进体育活动，并减少我国非传染性疾病的负担。这意味着不仅要确保每个孩子的生活有一个良好的开端，而且要防止在儿童和青少年时期形成不健康行为。它首先确保怀孕前和怀孕期间的身体活动，然后使婴儿及其父母进行适当水平的身体活动。为儿童和青少年在日托中心、幼儿园、学校和社区开展有组织的和不太有组织的体育活动，如免费的户外活动，通过将其作为成人和老年人日常生活的一部分加以推广和支持，在社区和工作场所加强并维持这种活动。它还包括在初级卫生保健中心、医院和住宅等卫生保健机构促进足够水平的体育活动的举办。20 世纪 90 年代它在体育改革的浪潮中应运而生，狭义上，终身体育遵循生命历程的视角，阐述的是从婴幼儿、青少年、中年和老年的所有阶段进行体育锻炼和接受体育的教育。终身体育观是健康"体育观"的基本内容，在肯定这一认知的基础上，保障老年人健康老龄化还需要培养老年人的健康观、科学健身观、体育参与观、体育消费观等。

策略 7：培养代际体育活动，鼓励开展家庭体育活动。

代际关系是两代人之间的人际关系，老年人与年轻人在生理和心理上，以及社会地位和经历上不同而形成不同的人生观和价值观、生活方式和生活态度。但代际关系是老年人的核心，因为这些关系会影响幸福，并提供与衰老相关的自我感知价值。以人民福祉和生活质量为重点的资源和干预措施已成为必要的政策和实践举措。尽管各国文化不同，但对于如何处理代际关系的重视程度类似。在一项美国华盛顿大学马尔利查博士对英国、德国和葡萄牙籍的 316 名老年人与孙辈的代际关系深度调查中，在情感与回报、兴趣与融合以及祖父母与孙辈的互动品质这三方面进行冲突程度研究，探讨了如何概念化与孙辈的关系。在欧洲 10 国的健康、老龄化与退休调查中，调查了 22000 名 50 岁以上的老年人，其中 8% 的祖父母与孙辈生活或相互提供支持。融洽的代际关系有助于家庭成员幸福指数的提升，体育活动是联结和促进代

际关系的重要桥梁。中国由于深受传统孝道礼教等的影响，家庭成员间有着坚固的成员契约关系，即使现代化和城市化进程加快，子女迁出或经济地位变化，甚至"代际倾斜"批判声不绝，但赡养老人的美德一直传承。

4. 老年体育推广环境维度

策略8：老年体育促进健康的发展要走"跨界融合，上下打通"的道路，保证既有"上层设计"的引导又有"社区基层"的落实，地毯式推进。

在政府层面，北京市老年体育政策主要包含在大众体育政策之中，在现有政策的保障下，北京市老年体育促进健康的发展要走"跨界融合，上下打通"的道路，市政府联合市财政局、市民政局、市老龄办合力推动大众体育，寻求在大众体育政策发展的同时，增加老年体育政策的比重和针对性。在设计上保持灵活性，并具有适应性，以便考虑国家背景、现有立法和体育活动的重要文化维度。在执行各项老龄政策和大众体育政策期间，市政府将继续支持、刺激和通过在向各区提供关于"十三五"规划健康体系构建的背景下体育活动的战略咨询来提供领导作用，从而为实现人人可持续健康生活的总体目标做出贡献。

例如，北京市重大文化惠民工程要增加面向老年人的内容和项目，北京各区的老年体育可以考虑以项目为支撑，在北京市形成各具特色的本市或各区代表性老年体育活动。在社区层面，加强与社区医师联络，鼓励体育活动成为老年人健康指导和疾病预防的重要手段。

策略9：加强北京市老龄委和北京市体育局等市政府机构联合，指导老年人体质监测工作，促进老年体育活动科学推广。

针对这种现实语境，我国老年人体质监测应考虑以下几个方面的策略。第一，通过借鉴美国、日本等国家的老年人体质监测方法，引进先进的测试方法和测量工具。第二，扩大不同地域监测人群的比例和监测年龄的范围，增加高龄老年人的体质监测人数。第三，加强老年社会体育指导员管理体系与老年人体质监测系统的融合，通过更加便捷和科学的测试方法和指标，简化测试环节，加强评分方法的科学化。

策略10：利用新媒体技术，为老年人获取科学的健身知识铺平道路，逐渐实现"老年友好社区"的搭建。

随着互联网技术的普及，信息技术的变革使人们获取知识的渠道拓宽了，速度加快了，交际方式多元化，日常生活方式发生翻天覆地的变化。如前文所述，北京市老年人口的比例逐年上升，随着互联网介入门槛和使用成本的大幅降低，新媒体在老年人群体的渗透率也相应逐渐上升。老年人群成为通过新媒体获取知识的生力军，而健康养生的知识是老年人通过网络、智能手机等新媒体获取知识的重要内容，如鼓励音像图书出版机构和新媒体制作适合老年人的作品、加强面向和服务老年人的数字图书馆建设等。通过创建数字老年健康馆等网站和老年健康科普公众微平台，对数字老年健康馆继续加强管理和维护，不断增添新内容和视频。发挥手机、电脑的科普传播功能，建立健康科普公众号，上传各类活动信息和技术科普知识。同时，通过在政策制定层面实施可推行的老年体育活动标准，国家体育总局社会体育指导中心结合老年社会体育指导员信息库、老年人体育活动全国资源库和官网、老年人社会体育指导项目的查询系统，搭建老年社会体育指导员的指导资源与老年人需求的桥梁。

鼓励更多的社会组织和机构开发借助新媒体手段的社区体育养老或公园体育活动互动平台。结合现有的社区老年活动资源库，例如通过物联网技术，家庭成员或子女借助手机或电脑与社区对接，了解老年人在社区组织活动的最新情况，不仅可以使老年人有更大的动机有规律地参加社区体育活动，而且扩大了老年人的活动范围；有志同道合的老年人长期加入某社团或组织，更有助于通过与他人的交流促进老年人的身心发展；同时，这种政府—组织—社区—家庭共同推进老年健康的模式，促使子女等家庭成员了解并融入社区活动，进一步主动通过新媒体平台为社区、家人和邻里做志愿服务工作打通渠道，为推动"老年友好社区"的理念传播和构建铺平道路。另外，这种方式降低了政府的投入成本，有助于建立更安全、有爱心、有凝聚力的社区。

五　结束语

2017 年《"十三五"国家老龄事业发展和养老体系建设规划》的成功

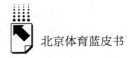

发布为我国老龄事业注入了新的活力。人口老龄化不仅直接带来了劳动适龄人口的下降，也使高龄、失能和失智等困难老年人逐年增加，给家庭和社区带来养老的压力。"十三五"时期北京市处于中度老龄化阶段，这为老龄工作提供了必要的缓冲器。老年体育促进健康是我国老龄化事业发展中必不可少、经济便捷、惠及全老的重要手段。当前老年体育的推广应紧抓部门"协调"、活动"创新"、资源"共享"、"开放"借鉴、"综合"施政的思路，整合力量，统筹发展。充分发挥政府主导和社会主体的作用，从场地设施、经费投入、人员培训方面在各区因地制宜地开发创新老年体育活动形式，多措并举，逐步推动老年体育创新发展。

参考文献

北京市人民政府：《北京市 2017 年度卫生与人群健康状况报告》，人民卫生出版社，2018。

陈金鳌、张林等：《社会学视域下老年体育参与影响因素研究》，《南京体育学院学报》（社会科学版）2015 年第 1 期。

季彦霞、刘薇薇、史博强等：《河北省老年人体质现状与对策》，《中国老年学杂志》2010 年第 14 期。

李捷、王凯珍：《京津冀地区城市老年居民体育锻炼参与现状研究》，《首都体育学院学报》2018 年第 3 期。

汪流：《改革开放以来我国体育社会组织发展：问题反思与策略探讨》，《河北体育学院学报》2016 年第 4 期。

王东敏、陈功：《影响北京市朝阳区老年人参加体育锻炼的因素分析》，《沈阳体育学院学报》2013 年第 1 期。

于浩洋：《北京市老年体育协会发展研究》，硕士学位论文，北京体育大学，2016。

Growing Older-Staying Well：Ageing and Physical Activity in Everyday Life. Geneva：World Health Organization，1998. http：//www. who. int/ageing/publications/staying_well/en/.

B.8
北京市群众冰雪运动赛事发展状况研究

陆晓雨*

摘　要： 本研究基于文献分析，从加大政策支持力度、扩大群众参与基础、营造良好冬奥氛围、开展冰雪运动社会体育指导员培训、打造高水平赛事、壮大冰雪体育组织、打造区县特色活动、京津冀联动合力方面展示了 2017～2019 年北京市群众冰雪运动赛事现状，从加强赛事文化建设、打造群众冰雪运动赛事品牌、与全民健康深度融合方面提出了进一步发展北京市群众冰雪运动赛事的发展建议。

关键词： 群众体育　冰雪赛事　北京市

一　前言

2022 年北京冬奥会的成功申办使我国冰雪运动的发展进入了新时代，冰雪运动受到了前所未有的关注。而发展冰雪运动，群众是关键环节。习近平同志指出，"要把推动冰雪运动普及贯穿始终，大力发展群众冰雪运动，提高冰雪运动竞技水平，加快冰雪产业发展，推动冬季群众体育运动开展，增强人民体质"。为扩大北京群众体育冰雪参与人口，北京市群众体育工作以增强人民体质、满足人民群众日益增长的多元化和多层次体育需求为出发点，以发挥政府公共服务职能为主线，全面提高体育公共服务水平，促进体

---

* 陆晓雨，首都体育学院助理研究员，研究方向为体育人文社会学、研究生教育。

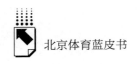

育的社会化、生活化、科学化、规范化进程。

2017～2019年北京市群众体育冰雪赛事正是在认真落实全民健身纲要，大力推进群众冰雪运动的顶层制度设计下开展和实施的。

二　研究方法

本研究从中国知网、北京市体育局网站上搜索相关资料，梳理出能反映2017～2019年北京市群众冰雪赛事的相关数据进行分析，形成北京市群众冰雪运动赛事调研报告，从而最真实、最全面地呈现北京市群众冰雪运动赛事现状，并在此基础上进行思考和提出建议。

三　北京市群众冰雪运动赛事现状

1. 加大政策支持力度

为迎接冬奥会，实现三亿人参与冰雪运动的目标，国家出台了一系列制度和政策保障鼓励发展冰雪产业，吸引群众参与。党的十九大报告指出："广泛开展全民健身活动，加快推进体育强国建设，筹办好北京冬奥会、冬残奥会。"北京市政府响应国家号召出台了系列文件，全力推动群众冰雪运动开展（见表1）。

表1　北京市保障群众冰雪运动相关政策性文件

时间	名称
2016 年	北京市人民政府关于加快冰雪运动发展的意见(2016—2022 年)
2016 年	北京市全民健身条例
2016 年	北京市全民健身实施计划(2016—2020 年)
2018 年	北京市关于加快冰雪运动发展重点工作分工方案
2018 年	北京市全民健身消费补助管理办法

2016年3月，北京市政府正式发布《北京市人民政府关于加快冰雪运动发展的意见（2016—2022年)》和7项配套规划，将冰雪运动发展纳入

2022 年北京冬奥会筹办大局，坚持"创新、协调、绿色、开放、共享"五大发展理念，绘就"1248"冰雪蓝图——1 张城市"冰球名片"，冰上、雪上 2 套竞技队伍，力争到 2022 年冰雪产业收入达到 400 亿元，800 万冰雪人口。其中将群众冰雪明确为 7 项核心任务之一。①

2018 年为扎实推进北京冰雪运动发展规划的落实，制定了《北京市关于加快冰雪运动发展重点工作分工方案》，细分成 88 项具体任务。其中重点任务包括广泛开展群众冰雪健身活动，打造北京特色冰雪活动，创新发展冰雪健身项目，扶持冰雪体育组织发展，强化冰雪运动健身指导。

群众体育经费投入是开展全民健身工作的基本资源保障。2018 年北京市财政局加大对冰雪运动资金扶持力度，2018 年安排资金 3 亿元，比 2017 年增长 60%，并制定了相关的政策法规，包括《北京市全民健身消费补助管理办法》《北京市新建体育场馆补助管理办法》等，促进冰雪健身消费。

2. 扩大群众参与基础

与西方国家不同，冰雪运动在我国群众基础薄弱、普及率低。因而开展群众冰雪赛事，首先要从简单、基础性活动入手来推广冰雪项目，扩大冰雪参与人口。因此 2017～2019 年北京市开展了弱化竞争性与竞技性、强化趣味性的体验式群众冰雪赛事（见表 2），项目设置广泛多元，组织 10 余万"零基础"市民参与冰雪运动。

表 2　2017～2019 年北京市体验式群众冰雪赛事一览表

赛事名称	地点	主办单位	协办单位
海淀区第十一届全民健身体育节 2017 海淀区第二届职工冰壶体验赛	北京中体奥冰壶中心	海淀区体育局	海淀区社会体育管理中心
"冰雪大篷车"——冬季冰雪项目宣讲及体验活动	丰台体育中心、21 个街乡镇及部分公园广场	丰台区体育局	丰台区体育总会、北京睿智翔云广告有限公司

① 北京市人民政府：《北京市人民政府关于加快冰雪运动发展的意见（2016—2022 年）》，北京市人民政府官网，2016 年 3 月 9 日，http://www.beijing.gov.cn/gongkai/guihua/wngh/qtgh/201907/t20190701_100003.html。

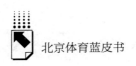
续表

赛事名称	地点	主办单位	协办单位
舞彩顺义冰雪运动欢乐季——市民趣味滑雪比赛	莲花山雪场	顺义区体育局	莲花山雪场
舞彩顺义冰雪运动欢乐季——冰雪体验嘉年华	七彩蝶园	顺义区体育局	七彩蝶园
舞彩顺义冰雪运动欢乐季——冰上项目交流展示赛	人民公园	顺义区体育局	铠甲熊俱乐部
昌平区冰雪趣味挑战赛	静之湖	昌平区体育局	昌平区社体中心
冰雪体验	怀北滑雪场	怀柔区体育局	怀柔区体育局
第三届北京市民滑冰体验式培训	长阳镇世纪星滑冰俱乐部	燕山体育中心	长阳镇世纪星滑冰俱乐部
第三届北京市民滑雪体验式培训	云居寺滑雪场	燕山体育中心	云居寺滑雪场
BOT 时尚生活汇奥普乐主题运动乐园欢乐冰雪季	开发区企业文化园西园	开发区社发局	BOT 时尚生活汇奥普乐主题运动乐园
东城区单位职工滑雪体验	天坛体育中心	东城区体育局 东城区外办 东城区卫计委 东城区各街道	天坛体育中心
海淀区冰雪运动推广体验活动	海淀区街(乡、镇)社区(村)、企业、公园等	海淀区体育局	海淀区社体中心
海淀区职工冰壶体验赛	北京怀柔冰壶馆	海淀区体育局	海淀区社体中心
大众冰雪趣味赛	万龙八易滑雪场	丰台区人民政府	丰台区体育局 丰台区体育总会
群众速度滑冰比赛	丰台区各冰场	丰台区人民政府	丰台区体育局 丰台区体育总会
冰上体验活动	东奥冰尚俱乐部	通州区体育局	东奥冰尚俱乐部
雪上体验活动	通州区	通州区体育局	相关单位
舞彩顺义冰雪运动欢乐季——冰雪体验嘉年华	七彩蝶园	顺义区体育局	七彩蝶园
舞彩顺义冰雪运动欢乐季——冰上项目交流展示赛	人民公园 仁和公园 卧龙公园	顺义区体育局	铠甲熊俱乐部
BURTON 儿童单板体验日	军都山滑雪场	军都山滑雪场	军都山滑雪场

赛事名称	地点	主办单位	协办单位
大兴区第四届市民快乐冰雪季	大兴区雪都滑雪场	大兴区体育局	大兴区体育总会
平谷区市民上冰雪	渔阳滑雪场	平谷区人民政府	平谷区体育局 平谷区教委
怀柔区第五届市民快乐冰雪季冰雪体验活动	怀柔区	怀柔区体育局	怀柔区冰雪运动协会
怀柔区冰雪趣味运动会	怀柔区	怀柔区体育局	怀柔区冰雪运动协会
怀柔区第五届市民快乐冰雪季冰雪体验活动	怀北国际滑雪场	怀柔区体育局	怀北国际滑雪场
学生滑雪体验活动	密云区	密云区体育局	密云区教委
激情冰雪相约冬奥"一区一品"冬奥冰雪体验季	开发区	开发区社发局	相关单位
阳光冰雪季畅享冬奥会冰雪体验课	龙熙雪场	开发区社发局	相关单位
燕山地区快乐冰雪季——滑雪体验式活动	云居寺滑雪场	燕山总工会 燕山体育运动中心	燕山体育馆
燕山地区快乐冰雪季——滑冰体验式活动	良乡滑冰场	燕山总工会 燕山体育运动中心	燕山体育馆

3. 营造良好冬奥氛围

营造良好的冬奥氛围,可助力群众冰雪赛事的开展。2017～2019年北京市通过开展冬奥大讲堂、发放冬奥知识科普书籍、举办冬奥知识巡展等推进冰雪体育进社区、进公园、进商区,扩大了观众、推广者等间接参与人口的比例,注重提高首次参与冰雪运动人口的比例。

北京市也充分发挥了媒体平台的宣传作用。如表3所示,2019年北京市体育局与北京人民广播电台合作,在《1025动生活》《界内界外》栏目中开设"冰雪空中讲堂"专栏,宣传普及冬奥会、观赛礼仪和冰雪运动知识,开展线上有奖冬奥知识问答活动,并通过微信、微博等新媒体平台吸引群众参与,取得了良好的效果。

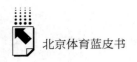

表3　2017～2019年群众冰雪教育一览表

培训名称	主办单位	协办单位
冰雪知识大讲堂	西城区体育局	街道、委办局 西城区社体中心
2018年西城区冰雪公益体验课	西城区体育局	街道、委办局
"欢乐冬奥　冰雪家庭"系列活动之冬奥大讲堂	朝阳区体育局	北京环京体育文化发展有限公司
"欢乐冬奥　冰雪家庭"系列活动之冬奥知识巡展	朝阳区体育局	朝阳区体育局
"欢乐冬奥　冰雪家庭"系列活动之健身知识300问	朝阳区体育局	朝阳区体育局
冰雪知识大讲堂	门头沟区体育局	门头沟区社会体育服务中心
青少年冰雪知识普及课	门头沟区体育局	门头沟区社会体育服务中心
冰雪活动大讲堂进基层、进学校	拱辰街道办事处	拱辰街道办事处
全民健身大讲堂冰雪知识培训班	大安山乡	文体中心
冰雪知识宣讲	怀柔区体育局	怀柔区体育局
冰雪知识讲座	密云区体育局	全区各镇、街以及职工单位
发放冰雪知识读本8000册	密云区体育局	密云区体育局
冰雪知识讲座	西城区体育局	什刹海民俗协会
发放冬奥知识300问书籍	朝阳区体育局	朝阳区各街道
冬奥知识巡展	朝阳区体育局	朝阳区各街道
"奥运零距离"大讲堂系列活动	北下关街道	卓逸体育有限公司
顺义区冰雪大讲堂	顺义区体育局	顺义区体育总会
2019年昌平区市民上冰雪公益课	昌平区体育局	昌平区社体中心
怀柔区冰雪运动进校园	怀柔区教委	怀柔区各中小学
怀柔区冰雪宣讲活动	怀柔区体育局	怀柔区各镇乡街道
怀柔区冰雪运动发放宣传材料	怀柔区体育局	怀柔区各镇乡街道
发放冰雪知识读本万册	密云区体育局	密云区教委 密云区总工会
冰雪知识讲座与体验活动	密云区体育局	密云区教委 密云区总工会

4. 开展冰雪运动社会体育指导员培训

相较于夏季项目，冬季项目难度较大，在没有专业人员指导的情况下，运动者更容易受伤。因此更需要专业的教练员、裁判员的指导与保障。北京市为提高群众体育专业化程度，开展冰雪运动社会体育指导员培训（见表4），扩大社会体育指导员队伍，为群众科学进行冰雪活动进行指导，壮大基层服务力量，为群众冰雪赛事提供保障。2017年培养冰雪运动社会体育指导员5905人，2018年培养4800余名冰雪运动社会体育指导员，2019年培养4500余名冰雪运动社会体育指导员，[①] 为增加北京2022年冬奥会和冬残奥会人才储备，在一级、二级社会体育指导员培训和岗位再培训中增加冰雪运动科普知识内容，宣讲有关冬奥会、冬奥会项目设置和冬季如何防止运动损伤等知识，让广大社会体育指导员了解更多、更权威的冰雪运动知识，号召社会体育指导员争做北京2022年冬奥会和冬残奥会志愿者。

表4 2017~2019年北京市冰雪运动社会体育指导员培训一览表

培训名称	主办单位	协办单位
2017年东城区冰蹴球项目社会体育指导员培训	东城区体育局	东城区社会体育管理中心
冰雪项目指导员培训	西城区体育局	西城区社体中心
冰雪社会体育指导员系列培训	拱辰街道办事处	拱辰街道办事处
冰雪社员培训班	通州区体育局	东奥冰尚俱乐部
顺义区冰雪社会体育指导员及校园辅导员培训	顺义区体育局	乔波滑雪场莲花山雪场
冰雪项目社会体育指导员培训（三期）	昌平区体育局	昌平区社体中心
冰蹴球社会体育指导员培训班	东城区体育局	东城区社体中心
雪上指导员培训	朝阳区体育局	相关单位
冰雪运动社会体育指导员培训	丰台区人民政府	丰台区体育局 丰台区体育总会
门头沟区冰轮滑社会体育指导员培训班	门头沟区体育局	门头沟区社体中心
雪世界滑雪场滑雪指导员培训考核	市滑雪运动协会	北京雪世界滑雪场有限公司

① 北京市社会体育管理中心：《北京市社会体育指导员协会召开2019年度总结大会》，北京市体育局官网，2020年1月7日，http：//tyj. beijing. gov. cn/bjsports/gzdt84/qthd/673716/。

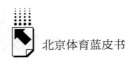
续表

培训名称	主办单位	协办单位
2018 年社会体育指导员冰上项目技能培训班	昌平区体育局	昌平区社体中心
2018 年社会体育指导员冰雪项目理论培训班	昌平区体育局	昌平区社体中心
社体指导员冰雪知识宣讲	开发区社发局	北京绿茵天地场馆经营管理有限公司亦庄分公司

5. 打造高水平赛事

2017～2019 年北京市不仅举办了北京市冬季运动会、北京市民快乐冰雪季、大众冰雪北京公开赛等赛事活动，如举办的北京市第一届冬季运动会群众项目比赛，有来自全市 16 个区、北京市经济技术开发区、燕山地区和共青团、卫生、残疾人等行业系统工会超过 4000 名运动员参加比赛，参与人数超过 6 万人，该比赛以广泛性、趣味性、参与体验为主，设冰壶、冰车、滑雪、冰蹴球、大众趣味冰雪 5 大项 10 个分项，让更多市民充分享受参与冰雪运动带来的健康和快乐，有助于增加群众的自觉性和积极性；还举办了 2018 年沸雪北京国际雪联单板滑雪大跳台世界杯、2019 年国际雪联城市越野滑雪积分大奖赛、2019 年国际冰联女子冰球世界锦标赛等国际赛事活动，倾力打造冰雪品牌赛事，让更多市民有机会欣赏到精彩的国际赛事。

6. 壮大冰雪体育组织

群众体育参与者具有参与广泛、动机多样、活动时间分散等特征，搭建平台、建立群众体育组织在群众体育发展中显得尤为重要。因此北京市注重发挥体育社团在冰雪运动发展中的重要作用，壮大群众体育冰雪组织，整合资源，为群众体育搭建平台。2016 年 7 月，北京市冰壶协会成立。2018 年 3 月 9 日，北京市滑冰协会在京正式成立。2019 年 7 月，北京市雪上运动协会宣告成立，发展首批会员单位 40 家、个人会员 180 人，其中会员单位多为来自雪上运动全产业链上的精英企业和单位，个人会员则是来自北京冬奥组委滑雪战队、高校科研院所、企事业单位、雪上运动专业队的人员和爱好者，搭建了一个合作、沟通、交流的平台。

7. 打造区县特色活动

各区县注重因地制宜，开展各具特色的群众冰雪赛事活动，并积极培育"一区一品"冰雪活动。各区政府结合实际，先制定本区冰雪季活动工作方案，成立组织机构，注重对不同人群的覆盖；按要求指导街道（社区）、乡镇（行政村）充分利用身边的冰雪资源，着力扩大冰雪人口规模，努力形成冰雪活动扎根基层、贴近百姓的良好局面；依据各区自然条件和经济发展水平，宜冰则冰、宜雪则雪，室内外结合发展冰雪运动；充分利用现有资源，挖掘潜力，不断创新，形成冰雪运动发展集聚区。

丰台区广泛开展群众冰雪运动，已连续举办四届欢乐冰雪季活动。2018年更是把800平方米仿真冰面铺到百姓身边。依托"冰雪大篷车"等活动激发广大群众参与冰雪运动的热情，让更多的老百姓了解冬奥会、了解冬季项目，直接参与人数达到23.2万人次，卓有成效地带动了当地群众参与冰雪运动的热情。①

朝阳区精心打造了贯穿全年的"全民健身 助力冬奥"系列活动，内容涵盖赛事活动、冰雪体验、宣传教育三大板块。朝阳区广大百姓可以走进全区9家冰场体验真冰、真雪。在宣传教育板块，开展了冬奥知识大讲堂300场，参与人数达3万余人次，覆盖全区50%的社区、行政村。

8. 京津冀联动合力

2018～2019年北京市群众冰雪运动不仅在北京市区内开展，也在京津冀三地进行（见表5），通过三地协同联动发展冰雪运动，为京津冀三地冰雪运动爱好者提供交流平台，推进京津冀冰雪运动协同发展，逐步形成京津冀地区辐射效应。

---

① 丰台区体育局：《丰台区第三届欢乐冰雪季圆满收官》，北京市体育局官网，2018年3月26日，http：//tyj. beijing. gov. cn/bjsports/gzdt84/qxdt/1519221/index. html。

表 5　2018～2019 年京津冀群众省际冰雪赛事活动

活动名称	地点	主办单位	承办单位
阳光体育·雪垒（京津冀）	北京市各学校	市民委	全国校园阳光体育雪垒班级联赛执行办公室
阳光体育·雪垒（京津冀）	龙熙滑雪场 莲花山滑雪场	市民委	全国校园阳光体育雪垒班级联赛执行办公室
京津冀大学生高山滑雪比赛	石京龙滑雪场	北京市大体协 天津市大体协 河北省大体协	延庆区体育局 石京龙滑雪场 市大学生体协冰雪运动分会
旅行社导游高山滑雪比赛（京津冀）	雪世界滑雪场	雪世界滑雪场	北京雪世界滑雪场有限公司
参加京津冀三地残疾人冬季群众体育交流	天津市	北京市残联 天津市残联 河北省残联	天津市残联
京张青少年"手拉手游冬奥"活动	北京市 张家口市	团市委	北京青少年发展基金会
迎冬奥——2018 海淀及张家口冰雪挑战季系列活动	海淀区各冰雪场 崇礼滑雪场	海淀区体育局	海淀区社体中心
2018 年京张高山滑雪交流赛	石京龙滑雪场	延庆区体育局	延庆区滑雪协会
第三届京张冰雪文化交流	什刹海冰场	西城区体育局	什刹海民俗协会
第三届京津冀青少年夏季滑雪挑战赛	石京龙滑雪场	国家体育总局冬运中心 北京市体育局 中国滑雪协会	北京市社体中心 北京市滑雪运动协会

　　此外，京津冀地区注重发展冰雪旅游，通过冰雪旅游扩大群众参与冰雪运动的人口。为了丰富京津冀游客冬季旅游体验，以冰雪旅游为主题，整合密云、延庆、张家口、承德等地的冰雪旅游资源，共同打造了京东休闲旅游示范区、京北生态（冰雪）旅游圈、京西南生态旅游带、京南休闲购物旅游区、滨海休闲旅游带五个京津冀旅游试点示范区，具有协同发展带动作用，推出了"京津冀旅游新玩法·京北冰雪旅游季"系列活动，扩展了北

京市民的休闲生活场所，使太舞小镇、云顶世界等地成为老百姓旅游度假的热点，旺季时，张家口崇礼的宾馆甚至"一房难求"。

四 结论与建议

2017～2019 年北京市群众冰雪运动赛事要以筹办冬奥会为契机，根据京津冀协同发展的要求，打造"双奥城市"亮丽名片，丰富群众冰雪运动赛事的全民健身内容，为全民健身发展注入活力。

1. 加强赛事文化建设

体育的文化属性一直在奥林匹克主义中处于核心位置。《奥林匹克 2020 议程》第二十六条也指出，要进一步加强体育与文化的融合，打造可持续赛事，需要发掘体育赛事的人文价值和文化意义，使群众体育文化有更加充实的内容。加强北京市群众冰雪赛事的文化建设，为体育事业发展注入强大精神动力，可从以下几方面着力。

第一，与奥林匹克文化相结合。充分发挥北京"双奥之城"的文化优势，加强奥林匹克教育。第二，与冰雪文化相结合。发掘冰雪文化的价值，并普及冰雪文化。第三，与中华传统文化相结合，打造中国特色的冰雪赛事。

2. 打造群众冰雪运动赛事品牌

近年来，随着群众冰雪运动的普及，冰雪运动不再高不可攀，群众也不再只局限于欣赏和旁观，更渴望参与其中。为满足群众对冰雪赛事的需要，不仅仅要增加赛事数量，更要提高赛事质量，打造具有影响力的知名群众冰雪赛事品牌，形成品牌效应，增强群众对赛事的忠诚度。为此需要加大对群众冰雪体育赛事的扶持力度，制定群众冰雪赛事办赛指南、参赛指南，规范赛事。

3. 与全民健康深度融合

随着《"健康北京 2030"规划纲要》《"健康中国 2030"规划纲要》的颁布，北京市强调体育引领人们形成科学健康的生活观念、生活习惯和生活

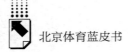

方式的重要作用。筹办冬奥会，开展群众冰雪赛事，更重要的是提高群众健康意识，树立"健康第一"的思想。发展冰雪运动有利于满足群众多元化体育文化需求，推动全民健身和全民健康深度融合，丰富人民群众精神文化生活，提高人民群众的幸福感和满意度。因此开展北京市群众冰雪赛事要把发展冰雪运动、提高人民健康水平作为根本目标，与全民健康深度融合，增加经常参加冰雪运动锻炼人口的比例，使群众通过冰雪运动不断提升体质，逐渐形成终身体育思想，实现"共享冬奥"公众参与计划。

参考文献

王诚民、郭晗、姜雨：《申办冬奥会对我国冰雪运动发展的影响》，《体育文化导刊》2014 年第 11 期。

王润斌：《当代奥林匹克核心价值观的多维审视》，《武汉体育学院学报》2015 年第 49 期。

张瑞林：《我国冰雪体育产业商业模式建构与产业结构优化》，《体育科学》2016 年第 36 期。

B.9
北京市营地教育机构之青少年户外
体育活动发展现状

王晓云 布 和*

摘 要： 2016 年 12 月，随着《关于推进中小学生研学旅行的意见》
的发布，中国营地教育进入大发展期。户外体育活动作为营
地教育课程的重要组成部分，不仅对青少年综合素质能力的
提升有着非常重要的作用，而且对提高青少年对体育的兴趣
水平、改善和提升青少年体质健康起着关键作用。为了更好
地了解北京市青少年营地教育机构中户外体育活动的开展情
况，运用问卷调查法及数理统计法对北京市青少年营地教育
机构中户外体育活动开展现状进行调查，发现其发展中存在
的问题，并给出相应建议。

关键词： 营地教育 青少年 户外体育活动

一 前言

营地教育起源于美国，距今已有 150 多年的发展史。美国营地协会
（American Camp Association，ACA）给营地教育的定义是："一种在户外以团队
生活为形式，并能够达到创造性、娱乐性和教育意义的持续体验。营地教育是

---

* 王晓云，北京体育大学副教授，硕士生导师，研究方向为休闲体育、青少年体育；布和，北
京体育大学讲师，研究方向为探险旅游、户外教育。

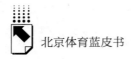

在户外环境中，参与者通过亲身体验和环境的熏陶帮助每一位营员达到生理、心理、社交能力以及心灵方面的成长。"[1] 营地教育就是让营员在体验中探索学习以实现健康成长和人格的完善，并提升其自信心、领导力以及人际交往能力、团队协作能力和问题解决能力。目前营地教育模式主要有3种，即专设营地教育、研学旅行教育和主题营地教育。专设营地教育机构的特点是依托自营、租赁或者合作的固定场所，展开体验教学。研学旅行教育机构主要开展名校游、人文历史景观参观以及专家状元励志讲堂等思想文化激励型营地教育。主题营地教育机构不设固定营地，充分利用社会资源设计文化主题项目，如博物馆、消防文化、课本经典文章链接实地、红色革命教育等游学专题。

发达国家高度重视营地教育，据美国营地协会（ACA）统计，美国共有1.2万多个营地，每年服务超过1000万中小学生。美国营地协会的研究更是提出1930~1980年的户外教育对于美国青少年学习与成长有显著的正面效益。国际营地协会（International Camping Fellowship，ICF）的数据显示，世界上营地数量最多的国家是俄罗斯，共有5.5万个营地，日本也有3500多个营地，每年超过3000万中小学生参与活动。中国香港地区和台湾地区的营地活动也比较活跃。[2] 中国自古以来就有重视学习与实践结合的传统，宋代著名诗人陆游就有诗曰："纸上得来终觉浅，绝知此事要躬行。"近年来，营地教育作为学校教育与家庭教育补充的一种社会教育模式，开始走进中国人的视野。因为对素质教育的重视，2016年教育部等11个部门印发了《关于推进中小学生研学旅行的意见》，明确将研学纳入中小学教育教学计划，加强研学旅行基地建设、规范研学旅行组织管理、健全经费筹措机制、建立安全责任体系，标志着营地教育在国家宏观层面上得到了重视。

少年强则中国强，体育强则中国强。青少年体育是"少年强""体育强"的坚实支撑。中国青少年体质健康问题虽然在最近几年得到了政府层面和社会各界前所未有的重视，但是问题依然非常突出，肥胖率、眼睛近视

---

① 薛保红、南燕：《发达国家营地教育发展及其启示》，《重庆交通大学学报》（社会科学版）2014年第6期，第126~128页。

② 翟晋玉：《重视青少年"营地教育"》，《中国教师报》2014年3月19日，第2版。

比例还是没有得到有效的改善。户外体育活动作为营地教育课程的重要组成部分，不仅可以较大地丰富营地教育课程的内容，而且对提高青少年的体育兴趣水平、改善和提升青少年体质健康状况起着关键作用。

为了更好地了解北京市青少年营地教育机构中户外体育活动的开展情况，运用问卷调查法及数理统计法等方法，主要针对专设营地教育机构，调查北京市青少年营地教育机构中户外体育活动开展现状，发现其存在的问题，并给出相应建议。

二　研究方法

（一）文献资料法

本研究通过中国知网、硕士和博士学位论文等数据库查询了营地教育、户外教育和青少年户外教育等相关领域的文献资料。另外，通过 2017 ~ 2019 年的《中国营地教育行业报告》获得了关于中国营地教育的相关数据。

（二）问卷调查法

本研究根据研究主题设计了北京市营地教育机构中青少年户外体育活动现状的调查问卷。2019 年，北京市现有共计 53 家专设营地教育机构，按运营性质分类，企业单位性质机构共 51 家，占总数的 96.2%；事业单位性质机构仅 1 家，占总数的 1.9%；以政府、社会团体及企业多方共同运营的机构 1 家，占总数的 1.9%。本研究对北京市正在运营的青少年营地教育机构负责人发放了问卷，共计发放 25 份问卷，回收 25 份，问卷发放情况如表 1 所示。

表 1　问卷发放情况

单位：份，%

运营性质	企业	事业	多方共同运营	总数
数量	23	1	1	25
占比	92	4	4	100

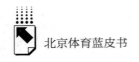

（三）数理统计法

本研究主要采用描述性统计研究方法，对数据进行了统计分析。

三 研究结果与分析

（一）北京市青少年营地教育机构的基本概况

目前北京市营地教育机构主要分为三类：第一类是政府运营的营地教育机构，属于事业单位性质；第二类是企业运营的营地教育机构，属于企业单位性质；第三类性质较为复杂，是由政府、社会团体和企业多方共同运营。其中7.41%的机构归属教育系统，11.11%的机构归属团委，81.48%的机构属于企业运营的市场力量。

2013年，国务院办公厅印发的《国民旅游休闲纲要（2013—2020年)》，首次提出了研学旅游的概念，并要求"逐步推行中小学生研学旅行，鼓励学校组织学生进行寓教于游的课外实践活动，健全学校旅游责任保险制度"，使研学旅行的学习实践方式得到了政策层面上的肯定和支持。2014年，国务院发布的《关于促进旅游业改革发展的若干意见》，明确了"研学旅行"要纳入中小学日常教育范畴。作为青少年教育的重要载体，鼓励社会教育机构向学校、学生提供此类产品。[①] 2016年12月《关于推进中小学生研学旅行的意见》发布，营地教育进入大发展期，营地教育机构数量持续增长。从成立时间看，2019年北京市现存营地教育机构成立时间普遍较短，84%的营地教育机构成立时间不足10年，营地机构成立时间为6~9年的占比最高，占到了总数的32%；其次是1~3年，占比为28%，52%的营地教育机构成立时间在5年之内（见表2）。可见，营地教育机构准入门槛

---

① 《2019泛游学与营地教育白皮书》编委会：《2019泛游学与营地教育白皮书》，新东方出版社，2019，第46~47页。

较低，市场力量开始关注并涌入，但时间较短，目前还处于初入市场阶段，但随着经济持续发展以及国家社会对素质教育和学生人格发展培养的关注度的提升，营地教育机构数量将不断增多。

表2　2019年北京市营地教育机构成立时间情况

单位：家，%

机构成立时间	1～3 年	4～5 年	6～9 年	10 年及以上
数量	7	6	8	4
占比	28	24	32	16

（二）北京市青少年营地教育机构的环境条件和地域分布

1. 北京市青少年营地教育机构的设施概况

营地教育资源拥有的多少与优劣决定了营地教育机构产品的教育价值，甚至决定了产品的服务质量，只有拥有优质的营地教育资源，机构的可持续发展才能成为可能。目前中国营地教育市场参与主体呈现少量优势机构、部分中型机构、大量小型机构的分布态势。小型机构零散但数量较多，虽然机构不成规模，但也凭借师资以租用营地的方式提供服务。调查显示，2019年北京市84%的营地教育机构拥有自身固定的营地，16%的营地教育机构是靠租赁场所组织和进行户外体育活动。其中，在拥有自身固定营地的机构中，100%的机构拥有国内营地，每家机构平均拥有3个营地，高于全国1～2个的平均水平；19%的机构，也就是为数较少的"头部"优势机构拥有自身的国际营地。与整体市场分布态势不同，北京市营地教育机构整体呈现较为健康、成熟的状态。这与北京市的经济发展水平高、城市化程度高、居民文化水平整体较高等因素是密切相关的。

2. 北京市青少年营地教育机构的环境资源概况

北京市青少年营地教育机构自身拥有的国内营地主要依托的地形地貌依次是山丘、湖泊、河流和海滩，国际营地主要依托的地形地貌排在前两位的则是海滩和山丘。从景观资源来看，无论是国内营地还是国际营地，营地依托旅游景观都排在第一位。营地资源是营地教育机构研发和开设户外体育活动课程的依托基础，北京营地教育机构开设最多的户外体育活动课程项目排在前四位的依次是露营活动项目（徒步、炊事等）、野外生存项目（急救、担架制作等）、拓展项目（低空项目、高空项目）和水上活动项目（皮划艇、帆船、漂流等），而露营活动项目、野外生存项目以及水上活动项目的开展都需要依托自然资源，如山丘、湖泊、海滩等。北京市营地环境资源情况与现阶段北京营地教育机构中选择开设的户外体育活动项目是一致的。因为依托于山丘和水源地，北京市现有营地距离市中心相对较远，平均距离为45公里，平均开车用时为0.68小时。因为天气等原因，营地全年平均开营时间为8.48个月，最短为4个月，最长可达12个月，全年开营的约占总数的40%，开营7~9个月的占12%，开营半年的占4%，开营5个月的占8%，开营4个月的占4%。

（三）北京市青少年营地教育机构户外体育活动课程设置现状

1. 北京市青少年营地教育机构户外体育活动课程比例分析

目前北京市营地教育机构的课程主要包括体育运动类、自然教育类、科技创客类、主题文化类、素质职业体验类、励志情商类、军事训练类、拓展类、户外研学旅游类9种类型，其中户外体育活动的开展主要设置在体育运动类、自然教育类、拓展类和户外研学旅游类4种类型的课程中。根据对专设营地教育机构负责人的调查，户外体育活动内容占营地教育机构整体课程内容的平均比例达到69.4%，有的机构甚至达到了95%。其中，在各类课程中，体育运动类课程是营地教育机构选择频率最高的课程类型，选择率达到了80%；其次是拓展类、自然环境类，选择率均达到了64%；再次是户外研学旅游类达到了56%。可以看出，户外体育活动是现阶段专设营地教育的最重要和最主要的课程内容，这不仅仅与课程研发的难易、现有师资队伍的组成有一定的关联，更重要的是由市场需求所决定。

2. 北京市青少年营地教育机构户外体育活动课程内容分析

在课程内容即户外运动项目的选择上，调查显示，按照选择频率的高低，排序依次是露营活动项目（徒步、炊事等）、野外生存项目（急救、担架制作等)、拓展项目(低空项目、高空项目)和水上活动项目(皮划艇、帆船、漂流等)、定向越野、攀岩(人工岩壁和自然岩壁)、骑行、一般体育项目培训、探洞、溯溪和航空项目。而在美国的营地教育中,游泳、露营、攀岩是排在前三位的课程内容,2015年美国营地协会的调查显示,探险课程是过去两年营地教育机构增加的重要课程内容。通过对比可以看出,近几年从国外流传过来的、融合了环境教育和冒险教育的、注重身体素质训练和安全教育以及领导力培养的户外运动休闲教育受到了广泛的欢迎。

3. 北京市青少年营地教育机构户外体育活动课程产品时长分析

目前北京市青少年营地教育机构户外体育活动课程的开设形式主要有寒暑假营、周末营、日间营、亲子活动和假日营5种。其中寒暑假营的选择率最高,达到了100%,其次依次是亲子活动、假日营、周末营和日间营,分别占72%、68%、64%和52%。但就开设数量而言,日间营最多,然后依次是寒暑假营、周末营、假日营和亲子活动。从参加的人数上看,2018年全年参加人数最多的是日间营,其次是寒暑假营,然后依次为假日营、周末营和亲子活动。

4. 北京市青少年营地教育机构户外体育活动课程开发模式分析

目前北京市青少年营地教育机构户外体育活动课程主要有自主研发、引进以及自主研发与引进相结合3类开发模式。总体上看,64%的营地教育机构的户外体育活动课程是自主研发与引进相结合,32%的营地教育机构现有课程属于自主研发类,4%的营地教育机构的课程是完全引进国外课程。可见,由于营地教育在中国发展时间较短,营地教育机构的课程研发能力较弱,大多数营地教育机构的课程主要是自主研发类课程与引进欧美国家的课程相结合,这就会导致教育机构为了让学生对自身的课程感兴趣,在课程内容的设计上出现教育属性较弱、尝鲜性较强的现象,且课程内容同质化现象严重,较缺乏特色。

(四)北京市青少年营地教育机构户外体育活动导师情况

高素质的营地教育机构户外体育活动导师是营地教育机构发展的关键。因此,建立一支综合素质高、实践能力强、专业技术水平高、发展潜力大、一专多能的营地导师队伍是营地教育长足健康发展的重要保障。营地导师在

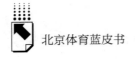
户外运动中扮演着多种角色：设计者、规则执行者、气氛制造者、安全监督者、知识提升者等，因此营地导师的质量高低成为影响教学效果的最重要的因素。而户外运动课程的开发和课程执行质量与营地导师的从业年限、教育水平、专业背景和工作积极性等因素有着紧密的关系。目前北京市营地教育机构户外体育活动导师已形成了以本科与大专学历、体育专业为主，从业年限较短的年轻化导师梯队。

北京市营地教育机构拥有正式员工平均达到 14 人/家，但是每家数量差距较大，最少的仅有 1 人，最多的可达 340 多人。正式员工 10 人以下的机构占机构总数的 40%。所有营地教育机构都会在高峰期聘请兼职导师，这成为常态。兼职导师平均可以达到 27 人/家，是专职导师的将近两倍。从导师的性别比例上看，每家机构拥有女性导师的数量为 13 人，而男性导师的数量是 6 人。女性导师数量是男性导师数量的两倍多。

从类别和专业化程度看，目前北京市营地教育机构的户外体育活动导师共有定向教练员、骑行教练员、攀岩指导员、水上救生教练员和急救员 5 种类型。按照数量的多少，依次是急救员、定向教练员、水上救生教练员、攀岩指导员和骑行教练员。在专业化程度上，即拥有资质情况上，定向教练员的专业化程度最高，达到了 100%。其次是急救员，达到了 84%，水上救生教练员达到了 76%，攀岩指导员达到了 66%。

从导师年龄分布上看，21~25 岁的占总数的 45.5%，26~30 岁的占总数的 30.42%，31~35 岁的占总数的 13.13%，36~40 岁的占总数的 5.69%，41~45 岁的占总数的 3.5%，46 岁及以上的占总数的 1.75%。可以看出营地教育机构中户外体育活动导师普遍年轻化，35 岁以下的导师占到了总数的 89.05%。从从业年限上看，1~3 年的占总数的 55.05%，4~6 年的占 32.45%，7~9 年的占 7.71%，10 年及以上的占总数的 4.79%。营地教育机构中大多数户外体育活动导师从事该行业的年限都较短，87.5% 的导师从业年限都在 6 年以下。虽然年轻导师知识结构新，在课程研发的创新性以及工作执行上都具有较大的优势，但是经验的缺乏也是营地课程缺乏体系的重要原因。形成现阶段营地导师偏年轻且从业年限短的原因主要有：营地教育机构成立时间短,缺乏自身培训出来的有经验的导师;营地教育机构发展速度较快和规模较大,导师成为紧缺人才;营地教育机构的薪资以及工作时间和身体素质的要求使得导师更换频率高,队伍稳定性不高。

学历代表一个人曾经接受正规教育的程度,是营地教育机构中户外体育活动导师基础理论水平和科学研究能力高低的重要标志,更是衡量导师综合素质的重要指标。从学历上看,北京市营地教育机构户外体育活动导师拥有研究生学历的占9.18%,本科学历的占48.50%,大专学历的占31.84%,其他学历的占10.49%。可以看出,目前导师队伍主要是以本科和大专学历为主。从专业背景看,体育类专业的占64%,非体育类专业的占36%,36%的机构聘有国外导师。从职业培训方面看,导师每年参与1次培训的占24%,参加2次培训的占36%,参加3~4次培训的占总数的12%,参加5次培训的占16%,参加10次以上培训的占12%。60%的导师每年只能参加1~2次培训,继续学习的机会相对较少,知识结构固化,教学理念和方法得不到更新。从薪资上看,月薪为0~2999元的占10.82%,3000~4999元的占28.24%,5000~9999元的占46.82%,大于等于10000元的占14.12%。39.06%的导师月薪低于5000元,远低于北京市平均薪资水平,薪酬过低也是导师队伍不稳定的重要原因。

(五)北京市青少年营地教育机构户外体育活动参与现状

1. 北京市青少年参与营地教育机构户外体育活动的总量及年龄分布情况

北京市每年有40多万人次的青少年参加营地教育机构的户外体育活动课程,约占北京市该年龄段总人口的26%。这个比例与俄罗斯的75%、日本的90%相比,差距还是非常明显的。其中3~5岁的占总数的5.92%,6~8岁的占15.89%,9~12岁的占34.76%,13~15岁的占27.85%,16~18岁的占15.57%。可以看出,北京市营地教育机构服务用户年龄跨度范围较大,服务集中于6~18岁青少年,其中9~12岁年龄段参与人数最多。

2. 北京市青少年参与营地教育机构户外体育活动课程的态度与满意度状况

青少年参与的积极性反映了青少年对营地教育机构户外体育活动的满意度。根据对营地教育机构负责人的调查,北京市青少年参与营地教育机

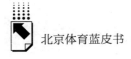

构户外体育活动的积极性极高的占总数的 16%，积极性较高的占 76%，积极性一般的占 8%。

调查显示，52%的营地教育机构认为现有的户外体育活动课程只能基本满足青少年的需求，32%的营地教育机构认为能一般满足青少年的需求，8%的营地教育机构认为其提供的户外体育活动课程能很好地满足青少年的需求，但也有 8%的营地教育机构认为其提供的户外体育活动课程不能满足青少年的需求。在影响营地教育机构户外体育活动满意度的主要因素上，有 58.82%的营地教育机构认为师资队伍即指导员能力是影响青少年对户外体育活动课程满意度的主要因素，有 41.18%的营地教育机构认为团队专业化水平影响了青少年对户外体育活动课程的满意度，23.53%的营地教育机构则认为是课程内容影响了青少年对户外体育活动课程的满意度，也有 17.65%的营地教育机构认为运营管理影响了其满意度。总体而言，现阶段北京营地教育机构的户外体育活动课程基本能满足北京市青少年的需求，营地指导员的能力以及专业化水平是影响青少年对户外体育活动课程满意度的最主要因素，而课程研发依然是现阶段营地教育机构户外体育活动发展的难题。

四 结论与建议

（一）结论

第一，近年来国家一系列政策文件的颁布，引发了人们对营地教育市场的高度关注，营地教育进入大发展期。北京市现有营地教育机构成立时间普遍较短，84%的营地教育机构成立时间不足 10 年。随着经济持续发展以及国家社会对素质教育和学生人格发展培养的关注度的提升，北京市营地教育机构数量将持续增长。

第二，北京市营地教育机构拥有的营地依托的地形地貌依次为山丘、湖泊、河流和海滩，户外运动资源平均拥有量高于全国平均水平，户外运动资源较为丰富。

第三，融合了环境教育和冒险教育的户外体育活动课程是北京市营地教育机构课程最重要和最主要的内容构成，平均占比达到69.4%。在户外运动项目上，排在前三位的依次是露营活动项目（徒步、炊事等）、野外生存项目（急救、担架制作等）和拓展项目（低空项目、高空项目）。

第四，由于营地教育在中国发展时间较短，北京市营地教育机构户外体育活动课程研发能力尚弱，64%的机构的课程主要是自主研发类课程与引进欧美国家的课程相结合，在户外体育活动课程内容的设计上存在教育属性较弱、尝鲜性较强，内容同质化严重和缺乏特色等现象。

第五，北京市营地教育机构户外体育活动导师已形成了以本科与大专学历、体育专业为主，从业年限较短，专兼职并存的年轻化导师梯队。但继续学习的机会相对较少、薪资远低于北京市平均薪资水平等因素导致营地教育机构户外体育活动导师队伍流动性大，稳定性不高。

第六，参与北京市营地教育机构户外体育活动的青少年年龄跨度范围较大，主要集中于6~18岁。每年参加营地教育机构户外体育活动的青少年约占北京市该年龄段总人口的26%，远低于世界发达国家。课程研发和指导员能力及专业化水平是影响青少年对户外体育活动课程满意度的主要因素。

（二）建议

第一，北京市营地教育机构应积极引进高学历、经验丰富的导师，不断壮大营地教育机构户外体育活动导师队伍，形成年龄结构合理的导师梯队。

第二，积极关注营地教育机构户外体育活动导师的培养，增加导师继续学习的机会，加强导师的在职培训，提升导师的技能水平和专业化水平，引进新的营地教学理念，提高导师队伍的教学水平。

第三，营地教育机构要加强课程研发团队的建设，除了引入国外先进的营地教育理念和课程外，更应该根据自身机构的师资资源和营地客观资源，在加强课程内容教育属性的基础上，设计出相对科学、合理且具有一定特色的课程体系。

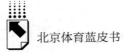
第四，政府应加强对营地教育机构的监管，制定行业标准，规范行业发展，从机构资质、课程质量和导师素质等方面加强管理以保障营地教育机构户外体育活动的健康开展。

参考文献

卞伯高、李强、余洋：《我国青少年营地教育师资状况分析与配置策略》，《教育学术月刊》2019 年第 8 期。

刘娟：《武汉市中小学生参与户外体育营地教育的现状调查》，硕士学位论文，中南民族大学，2018。

张光文：《上海市东方绿舟青少年户外拓展训练开展现状调查研究》，硕士学位论文，上海体育学院，2011。

地方创新篇

Local Innovation

执行编辑：张克峰

B.10
"街道吹哨、部门报到"，创建全民健身示范街道

——2018～2019年东城区群众体育发展亮点

为贯彻落实《京津冀协同发展规划纲要》《全民健身计划（2016—2020年）》《国务院办公厅关于加快发展健身休闲产业的指导意见》等文件精神，以满足东城区人民群众的健身休闲需求、提高人民群众的生活品质和健康水平为核心。东城区充分发挥全民健身促进健康的核心功能和促进社会和谐以及增强执政基础的多元功能，把全民健身工作积极融入"街道吹哨、部门报到"的工作中，着眼办好百姓家门口的事，以群众需求为导向，以增进人民群众获得感、幸福感、安全感为目标，全面提升全民健身服务水平。

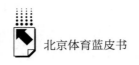
一 工作经验体会

（一）依托"街道吹哨、部门报到"工作机制，出色完成北京市全民健身示范街道创建任务

1. 明确街道主责、部门配合，形成合力推进工作

按照面向社会、重在基层、属地为主、财随事走的原则，创建成立街道一把手"挂帅"的领导小组，举全街道之力开展创建工作，充分调动驻街道的中央、市属、区属单位的积极性，发挥相关委办局的职能，科学、高效地推进创建工作。

2. 精准对接街道需求，及时指导和服务

每个街道都有一名体育局的联系人员协助街道开展创建工作。通过上下联动，协调配合，切实帮助街道解决存在的问题，确保高质量地完成创建任务。

3. 坚持共建共享，创建成果显著

参与创建的 15 个街道均以优秀等级通过北京市体育局检查验收。

（二）坚持"民有所呼、我有所应"，积极解决群众身边的健身问题

1. 积极解决"街道吹哨"问题

2018～2019 年，东城区体育局共接到三次"街道吹哨"通知，分别是东直门街道工体院内健身步道损坏问题、安定门街道乒乓球台破损问题、东花市街道拓宽京禧阁北侧路工作，通过"吹哨"机制，多部门联合，快速、及时、有效解决基层问题，保证群众健身安全。

2. 根据街道、社区及驻区单位的需求，配送健身服务

委托东城区健身操舞协会、东城区太极拳专项委员会和健身气功办公室等专业团体，提供第九套广播体操、瑜伽、太极拳、健身气功等培训配送服务，开展足球、篮球、网球进社区、进校园等全民健身服务配送工作，共有

近 10 万人次的群众受益。

3. 结合疏解整治促提升工作，建设群众身边的场地设施

2018～2019 年，在体育馆路街道、永定门外街道、建国门街道、西革新里城市休闲公园和大通滨河公园新增群众健身场地面积 97000 平方米。

（三）突出"职能下沉、服务延伸"，不断增强群众的满意度和获得感

1. 街道推荐群众体育明星，举办北京市第十五届运动会

东城区积极发挥街道的作用，开展"我要上市运"活动，共组织 489 名群众运动员参加了 14 个大项 24 个小项的正式比赛。

2. 街道全民健身活动丰富多彩，群众积极参与

东城区 17 个街道每年都举办能突出本街道地域特色的"一街一品"全民健身活动。17 个街道每年举办各具特色的街道综合性运动会，把街道综合性运动会办成了展示全民健身示范街道成果、和谐社会建设成果以及精神文明建设成果的盛会。

3. 开展群众身边的健身明星和团队的评选

2018 年东城区首次以街道为主体开展"优秀全民健身团队"和"星级社会体育指导员"评选工作。通过推荐、公示等环节，各街道共评出 40 支"优秀全民健身团队"和 301 名"星级社会体育指导员"。街道对每个优秀全民健身团队给予 8000 元的经费支持，对于三星级社会体育指导员给予 1000 元的补贴。

二　成果和社会效应

为推进东城区全民健身事业发展，展示东城区全民健身工作成果和群众参与健身活动的精神风貌，2018 年 5 月至 2019 年 1 月，东城区积极做好北京市第十五届运动会群众项目比赛和北京市首届冬季运动会群众项目比赛的组织、参赛工作，在取得运动成绩和精神文明双丰收的基础上，使其成为

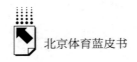
2018～2019 年东城区全民健身工作的一大亮点，对东城区全民健身工作的开展起到了积极的促进作用。

第十五届市运会于 2018 年 5 月 5 日拉开序幕，8 月 5 日圆满落下帷幕，东城区积极动员辖区单位，委托市、区级协会，组成了 489 人的代表团，参加了全部 14 个大项 24 个小项的比赛，取得了一等奖 17 个、二等奖 4 个、三等奖 2 个的优异成绩，在市运会群众比赛项目的成绩榜上遥遥领先。东城区体育局还被市组委会评为群众组最佳承办单位，东城区代表团获得北京市"体育道德风尚奖"，完成了夺取"运动成绩和精神文明双丰收"的参赛目标。

积极动员驻区中央单位参与北京市首届冬季运动会是东城区落实、开展此项工作的一大亮点。在民政部、国家体育总局等部委干部中广泛开展冬奥知识普及和冬季运动项目技能推广，中小学生、公安干警、社区群众的热情参与，92 次"我要上市运"训练选拔赛的开展，为东城区科学组建参赛代表团提供了有力保障。164 人的东城区代表团，参加了全部 6 个大项 9 个小项的比赛，取得了一等奖 1 个、二等奖 3 个、三等奖 3 个的好成绩。此外，东城区还承办了旱地冰壶球、冰车和冰蹴球（条形场地）三项赛事，获得了市组委会颁发的"优秀承办单位奖"。

通过组队参加第十五届市运会和首届市冬会的群众项目比赛，东城区全民健身事业得到了更好的普及，为参加下一届市运会、市冬会群众项目比赛积累了宝贵的组织经验，为进一步满足东城区人民群众日益增长的美好生活需要、不断掀起冰雪健身的新高潮、不断提高东城区冰雪运动水平起到了促进作用。

东城区体育局供稿

B.11

冰蹴、武术、"体医融合"：多点迸发的西城模式

——2018~2019年西城区群众体育发展亮点

西城区是首都功能的核心承载区，是党中央、全国人大、国务院、全国政协、中纪委等党和国家首脑机关的办公所在地，是北京市对外展示国家文明形象、对内增强文化自信、对全国文化建设起着引领示范作用的窗口地区。西城区力图通过改革创新，全面扎实推进群众体育工作，完成好"四个服务"任务。

一 以冰蹴项目为抓手，推进全民健身冰雪活动

北京2022年冬奥会和冬残奥会的成功申办对我国冬季运动项目的推广与普及起到了积极作用，为冰雪运动繁荣发展带来了重大机遇。

西城区在冰雪文化方面有着独特的历史渊源。早在清代就普遍有冰蹴球、滑冰床、溜冰车等活动，具有浓郁的地方特色。西城区从规划编制、品牌冰雪活动、群众冰雪项目开展等方面，以全民健身和体育产业发展为抓手，全面推动西城区冰雪事业迈上新台阶。

（一）制定中长期发展规划

组建编制规划小组，并聘请专业团队，有机结合国家冰雪政策和西城区工作特点，编制了《西城区冰雪运动发展规划（2016—2022年）》和《西城区全民健身实施计划（2016—2020年）》。规划紧抓冬奥会历史机遇，努力深化改革，坚持创新发展，以全面服务和筹备冬奥会为己任，以普及与推广群众冰雪运动为基础，以开展青少年冰雪教育为重点，以扩大冰雪人口为目标，促进了西城区冬季体育事业全面协调、融合和可持续发展。

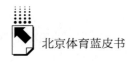

（二）打造"西城区全民健身冰雪季"品牌活动

充分利用西城区陶然亭公园、后海冰场、北海公园户外冰场和雪场，广泛开展滑雪体验、滑冰体验、冰龙舟、冰蹴球、冰嬉表演等冰上项目，打造"西城区全民健身冰雪季"（以下简称"冰雪季"）品牌活动。

"冰雪季"品牌活动包含：冰雪赛事、冰雪健身知识大讲堂、冰雪公益体验大课堂、辖区内冰雪场馆开展的各具特色的冰雪活动等，各种冰雪活动超过 60 场，超过 20 万人次参与。

2016 年，依托"冰雪季"品牌活动，完善青少年冰雪项目布局，建立滑冰、滑雪、冰球、冰壶等特色项目学校，创办了西城区青少年冰球友谊赛和西城区青少年冰蹴球邀请赛。

2018 年，"冰雪季"走出北京，举办什刹海街道与张家口桥东区冰龙舟挑战赛、京津冀冰蹴球邀请赛，每年都有来自河北、天津、北京近 20 支队伍参加。

2018 年，"冰雪季"走入残障人士，联合西城人工耳蜗培训学校组织成立以听障人员为主要构成对象的残疾人冰嬉表演队。

（三）开展冰蹴球普及推广活动

冰蹴球是老北京民族传统冰上项目，流传自清朝乾隆年间的宫廷游戏"踢盖火"，距今已有 300 多年历史，充分体现了中华民族的聪明才智。

1. 挖掘、整理传统民俗，使冰蹴球成为体育运动项目

联合民俗专家、体育领域专家，制定了较为完善的竞赛规则，并研制出了仿真冰冰蹴球场地，实现了冰蹴球全天候比赛，解决了冰期短、冰蹴球普及困难的难题。

2. 推广冰蹴球运动，普及冰雪知识

联系西城区 15 个街道开展冰雪进社区活动，结合各街道、社区全民健身活动和传统节日，创办社区家庭冰蹴球比赛，每次比赛参赛家庭都超过 30 家，比赛与冰雪知识讲座和冰蹴球体验有机结合，吸引了大批参观群众了解冰雪运动知识、体验冰蹴球运动。

3. 吸引青少年加入冰蹴球运动

首先，选择西城区 10 所有条件的中小学，进行冰蹴球指导及雇用专业教练员对其进行全面培训。

其次，创办了西城区青少年冰蹴球邀请赛事。每年 6 月，邀请西城区内冰蹴球学校及其他区民族传统学校组队参赛。

4. 开展残疾人冰蹴球运动

首先，每年的冰雪活动均邀请残疾人一同参与体验，推广普及冬残奥会的知识，并且什刹海街道残联组建了残疾人冰蹴球队，带动各街道残联关注残疾人冰雪运动。

其次，创办了西城区各街道残联冰蹴球邀请赛。每年约有 4~8 场比赛。

5. 狠抓冰蹴球水平提高，使其向专业化发展

首先，组建了 6 支成人冰蹴球专业队，开展专业队比赛。通过冰蹴球专业赛事的组织，提高冰蹴球整体水平，2018 年冰蹴球列入北京市冬季运动会。

其次，借助市级活动平台，开展专业比赛，推广冰蹴球。

2018 年 7 月中旬，在北京市第十一届全民健身体育节活动中首次开展成人冰蹴球专业赛。每年 9 月中旬，举办北京市民体质促进挑战赛活动。

6. 狠抓冰蹴球场地建设

面向西城区各街道、各学校开展场地建设需求调研。2018 年分别利用北京小学红山分校、鸦儿胡同小学、北京市第十四中学、北京市第八中学和白纸坊小学五所学校的体育场地及大栅栏街道疏解空间，共完成了 8 片总面积为 1460 平方米可拆卸仿真冰场地的建设任务。

二 以武术为试点，推进群众体育模式创新

武术运动是西城区全民健身和竞技人才培养的重点项目，拥有悠久的历史文化传统，现代竞技武术、民间传统武术和少数民族武术在西城区均有非常典型的发展轨迹。太极拳、八卦掌、六合拳、白猿通背拳、三皇炮捶拳等非物质文化遗产拳种均在西城区有典型传承人。以李连杰为代表的什刹海体

校武术班学员多次获得世界冠军。作为首善之区的西城区，把武术作为西城区探索新时期体育发展模式的试点来着重推进，以期在基层实践方面为全国体育改革开拓出一条新的出路。

2017年11月，西城区政府第154次常务会议决定西城区正式向国家体育总局申报"全国武术之乡"称号，每年财政局拨付专项财政资金约400万元，武术开始在西城焕发新生。

（一）健全各级武术组织机构，加强组织和保障管理

西城区设立"创武"工作领导小组。区长亲自挂帅，成员由区委常委、副区长及区政府36个部门、街道组成，研究确定西城区武术发展规划及相关重大事项决策。各街道成立武术普及工作机构，负责本辖区武术开展工作。

为此，西城区专门组建了西城区武术、棋类运动管理中心事业单位。探索行政单位、事业单位、社会各尽其责、协调发展的新型全民健身模式，整合了群众体育的活动、训练与场馆资源，形成了以运动项目为主线、普及与提高紧密结合的群众体育发展体系。

（二）制定五年发展规划，促进武术运动健康有序发展

编制了西城区武术运动五年发展规划，充分发挥政府的主导作用、社会的依托作用和市场的推动作用，立足实际、目标明确、举措有力，力图通过建立健全武术赛事活动体系，促进武术爱好者之间的交流；建立全区统一的武术训练体系，不断增加武术人口；做好基础设施建设；利用"互联网＋"的模式，建立武术宣传推广平台；开展武术科学研究工作，挖掘、保护和发展武术文化；构建西城武术普及发展的竞赛、训练、场馆、宣传、科研五大板块，发展西城区武术运动，促进武术文化健康发展。

（三）推进武术"六进"工作，扩大武术健身群体

进一步推进特色武术进学校工作。开展学校"武术操"检查验收工作，实现了武术在西城区学校全覆盖，并纳入中学升学考试内容，参与学生约

10 万人；在辖区内至少一半的学校开展传统武术特色拳种进校园活动，提高青少年身体素质。举办青少年武术比赛，与市级青少年武术比赛对接，为专业队输送后备人才。区体校和区少年宫武术班多年来培养了大批的青少年武术后备人才。

加快武术进社区、进机关、进企业、进军（警）营。举办形式多样的武术交流活动，重点是由中央和金融单位以及区属各机关、事业单位普及和推广武术工作，逐步实现教材编排、教学体制、培训推广、教练选派、竞赛表演和评比表彰的有机衔接和良性互动。自 2017 年开始武术进中直机关活动受到中直机关广大干部职工的欢迎和好评。

（四）打造京冀武文化协同发展新格局

为深入挖掘京冀两地武术文化，找准发力点，2019 年武棋中心首次举办京冀武术文化交流汇。以话剧《武学宗师》系列展演为主线，举办主题座谈会探索京冀两地武术文化交流合作新方向。非遗项目孙式太极拳代表性传承人孙禄堂先生的嫡孙女孙婉容先生亲临座谈现场并发表演讲，《武学宗师》话剧在保定直隶大剧院进行 2 场演出，共计吸引 1300 余名观众，观演现场掌声如潮、反响热烈。

（五）打造海峡两岸武文化沟通新渠道

为促进海峡两岸一家亲，扩大西城武术文化影响力，2019 年 8 月西城区体育局联合市台办、区台办、区宣传部、区文委等多家单位共同举办第二届海峡两岸《武艺天下》书画摄影网络交流汇活动，助力西城区武术运动多层次、全方位发展。百余位海峡两岸武术人欢聚一堂，以传神的丹青、精湛的武艺共同诠释中华传统文化之精髓，促进了海峡两岸武术人沟通交流，为中华武术长远发展贡献积极力量。

（六）打造中华武文化交流品牌赛事

通过举办市级、全国及国际性的赛事活动，将"武术＋互联网"创新

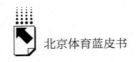

理念贯穿始终，打造了新的赛事模式。2019年"线上"网络赛中全国21个省份的1628人参赛，上传视频2463个，精英赛等"线下"赛事共吸引1000余名武术爱好者参与，活动影响力和群众参与度呈逐年上升趋势。

截至2019年，西城区共有各拳种武馆、辅导站点近400个，习武群体29万余人，达到西城区户籍人口的20.5%，初步形成了区、街、社区三级武术赛事体系。以"武道论"为核心的西城区民族民俗体育文化节被北京市列为西城区群众体育品牌赛事，月坛街道的"白云杯"、新街口街道的"白塔杯"均成为具有很大影响力的传统武术赛事，各街道小型武术交流会及赛事活动全年不断，武术运动得到蓬勃发展。西城区各武术团体多次代表西城区在全国、全市各类武术比赛中获得佳绩，在全民健身工作中发挥着不可替代的作用，为西城区争得了荣誉。

三　积极进行"体医融合"探索

（一）研发、推广适合慢病患者的健身方法

1. 糖尿病患者的健身操

西城区体科所参照中医对糖尿病的病理分析与治疗策略，与北京市疾控中心合作，在导引养生功的基础上创编了《糖友养生保健操》。2012年，中国科学文化音像出版社出版了教学课本与光盘，这套操的视频常年挂在北京市公共卫生网站，供大家学习。2013年创编《降糖太极操》，北京体育大学出版社出版了教材和光盘，目前在西城区部分社区医院推广。

2. 西城区体科所积极研究、推广系列健身操

首先，开发了适合老年人的椅子操、毛巾操和太极操。

2016年西城区体科所与北京市疾控中心进行合作开发椅子操、毛巾操和太极操。其中毛巾操因简单易行推广范围最广。2018~2019年，延伸创编出站式毛巾操和坐式毛巾操各一套，并按难度分为初、中、高三级，取得了良好的社会效果，掀起了毛巾操热潮。2017年还举办了全市16个区的毛

巾操比赛，《健康时报》《北京晚报》等主流媒体做了报道。目前毛巾操已经走出北京市，在河北、吉林、南京等部分省市推广。

2019年西城区体科所与广外中西医结合医院合作，又编排了住院病人专用健身毛巾操和椅子操，供长期住院、活动受限的患者使用。

西城区体科所与北京体育大学合作，对椅子操、毛巾操改善老年人的平衡能力的机理进行研究，在此基础上为养老院的老年人编排了三套循序渐进的椅子操，此成果被纳入北京体育大学的运动处方库。

其次，2017年研发了《健身手杖操》。主要定位于西城区社区内正在拄着手杖的老年人，很快就在社区养老院、老干部病房推广开来，取得了良好的预期效果。

最后，2019年与平安医院合作研发的医务工作者健身操、糖尿病患者健身操三套（坐姿、站姿、双人），得到了北京市众多地方医院（如北大医院、燕京医院、顺义中医院等）医务工作者和患者的认可，并被作为培训内容纳入西城区糖尿病护理基础培训课程。

（二）开展各类"体医融合"的健身讲座

根据"体医融合"的相关要求，体科所为社区大夫、护士、健康教育工作者、慢病管理者、公司职员、社区居民等提供系列健身技能的培训与讲座，内容涵盖体质测评在科学健身中的指导作用、运动处方的概念与设计、健身椅子操与毛巾操教学与组织等不同主题。据不完全统计，近10年来共开展了400余场讲座与培训，不仅宣传了科学健身的知识，传授了健身技能，还与各地的大夫、护士、居民进行了广泛的交流，收集了大量的一手资料，发现他们的需求，为下一步开展体育与医学相融合的工作奠定了基础。

西城区体育局供稿

B.12
特色引领，典型示范，全力推动全民健身事业向更高水平不断前进

——2018～2019 年朝阳区体育特色乡镇建设经验

朝阳区全民健身工作在北京市委、市政府的正确领导下，在北京市体育局的大力支持和帮助下，紧紧围绕学习贯彻落实十九大精神和要求，以筹办2022 年冬奥会、疏解非首都功能和推动京津冀协同发展为契机，以创建北京市全民健身示范街道和体育特色乡镇等重点任务为抓手，系统谋划，整体推进，精准化扶持，多元化供给，着力解决全民健身领域发展不平衡不充分的问题，精准补短板，打造新亮点，满足群众多元化健身需求，下面从三个方面对朝阳区全民健身工作做简要汇报。

一 朝阳区全民健身工作基本情况

朝阳区委、区政府历年来高度重视全民健身工作，将全民健身纳入全区多项中心工作，每年区级财政投入全民健身经费 1800 余万元。朝阳区是北京 2008 年夏季奥运会和 2022 年冬季奥运会举办地，拥有奥运场馆 13 个，占北京市奥运场馆总数的 56%。建有室外全民健身路径器材 17861 件（约合 1411 套），覆盖全区 100% 的社区、行政村。建有全民健身球类活动场地162 片（笼式多功能球场 27 片、篮球场 46 片、网球场 6 片、乒乓球长廊 29片、棋苑 51 片、门球场 3 片），在南磨房紫南家园社区等 8 个社区建有社区健身俱乐部（室内健身房）。建有中小学校体育场地 472 处，社会其他各类体育场地设施 627 处，各类冰雪场地 33 片（16 片室内冰场、7 片室外嬉冰场和 10 片室外雪场），全区人均场地面积达到 2.10 平方米，初步形成满足

老年、中年、青少年等不同年龄群体健身需求的多元化场地设施布局。打造出元旦迎新年徒步大会、社区篮球联赛、"用脚步丈量朝阳的发展"健步走系列活动、社区冬奥会、"全民健身 助力冬奥"系列活动五大区级品牌活动。基层组织每年开展全民健身活动 2000 余次，有 110 余万人次参与。

朝阳区不断完善全民健身"三级"组织管理网络，区级体育协会数量达到 34 家，其中团体会员 225 个，个人会员 21.6 万人。街乡全民健身队伍数量达到 730 支，固定队员人数达 7.2 万人。全区注册社会体育指导员人数达到 9559 人，每千人比例达到 2.43‰。每年为全区群众配发健身书籍 4 万余册、光盘 7000 余套，推广 1~2 项科学健身项目，举办百姓健身大讲堂、冬奥大讲堂等活动共计近千场，参与群众在 20 万人次以上。全区建有 29 个三级国民体质测试站，每年为 13000 余名群众进行了国民体质测试，朝阳区群众达到《国民体质测定标准》合格标准的比例为 90.4%。

二 创建工作过程与启示

朝阳区顺利完成北京市全民健身示范街道和体育特色乡镇创建工作，一方面得益于北京市体育局的指导和支持，另一方面也得益于近年来朝阳区全民健身工作打下的坚实基础。朝阳区的双创建工作不是一朝一夕的突击迎检，而是常态长效、巩固提升的渐进过程，可以说双创建工作是朝阳区近年来全民健身工作成果的一个缩影。

（一）政府高度重视，"多纳入"格局不断加强

朝阳区委、区政府高度重视全民健身工作，在将全民健身工作纳入区政府工作报告，纳入全区国民经济和社会发展"十三五"规划，纳入区财政预算的"三纳入"基础上，进一步实现将全民健身工作纳入区人大常委会督办议题，纳入区政府为民办实事项目和"折子工程"，纳入国家卫生区、国家慢性病综合防控示范区等创建工作指标，纳入区总工会等部门的年度工作计划的"多纳入"。在区委的重视、区政府的推动、区人大常委会的监督

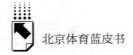

下，朝阳区每年投入 1800 余万元用于全民健身工作，每年争取北京市体育彩票公益金固定资金 600 余万元用于全民健身路径器材建设。各单位、各部门按照"推动全民健身，建设健康朝阳"的目标，围绕群众关注的全民健身场地设施、赛事活动、健身组织、健身指导和冰雪运动普及等重点任务，认真履行职责，使全民健身事业取得长足发展。朝阳区群众经常参加体育锻炼的人数比例达到 50.36%（2018 年底数据），达到《国民体质测定标准》合格标准的比例为 90.4%（抽样数据）。

（二）精细化管理推动全民健身均衡化发展

早在 2017 年，朝阳区就研究制定了包含 117 项具体内容的朝阳区全民健身监测"千分"指标，全面科学评价全区各街乡和委办局的全民健身工作情况。在指标设计上，立足于健身场地设施补短板，健身志愿服务，体育文化传承，体育与园林、科技、医疗等跨行业的融合等内容，强调将全民健身发展的时代性任务融入指标中。指标设计在兼顾可操作性的同时体现一定的前瞻性，以此来层层明确和压实全区各部门、各街乡全民健身工作的方向和任务。2018 年，依据此标准朝阳区通过聘请第三方专业机构对朝阳区 43 个街乡、29 个委办局、上百家企业、数千名居民进行监测评估，完成估计 4871 项数据，通过对监测数据的整理分析，真实掌握全区全民健身工作的部门差距在哪里、城乡差异在哪里、工作短板是什么，从而实现"精准帮扶补短板、全区联动谋发展"的全民健身工作新局面。在此次"双创建"所涉及的各项考核指标中，有多项指标与朝阳区的全民健身监测指标估评结果一致，客观上达到了各创建单位提前预演的目的。

近年来，朝阳区始终坚持问计于民、问需于民的原则，形成需求细化、以需定供、精准扶持的长效机制。通过朝阳区体育工作片区、"健行朝阳"微信公众号、全民健身电子地图、第三方专业机构调查等多种渠道，实现与全区健身群众的积极互动。根据群众需求，选择了一批质量好、信誉高的体育服务供应商和社会组织，建立了"统购联采、配送传递、资源共享"、实现"小储备、大资源"的全民健身供给模式，通过分类服务、就近服务、个性服务等手段，朝阳区每年投入500余万元，为全区健身群众和基层组织提供26900余件体育器材，4万余册科学健身书籍，7000余张健身光盘，30余项次赛事策划组织服务，400余场次健身指导培训，500余场次科学健身讲座。通过精细化管理、精准化扶持，使朝阳区群众的健身需求得到进一步满足，群众获得感、幸福感不断增强，也为此次创建工作奠定了基础。

（三）不断完善"一刻钟健身圈"，打通群众健身"最后一公里"

近年来，朝阳区围绕打造群众身边的"一刻钟健身圈"，从场地设施、健身活动、健身队伍等多方面不断完善全民健身公共服务供给，从根本上打通全民健身服务群众的"最后一公里"。

1. 全民健身场地设施不断丰富

围绕疏解整治促提升、优化首都功能这一中心任务，朝阳区主动将工作融入其中，市体育局、市发改委、市园林绿化局、市社会办、市农委、各街乡等多部门整合发力，在朝阳区"留白建绿"的地块中，积极占领阵地，仅在2018年就使全区新增全民健身场地面积达9.5万平方米，其中利用疏解腾退的空间达1.7万平方米，目前全区已实现100%的社区、村健身设施全覆盖。

2. 赛事品牌化效果显著

2018年朝阳区开展区级赛事活动19项，直接参与群众达1.5余万人次，各类体育人才培训12次，培训体育骨干2300人次。其中元旦迎新年徒步大会、社区篮球联赛、"用脚步丈量朝阳的发展"健步走系列活动、社区冬奥会、"全民健身 助力冬奥"系列活动五大区级品牌活动各具特点。迎新年徒步大会选在奥森公园举办，2000余名群众在北京奥运场馆和未来的冬奥会赛场参与健身活动。朝阳区社区篮球联赛，有来自全区60余支队伍的800多人参与，共计进行了140余场比赛，为2019年"中国篮球世界杯"比赛营造良好氛围。"用脚步丈量朝阳的发展"健步走系列活动在马家湾湿地公园等疏解整治促提升中的场地举办了20站，使朝阳群众更加深刻地感受到疏解整治促提升带来的人居环境质量、人民生活品质的提升。社区冬奥会则通过组织群众上冰场和引入高科技仿真冰雪设备进社区、进公园，让群众一年四季既能够在真冰场上切身体验滑冰运动，也能就近就便地在家门口体验到仿真冰雪带来的健身快乐。"全民健身 助力冬奥"系列活动则是通过不断加大对冰雪运动知识的宣传普及和开展冰上家庭运动会、雪上家庭运动会这种"大手拉小手"形式的冰雪赛事活动，不断激发群众参与冰雪健身的热情，带动更多人开展冰雪健身活动，为北京2022年冬奥会营造良好氛围。在区级活动的引领带动下，2018年朝阳区43个街乡基层健身组织共计举办近1100次活动，有110余万人次参与，奥运村街道打造的"民间奥林匹克体育大赛"、望京国际人才业余围棋邀请赛、南磨房乡体育文化节、金盏乡健康绿道骑行等街乡级品牌活动都是近年来朝阳区基层品牌赛事活动的代表，也是此次双创建工作中的亮点。

3. 基层体育组织市场化、实体化、专业化水平不断提升

朝阳区拥有以劲松文体协会为代表的600余个基层体育组织，朝阳区侧重通过以政府购买服务的形式，筛选出一批能力强、信誉好的体育组织作为朝阳区全民健身工作合作伙伴，将科学健身项目推广、冬奥大讲堂、朝阳群众上冰场、健身指导进基层等活动委托给他们承办。一方面利用政府项目要求严，工作标准高的特点，在项目运行过程中不断磨炼提升基层体育组织的能力和水平，使之成为基层体育组织发展壮大的"试金石""磨刀石"；另一方面有效地发挥体育组织的专业人才和场地资源优势，形成"政府搭台、社会参与、百姓受益"的良好局面，同时也为各街乡推动社会体育组织市场化、实体化、专业化发展做出了引领和示范。

4. 全民健身信息平台建设为群众健身提供便利

朝阳区搭建了北京市第一个区级全民健身信息平台——朝阳区全民健身电子地图，依托"体育＋互联网"模式，实现全区17000余件健身路径器材、162片球类活动场地、630支健身队伍、400余家体育经营场馆、34个区级体育社团、29家三级国民体质监测站点的实时定位和信息共享，使群

众足不出户就能了解掌握周边各类健身信息，为群众提供了就近就便的健身信息查询服务，也让群众健身在健身场地、健身队伍、健身指导等方面有了更多的选择空间，使群众身边的"一刻钟健身圈"向着"十分钟健身圈"甚至是"五分钟健身圈"不断飞跃。

（四）冰雪运动成为朝阳区全民健身新热点

随着冬奥会进入"北京周期"，为响应"三亿人上冰雪"的号召，助力北京冬奥会，一方面，朝阳区精心打造了"全民健身 助力冬奥"系列活动，涵盖赛事活动、冰雪体验、宣传教育三大板块，共计 30 余项活动贯穿全年。赛事活动板块组织开展了冰上和雪上家庭运动会，全区 1000 余个家庭的 3000 余名群众直接参与。冰雪体验板块组织开展社区冬奥会 65 场，全民上冰场活动 65 场，全民上雪场活动 5 场，实现朝阳区 43 个街乡全覆盖，直接参与群众达 5.6 万人次。这两项活动相辅相成，让朝阳区广大百姓在走进全区 9 家冰场体验真冰、真雪的同时，将仿真冰雪项目送到社区、公园的群众身边，方便群众近距离体验冰雪运动。宣传教育板块开展冬奥大讲堂 300 场，参与群众达 3 万余人次，覆盖全区 50% 的社区、村。编制《冬奥知识 300 问》2 万册及冬奥知识宣传展板 89 套共 2848 块，面向全区广大百姓，发放到全区各街乡、社区、村，广泛开展冬奥知识宣传和巡展。与团区委联合举办冰上项目社会体育指导员培训班为朝阳区储备冰雪志愿者 100 人。"全民健身 助力冬奥"系列活动已覆盖全区 43 个街乡，直接参与冰雪体验及赛事活动人数达 6 万人次，接受冬奥及冰雪健身知识宣传教育培训的群众达 19 万人次，有力地推动了广大朝阳群众参与冰雪运动，为北京冬奥会加油助威，营造深厚的迎冬奥冰雪氛围。另一方面，朝阳区现有 16 片室内冰场、7 片室外嬉冰场和 10 片室外雪场，冰雪场地总数位居全市第一，成为朝阳区群众开展冰雪运动的重要阵地，全年各室内冰场总接待人次达 68.6 万人次，各室外冰场冬季接待上冰群众 6 万人次，各雪场冬季接待总人次达 26.9 万人次。

综上所述，朝阳区群众直接参与冰雪运动总人次达 101.5 万人次，接受

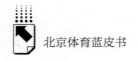
冬奥及冰雪健身知识宣传教育培训的群众达 19 万人次，总计达 120.5 万人次，为北京市提出的"800 万人上冰雪"的目标贡献了朝阳区自己的力量。

三　创建工作成果与经验总结

朝阳区选派奥运村、望京、劲松 3 个街道和南磨房、金盏 2 个乡参加此次创建工作。最终，5 个街乡全部顺利创建成功，其中南磨房乡在全市 20 个体育特色乡镇评选中总分排名第一，金盏乡排名第四。奥运村街道在全市 40 个全民健身示范街道中总分排名第七，劲松街道、望京街道也均被评为优秀。朝阳区在此次创建过程中，一是坚持目标导向，在北京市体育局的指导和帮助下，严格按照创建标准制定了《2018 年朝阳区创建北京市全民健身示范街道和体育特色乡镇实施方案》，通过细化目标、分解任务、倒排时间，切实增强了工作的针对性和主动性；二是坚持责任导向，为扎实做好创建工作落实落地，朝阳区先后 6 次召开创建工作专题调度会、推进会，及时掌握各街道、乡镇工作进度，解决创建工作中的突出问题，在资金安排、人员统筹和宣传力度上加大保障力度，做到事有专管之人、人有明确之责、责有限定之期，形成一级抓一级、层层抓落实的工作格局；三是坚持需求导向，以群众需求为出发点，坚持把补齐群众健身需求短板作为"硬指标"，创建工作紧紧结合北京冬奥会、疏解整治促提升和朝阳区"两轴两带三区"建设等中心工作，通过大力更新老旧健身器材，利用疏解腾退空间建设全民健身活动场地，打造基层品牌活动和品牌队伍，为广大群众提供更加完善的全民健身公共服务，同时狠抓科学健身宣传教育、冰雪项目传播和冬奥氛围营造，带动全民树立科学健身、健康生活的理念。

朝阳区体育局供稿

B . 13

主动作为，创新"绿·动"融合模式：
着力解决群众"去哪儿健身"问题

——2018～2019年丰台区群众体育工作亮点

为学习贯彻习近平总书记关于卫生与健康工作的重要论述精神，推动体育强国建设，丰台区的群众体育工作在市体育局的大力支持和帮助下，在区委、区政府的高度重视下，坚持以人民为中心的发展思想，立足新起点，顺应新期待，牢固树立"大体育"理念和"共建共享、全民健康"的战略目标，本着"问需于民""服务于民"的工作思路，积极探索"绿·动"融合模式工作机制，以解决群众"去哪儿健身"问题为抓手，主动作为，突破政策壁垒，建设了一大批群众身边的体育设施，基本形成了以区级公共体育设施为主要载体，以小区级公共体育设施、绿地与广场附属体育设施及单位附属体育设施为补充，层级明确、功能合理的网络化空间布局模式，有效地推动了公共体育资源向基层延伸，让人民群众得到更多的参与感、满足感和幸福感。

一 基本情况

丰台区地处北京城区西南部，总面积305.87平方千米，以永定河为界分为河东、河西两部分，与8个区相邻；下辖21个街道乡镇，共有333个社区，62个行政村，区内常住人口约218.6万人。截至2018年底，全区已建有专项活动场地373片，区级配建全民健身路径工程512套，社区体育健身俱乐部13个，各类体育公园19个，全民健身活动站点1446处，体育场地总面积约457.97万平方米，人均体育场地面积为2.09平方米。仅2018年利用各类健身场地开展的健身活动达到2053场次，参与人数超过58万人次。

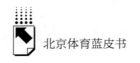

二　主要做法

（一）积极争取，连通市级部门政策支持渠道

全民健身场地设施是促进全民健身广泛开展的基本载体和重要引擎，是群众参与全民健身的基本条件。为确保场地设施建设顺利推进，丰台区积极向市体育局争取政策、资金的保障。2018～2019年共争取市级体育彩票公益金7200余万元，建设了160余片全民健身专项活动场地，17条健身步道。覆盖全区18个街道乡镇。将场地设施建设与疏解整治促提升、环境综合整治等市区重点工作相结合，利用"拆违建绿"建设体育设施近10万平方米，形成了区、街道乡镇、社区（村）三级联动网络，挖掘可利用空间，较好地解决了群众"去哪儿健身"问题，同时为5个街道、2个区级公园新建、改建了多个场地设施，有效缓解了丰台区全民健身场地短缺的现状。

（二）主动作为，打造丰台场地建设模式

随着疏解整治促提升工作的推进，建在居民家门口的公园越来越多了。"绿·动"融合模式成为丰台区全民健身场地建设的新模式，"到身边的公园跑步打球去"成为新目标。为改变各部门单打独斗的局面，自2018年尝试在嘉囿城市休闲公园内融合运动健身场地获得居民认可后，丰台区体育局、区规自分局、区园林绿化局密切合作，转变传统的公园建设理念，把公园是公园、运动场地是运动场地的模式变成了二者融合的"绿·动"模式。2019年丰台区共建设了26处"绿·动"融合公园绿地，占该年新建公园总数的一半以上。这些公园融入包括健身步道，篮球、笼式足球等球类场地及全民健身路径器材在内的多种群众喜闻乐见的体育运动设施，让群众逛公园、做运动两不误。如占地7万平方米的东高地公园内设置了2个网球场、2个篮球场、半片乒乓球场和众多健身器材，同时还建设了一座形式新颖的

儿童乐园。"绿·动"融合模式受到居民欢迎，"绿地＋运动场地"的模式既集约了土地，又丰富了居民的生活，受到了社会各界的好评。

（三）深入调研，把满足群众健身需求作为第一要务

我们时刻树立"以人民为中心"的发展思想，将满足群众健身需求作为第一要务。在"街道吹哨、部门报到""接诉即办、未诉先办"的工作机制引领下，问需于民、问计于民，主动收集群众健身爱好，主动把控舆论导向，主动解决群众诉求，为群众做好"点餐—配送—评价"一条龙服务。在申报阶段，开展需求调查工作，多次到群众中，就场地建设地址、种类、数量征求群众意见和建议，各单位通过召开居民会议、相关单位协调会等对建设地址进行审核，并通过自下而上的申报，完成场地初选址；在建设阶段，与属地建立良好的沟通机制，从互通舆情、文明施工、降低扬尘、体育设施配建到组织群众观摩施工现场，在解答居民问题即噪声扰民、居民诉求等方面都进行了很好的沟通协作；在使用过程中，我们了解到群众对于找不到健身场地意见较大，通过与第三方合作，对丰台区的专项活动场地信息以电子地图的方式向社会公开发布，让群众能够非常方便地知道在身边的场地有哪些，可以方便预约，达到就近就便参与健身活动的目的，使场地利用实现最大化。

三　经验及体会

（一）争取领导支持，强化责任落实

全民健身关乎人民幸福，关乎民族未来，是民生工程，是幸福工程。由于历史原因，丰台区全民健身设施存在数量少、规模小、设施老化、功能单一、建设不规范等问题，严重制约了群众健身活动的深入开展。丰台区委、区政府高度重视全民健身工作，为了改善群众健身环境，区委书记、区长亲自挂帅，按照北京市委书记蔡奇"民有所呼，我有所应"的

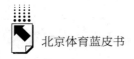

指示要求，从百姓实际出发，坚持生态、文化、体育建设相结合，要求全区在推进造林绿化过程中，要多建、建好群众身边的健身场地，让老百姓享受到更加便捷、完善的健身服务。主管副区长多次听取工作汇报，并到建设现场进行调研，具体指导场地建设工作。在区领导的关注下，全民健身设施建设更加受到重视，基层设施建设从需求到落实引起各基层单位领导的重视，造林绿化与健身设施建设结合落到实处，使基层硬件设施不断加强和完善，有效解决了群众健身难的问题，为群众提供了更加便利的体育运动设施。

（二）更新工作理念，创新联动机制

随着全民健身上升为国家战略，《北京市全民健身条例》《北京市全民健身实施计划（2016—2020年）》相继发布，体育已经从原来的只是体育部门的工作状态，转变成"大体育"的概念，在丰台区全民健身工作联席会议成员单位的共同配合下，该项工作由体育部门与各职能部门联动完成。为了充分用好每一寸土地，建设好群众身边的体育场地，丰台区体育局主动与区园林绿化局、区规自分局、区发改委、区财政局等部门沟通，了解相关政策，主动与属地对接建设需求，争取更大支持。如区园林绿化局每年要建设公园、绿地，在改造方案中都有体育配套内容，为了使体育设施建设更加规范，区体育局主动提出参与方案的研讨，提出合理建议，并通过体育彩票公益金立项，建成后交由属地管理和使用；与区规自分局共同对全区可利用的空间进行分析研究，对基层拟建体育项目土地性质进行逐一核查，确保建设项目安全落地；与区发改委、区财政局共同完善项目数据库，对立项和资金使用严格把关。建立体育场地建设项目会商机制，在确定项目时，各部门从经费、土地性质、规划等方面提前沟通、提前判断。在2018年建设143片专项活动场地，2019年公园绿地配建体育设施、健身步道建设等工作中，充分体现了会商机制的优势，在时间紧、任务重的条件下，通过会商机制整合资源、经费、政策，避免各自为战，形成有力"拳头"，稳扎稳打，在短时间内将问题各个击破。

（三）发挥单位优势，实现融合发展

丰台区在新增体育场地的同时十分关注盘活现有场地设施资源，从多个方面落实解决群众"去哪儿健身"问题。积极鼓励各街道乡镇主动协调辖区内的体育经营单位、驻区单位及学校等，按照资源共享、互惠互利、互助合作的原则为辖区居民提供健身服务，满足广大群众多样化的健身需求。如云岗街道辖区的体育设施大多为航天三院各单位自筹资金建设，供本单位职工使用，对公众开放的力度不够。街道针对辖区公共体育设施陈旧、短缺这一现状，加快体育设施、场地建设。在推进过程中，通过党建工作协调会等多种渠道广泛征求意见，结合居民群众及单位需求，积极争取专项资金等扶持政策，形成了街道根据政策负责立项并申请专项资金、辖区单位负责提供建设场地和日常管理的合作模式，共同促进了建设项目落地。仅 2018 年，通过合作模式完成的施工建设、改善的健身场地就达到 24 片。建设和提升的体育基础设施基本满足了群众日常体育锻炼的需求，经常参与体育锻炼的群众日益增加。街道还在场地建设管理方式上大胆创新，与驻区单位共同签订"合作共建，公益开放"协议，制定管理办法，所有场地承诺对辖区中小学生、街道社区组织的群众免费开放。在场地建成后，广泛发动群众，开展社会体育指导员、体育骨干志愿者队伍建设，对场地进行日常维护管理；制定了使用制度、日常管理制度、清扫保洁制度等，还规定了合理的使用时间，避免运动噪声扰民；志愿者队伍分工明确，运行管理井井有条，还推进了邻里和谐。

（四）增加政府购买服务，拓宽服务维度

为满足丰台区群众多样化的健身需求，在持续加强公共服务体系建设的同时，充分发挥市场机制的作用，引导社会力量发展体育产业，为群众提供更加丰富、更加多样的体育产品和服务。丰台区多个街道乡镇在扩展健身场地设施范围方面进行大胆探索尝试，通过政府购买服务的方式，将场地设施供给从公共服务领域向个性化消费领域不断延伸。如大红门街道与辖区 3 家

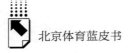

健身房、游泳馆签订共享协议，开放免费时段，鼓励群众进入健身场馆参与体育健身；西罗园街道将云顶健身房作为辖区全民健身活动中心，通过举办专业讲座、比赛活动，为广大群众搭建更加专业、科学的健身平台；卢沟桥街道、南苑乡等单位也积极利用基层体育经费以政府购买服务的方式盘活地区优质体育服务资源，为辖区群众免费发放健身体验券，引导群众积极投入全民健身。

民生无小事，枝叶总关情。丰台区将继续以满足人民群众日益增长的体育健身需求为出发点和落脚点，遵循普惠性、保基本、均等化、可持续的原则，紧贴需求、顺应民意，以群众身边的健身场地设施建设为重点，不断提高公共体育服务水平，让全民健身成为保障群众健康幸福的金钥匙，注重工作质量的提升，在管理、服务细节上下功夫，扩大丰台区全民健身工作影响力，奋力开创丰台全民健身发展新局面。

丰台区体育局供稿

B.14

山舞银蛇，冰雪石景

——2018~2019年石景山区群众体育工作亮点

近年来，石景山区全民健身工作以满足群众健身需求为出发点，以实施"六个身边"工程为着力点，深入贯彻执行《北京市全民健身条例》《北京市全民健身实施计划（2016—2020年）》，不断提升公共体育服务水平，提高市民的身体素质和生活质量。紧抓举办北京2022年冬奥会及冬奥组委落户石景山的历史机遇，全力推动冰雪体育"四进"工作，加强冰雪场地设施建设和国际体育交流，推动石景山区体育事业的发展，实现全民健身工作的新突破，助力冬季体育运动特色先行区建设。

石景山区是北京市辖区之一，位于北京市西部。地处北纬39°53′~39°59′，东经116°07′~116°14′。辖区东西宽约12.25千米，南北长约13千米，总面积84平方千米。东抵玉泉路，与海淀区相连；南至张仪村，与丰台区接壤；西濒永定河，与门头沟区相邻；北倚克勤峪，与海淀区搭界；距天安门广场16千米。[①]地形西北高东南低。北部为连绵起伏的山地，属太行山北端余脉向平原的延伸部分，有克勤峪、天泰山、翠微山、青龙山、虎头山等山峰40余座。山区面积约占全区总面积的1/3。中部和南部为永定河冲积形成的微倾斜平原，有海拔200米以下的石景山、金顶山、老山、八宝山等残丘横亘其间。最高处为北部的克勤峪，海拔797.6米，最低处为东部石槽东南的农田，海拔仅为58.1米。[②]地理优势为石景山区的冬季体育运动特色建设提供了基础平台。

---

① 北京市石景山区地方志编纂委员会：《北京市石景山区志·第一编 建置》，北京出版社，2005，第58页。

② 北京市石景山区地方志编纂委员会：《北京市石景山区志·第二编 自然环境》，北京出版社，2005，第88页。

一 明确目标，协力推进冰雪体育建设

（一）强化工作对接，完善工作机制

充分发挥石景山区全民健身工作委员会的作用，加强全民健身工作领导统筹，完善部门协同工作机制，明确各成员单位职责分工，推进各项全民健身工作的展开。主动与冬奥组委首钢办公区高层进行沟通对接，区领导多次带队走访，举办座谈会，及时了解需要石景山区协调解决的重大事项，保障冬奥筹办需求。成立石景山区服务保障冬奥会、冬残奥会领导小组，区四套班子主要领导任组长，下设十个工作组，明确责任分工，从统筹全区工作的角度协调推进冬奥筹办重点任务。坚持早谋划、早部署，在全市率先编制印发《石景山区服务保障冬奥会加快冰雪体育发展行动计划》，明确五大任务、十项重点工程，稳步推进服务保障冬奥各项工作。

（二）强化工作监督，扎实推进工作计划

依据《石景山区全民健身实施计划（2016—2020年）》各项任务目标，有序推进阶段工作目标落实，结合年度工作任务情况，开展全民健身工作评估，收集统计全民健身工作各项任务进展情况。完成《北京市石景山区国家步道系统规划设计》，制定区级全民健身步道系统建设路线图，精心谋划好体育场馆布局、体育基础设施建设、完善体育公共服务体系等全民健身工作和一批重大体育项目，强化统筹，实现全区一盘棋。

（三）特色先行，打造冬季体育文化名片

截至2019年5月11日，在北京冬奥会倒计时1000天之际，首个"冬奥社区"揭牌仪式在石景山区广宁举行，高井路社区成为北京第一个被授牌的"冬奥社区"。借助冬奥组委入驻的区位优势，挖掘地缘、人文资源，以广宁街道高井路社区为试点，打造冬奥社区，将奥运精神融入社区、居民

家中，推进社区环境改善和品质提升，使其成为宣传优秀文化、展示冬奥建设成果、传递北京城市名片、代表石景山区形象的重要窗口。

二 精准发力，推进冰雪体育先行区建设落实

（一）完善城市服务，打造与冬奥相匹配的城市景观

截至 2019 年，国家冬训中心短道速滑、花样滑冰、冰壶、冰球训练馆全部完工，国家队入驻并上冰训练；滑雪大跳台项目主体结构施工完成，正进行设备安装和装饰装修；老山冬奥雪上项目训练场地改造有序推进。S1线石厂站至金安桥站区间、M6 线西延开通运营，M11 线西段（冬奥支线）已进场施工，长安街西延石景山段道路完工，新首钢大桥贯通通车。以创建"全国文明城区"和创建"国家森林城市"为契机，整治提升冬奥赛场周边环境的质量，持续优化区域生态景观，构建"山、河、轴、链、园"生态体系，规划建设新安公园等一批融入冬奥元素的精品公园，以优良的生态环境和城市景观助力冬奥筹办。

（二）发展全民冰雪，壮大区域品牌冰雪赛事活动

石景山区自 2015 年起每年举办"石景山区冰雪节"，以冬奥为主题连续数年举办"徒步石景山奔向 2022"健步走、"连线冬奥会再创新骑迹"自行车耐力骑行、石景山区冬季运动会等活动，并承办第五届北京市民快乐冰雪季系列活动启动仪式、北京市首届冬运会竞技组冰上项目竞赛、北京市第 12 届全民健身体育节开幕式等市级冰雪赛事活动。借助冬奥推动冬奥文化和冰雪体育"四进"工作，深入基层开展各类冬奥冰雪主题活动，举办冬奥文化和冰雪运动大讲堂，扩大冬季运动覆盖人群。普及中小学生上冰课程，借助启迪冰雪体育中心的资源推广冰雪教育课程，命名 16 所区级冰雪运动特色校，开展各类校园冬奥主题活动，组织全区体育老师、舞蹈老师参加冰雪技能培训，基本实现"全区中小学生 100% 上冰、冬奥知识 100% 进

校园、体育老师 100% 完成冰上技能培训"的目标，进一步强化冬奥"主场"意识，扩大冬季运动的影响力。

（三）深化国际合作，促进冰雪产业与体育交流融合

一是强化与延庆、崇礼等冬奥赛区的沟通对接，石景山区与崇礼区两地体育部门签署《北京市石景山区与张家口市崇礼区冰雪合作战略框架协议》，深化在冰雪人才培养、场馆建设运营、品牌活动打造、产业协同发展等方面的合作交流。京西首个国际对接项目"首钢园—铁狮门冬奥广场产业项目"落户石景山区。二是大力发展冰雪体育健身休闲业、竞技表演业等，目前全区共有冰雪体育企业约 15 家，包括 AST 中国、卡宾滑雪、启迪冰雪、爱上雪等具有自主研发技术、处于行业领军地位的龙头企业，形成一定的企业集聚效应。三是积极引入各类冰雪体育组织，中国滑冰协会、中国花样滑冰协会、中国冰壶协会随国家队入驻石景山区办公，北京市滑雪协会在石景山区挂牌；建立石景山区冰雪体育专家顾问库，凝聚冰雪行业专家、高校学者、冰雪冠军各方力量，推广冰雪运动，培育消费市场，带动冰雪产业发展，助力冬奥筹办。

全民健身是全民健康的保障，是体育大国的基础，走好全民健身的每一步是走向石景山区体育事业发展和腾飞的每一步。石景山区体育事业曾因夏季奥运会实现跨越发展，未来几年，我们将牢牢把握冬季奥运会的机遇，以创建"冬季体育运动特色先行区"为亮点，推进"一刻钟全民健身圈"全地域覆盖，促进全社会参与冰雪体育运动，实现全社会共享冬奥会发展成果，实现石景山区体育事业新的飞跃。

石景山区体育局供稿

B.15
"体医融合"引领健康中国新风尚

——2018～2019年海淀区群众体育工作亮点

为贯彻落实《"健康中国2030"规划纲要》，2017年国家体育总局成立了"体医融合中心"，负责推进全国体医融合的发展。为促进项目落地，国家体育总局体医融合促进与创新研究中心（以下简称"体医融合中心"）开始了"体医融合"项目研究，并把海淀区作为"体医融合示范区"实践研究基地。海淀区体育局作为政府体育事业职能部门，从2017年5月开始摸索建立"体医融合"科学健身模式工作。

一 总体规划与进程

2017年海淀区"体医融合示范区"研究项目主要包括两个方面内容。一是培养全国首批科学锻炼指导师进入三甲医院进行科学锻炼指导。在全国范围内进行人才选拔，最终遴选出130名来自运动训练学、运动康复学等具有本科以上学历的体育类专业人才参加全国首批科学锻炼指导师培训，并对其进行考核，考核合格人员推荐到三甲医院心内科、呼吸科等科室，在医生的监督下对慢性疾病病人进行科学体育锻炼指导，有效弥补现有医疗手段在健康恢复方面的不足，丰富了医院慢性病治疗手段。二是由政府部门牵头，探索建立"体医融合"模式。由国家体育总局体医融合中心统筹，由海淀区体育局牵头，由海淀区体育科研所负责具体实施，联合北医三院、中日友好医院、北大医院等在京三甲医院开展"体医融合"模式的探索、尝试、修正、搭建等各项工作，已形成体育职能部门负责科学锻炼指导师培养、考核、认证、管理，三甲医院负责患者病情诊断分级、运动处方核定、康复锻

炼现场监控，科学锻炼指导师负责现场指导患者科学锻炼的层层分级、各司其职、安全保障的慢性病科学锻炼康复体系。

截至 2017 年 12 月，在政府、医院、社区多方努力下，海淀区"体医融合"建设研究模式不仅获得了《北京日报》《中国体育报》多家报道，也得到了来自体育总局体医融合中心、三甲医院、患者及体育院校及研究机构等多方肯定。

2018 年，海淀区"体医融合"工作进入新阶段。一方面，北京海淀《区委全面深化改革领导小组 2018 年工作要点》已于年初发布，其中"摸索建立'体医融合'科学健身新模式"被列为海淀区重点工作任务，从政策上支持"体医融合"的发展。另一方面，项目运行模式日趋成熟，医生和患者对于科学的体育锻炼促进康复这一概念已经有了实质性体验，体育工作者对医疗领域的认同度有了明显提高。

二 主要做法

（一）前期的主要做法

1. 拓宽"体医融合"发展途径

邀请国家卫计委、疾病防控中心、体育局等相关政府部门；邀请三甲医院、社区医院及体育领域的专家学者，从机构、人员、模式、物力、资金、政策等多个维度对项目进行全面探讨，完善"体医融合"发展路径，将"体医融合"慢性病康复往社区医院下沉。

2. 着手打造好学院路社区医院"体医融合"试点单位

三甲医院将病情稳定的病人转移到就近的社区医院，由全民健身科学指导中心指派运动健康指导师与社区医生联合为其提供指定运动处方，并实施科学锻炼指导，积极为慢性病康复人员搭建方便、快捷的服务体系。

3. 创新设立脑血管病与运动健康联合门诊

2018 年末，海淀区全民健身科学指导中心联合海淀医院神经外科开设了"脑血管病与运动健康联合门诊"，由海淀医院心脑血管科专家、海淀区体育科研所中医医师、科学锻炼指导师组成出诊团队，以流动及固定门诊的形式在社区、辖区内各单位开展康复锻炼、脑血管病知识宣传等活动。至此，海淀"体医融合"工作尝试由慢性病康复向亚健康人群及脑血管病风险人群的疾病防控转变。

（二）2019年"体医融合"工作重点开始向疾病预防倾斜

1. 拓宽"体医融合"覆盖人群

结合海淀区重点工作任务，依据海淀人群分布特征，海淀区"体医融合"项目将在巩固慢性病康复指导基础上，向亚健康及脑血管病高风险人群发展。

2. 延伸脑血管病与运动健康合作模式

拟联合海淀医院，以温泉社区卫生医院为试点，将"脑血管病与运动健康联合门诊"向社区医院延伸。

3. 实施高科技人才"体医融合"专项保障活动

与海淀工商联、海淀医院神经外科合作继续推进中科院、海淀高科技人才"体医融合"专项保障活动15场，着手对风险人群建立体质健康档案，并实施科学健身指导，拟形成集测、评、防于一体的"体医融合"管理体系。

4. 成立更多脑血管病与运动健康学组

在中国生物物理学会支持和指导下，于2019年10月12日协调、组织成立了中国生物物理学会体育医学分会脑血管病与运动健康学组、运动药理学研究学组。

三 经验总结与展望

（一）经验总结

经过近3年的探索和尝试，海淀区"体医融合"工作取得了一定成绩，也遇到很多困难。在此我们总结了一些项目开展过程中所面临的困难。

1. 宣传工作

目前在运动与健康宣传、科学锻炼素养等方面的宣传还远远不够。健康供给侧的科学工作者很容易建立这个意识，但要健康需求侧的老百姓认同不是很容易，这一点需要动员各个方面的力量，包括对医生健康观念的培养、促进科学锻炼指导师在其中发挥作用等。要让全社会都了解体育的重要性，从而推动行业发展。

2. 人才培养

科学锻炼指导师一定需要有官方认可的证书，可以尝试先在小范围认证，然后逐步推广。人员职业发展问题包括评定职称等限制，一定要有配套体系，否则就算能够列入人员编制，也不会有医生那样的晋升空间。职业岗位的设置、职业体系的完善需要很长时间，非一朝一夕能够建立完成的。

3. 经费保障

"体医融合"工作刚起步，属于公益性项目，还需体育局和卫生部门加强对"体医融合"项目资金的投入，共同推进"体医融合"事业的发展。

（二）展望

在下一步工作中，我们主要考虑从如下几方面着手。

1. 加大与卫生部门的合作

希望加深与卫健委的合作，加大与各医院及疾病防控部门合作，明确"体医融合"责任；希望加大对"体医融合"人力、财力、物力的投入，进一步推进"体医融合"工作的深入开展。

2. 形成海淀区"体医融合"发展规划

邀请体育、卫生方面专家，依据海淀实际，形成卫健委、体育局确认实施的《海淀区"体医融合"发展规划》，为海淀区"体医融合"发展提供指引。

3. 重点推进"体医融合"疾病防控及健康促进工作

在总结前期与海淀医院、温泉社区卫生服务中心脑血管病与运动健康

"体医融合"疾病防控以及健康促进推进经验的基础上，希望在卫健委、体育局的支持下，联合海淀医院、温泉社区服务中心建立"体医融合"疾病防控及健康促进联动推广模式，共同推进"体医融合"疾病防控及健康促进工作进海淀区机关企事业单位、医院、社区街道行动，主动将疾病防控"关口"前移，探索海淀"体医融合"疾病康复与健康促进的新途径。

海淀区体育局供稿

B.16
京西小镇国际化，沟底民俗竞风流

——2018～2019年门头沟区群众体育工作亮点

2019年是新中国成立70周年，是全面深化体育改革的关键之年，是京津冀协同发展和筹备2022年北京冬奥会的重要一年。门头沟区体育局在市体育局的业务指导下，在区委、区政府的支持下，提升全民健身工作水平，创新体育产业发展，着力促进全区群众体育事业又好又快发展。

近年来，随着门头沟区拆迁改造和现代化建设不断推进，形成了商品房、棚户区改造房、回迁安置房、农村宅基地房共生的居住模式。大量新门头沟人、老门头沟人集中居住在占全区面积1.5%的门城地区，这不仅活跃了地区经济，更对门头沟区全民健身工作带来了新的挑战。在城市化进程中，伴随门城地区经济建设得到飞速发展，人民生活水平有了显著提高，利用闲暇时间开展体育锻炼来提高生活质量已经成为一种时尚。而与国际化都市北京城区仍有显著性差异，提高地区的都市化水平不能仅仅停留在经济方面，文化层面的都市化也是我们的工作目标之一。在提升体育工作水平的过程中，我们不断总结，不断创新，形成了具有门头沟区特色的休闲体育工作亮点，现总结如下。

一 国际山地徒步大会背景及基本情况

2010年9月，首届北京国际山地徒步大会在门头沟举办。这是继北京马拉松、中国网球公开赛、斯诺克中国公开赛之后北京市推出的又一群众性国际精品体育活动。大会由北京市体育局、北京市门头沟区人民政府、北京市体育总会、北京市民间组织国际交流协会联合主办。九年来，国际山地徒步大会以"徒步古道古村落，引领休闲新生活""徒步京西、乐享四季"为主题，致力于徒步运动的普及、发展与创新，满足人民群众日益增长的健身需求。

经过九年的磨砺，国际山地徒步大会的规范标准、人数规模、创新发展、社会影响都有了长足的进步。每届大会从零开始，吸取每一届的经验教训，一步步完善规范标准，现已帮助多个城市举办了标准化、规范化的徒步活动。从最初寥寥几条路线的千人活动到现在横跨多省的数万人活动，大会从群众需求出发，为了让群众充分享受徒步运动的乐趣、让徒步运动的理念更加深入人心，大会不仅仅在路线上创新，更是在整个活动中求新、求变、求发展。随着互联网时代的日益发展，大会更加多元化，"线上徒步"，"微信计时"，官网、官微、官博、官方 App 全方位联动，秉承"线下活动规模化、线上活动多元化"的原则，探索"徒步+"新模式，实现徒步线路平台化、徒步内容市场化、徒步方式多样化。

二　赛事组织策略

大会组委会在策划组织、路线设置、服务设施、安全保障等方面，全部按照国际化专业体育赛事标准运作，使该赛事更加专业、成熟、完善。

（一）精心选择路线，满足健身需求

为满足人民群众日益增长的健身需求，让更多徒步爱好者参与其中，大会从第五届开始设立分站赛，开辟更多具有优美自然风光和深厚文化内涵的旅游健身路线。截至目前，经过大会精心设计和挑选的路线达 20 余条，路线之丰富创国内徒步活动之最，涵盖自然山水、历史民俗、宗教寺庙、古道古村落、红色历史等多个方面，充分展现了门头沟区壮丽秀美的自然风光和悠远厚重的历史文化，使参会者充分享受山地徒步运动的乐趣。

（二）丰富赛事活动，提高赛事服务

大会力争在原有为运动员提供装备、运输、补给、医疗等基本服务的基

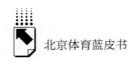

础上，为徒步爱好者提供更加全方位的赛事服务，搭建旅游、健身、休闲的平台，将徒步大会办成户外运动爱好者的嘉年华。

大会举办期间，在起终点和赛道沿线设立合作企业展示区，设立流行乐队表演区与运动员进行互动，深受广大徒步爱好者欢迎；设立微信打印区，徒步完之后，所有参赛者均可凭号码布免费打印照片，将徒步的精彩瞬间定格；设立商品展卖区、综合餐饮区，拉动体育消费。

（三）提高赛事品质，倡导低碳环保

为提倡低碳环保，绿色出行，号召广大参赛者在徒步过程中不丢弃并捡拾他人随地丢弃的垃圾，将"绿色环保"的理念贯穿徒步活动的始终。赛前组织环保人士到赛道沿线进行环境清理工作，为赛事低碳环保造势，赛会期间做到人走垃圾无，对地贴、废弃物、景观布置等进行随时处理，做到低碳徒步、无痕徒步、快乐徒步。组委会在苹果园地铁站、门头沟区京浪岛设立集结点，为所有参赛者提供摆渡车，不设自驾车停车点，鼓励参赛者乘坐公共交通工具，减少二氧化碳排放。

（四）有序组织运输，强化保障措施

在交通运输方面，在门头沟区设置统一集结地运送运动员抵达活动举办现场，还为每一辆运送车辆配备一名志愿者，监督司机安全驾驶，按照规定路线行驶。对驾驶员进行安全教育、行驶路线培训，对车辆进行安全检查，并要求所有驾驶员签订运输车辆驾驶员承诺书。北京市交管局向全市发出交通管制通告，通过北京交通广播电台进行宣传分流减缓交通压力。大会能够做到快速反应，及时疏导，确保了"道路畅通无拥堵，公交运输无滞留，设施保障无疏漏，整体保障无瑕疵"。

在安全保障方面，研究制定大会安保工作总体方案和应急预案，对主会场、赛道、驻地、消防、证件管理、交通运输等各个重点方面都进行详细部署，狠抓组织部署、方案制定、隐患排除、督导检查等四个环节。比赛期间在赛道沿线全程使用数字集结系统进行通信覆盖，充分发动沿线村民，群防

群治，落实属地管理，做到线路布置无盲区、全覆盖，实现周密细致的风险防范、严格严密的安全保卫、精细高效的现场监管、科学严谨的人流控制、整体联动的社会防控。

在医疗保障方面，成立医疗救援、食品安全、传染病防控3个工作组，开展医疗卫生和食品安全保障工作；设立医疗保障指挥中心，斋堂医院、区医院为大会指定紧急医疗救治医院，开通24小时急诊绿色通道，优先为参加比赛的运动员和工作人员提供服务；抽调区医院心血管科、消化科、骨科方面专家，协助开展医疗服务。

（五）推广城市联盟，塑造品牌价值

截至目前，已经在北京、河北、山西、河南、山东、湖北、四川、广东、贵州九个省市设立分站赛。近两年，大会组委会创造性地引入"城市徒步联盟"理念，将北京国际山地徒步大会与当地有特色的自然景观与人文景观结合，让徒步健身的概念与地方旅游相结合，传播徒步健身的理念和北京国际山地徒步大会的品牌，通过城市徒步联盟共享旅游资源、共享国际品牌、共享宣传资源，实现徒步人员国际化、徒步组织标准化、徒步活动日常化。

（六）线上线下结合，创新徒步方式

大会从2016年开始采取线上与线下相结合的方式，走进"互联网+"新领域，开展线上徒步活动。因各种原因不能到现场的徒步爱好者，可以报名参加徒步大会线上活动，走完自选公里数并上传数据，即可获得徒步大会的电子版证书。如需纪念章、纸质版完赛证书，用户可通过大会官方微信公众号"北京国际山地徒步大会"购买。活动结束后累计步数总排行前几名的运动员还可获赠丰厚奖品。活动期间，累计参与总人数达20.7279万人，累计徒步里程高达436.2676万公里，累计行走步数72.7113亿步，可绕地球赤道109圈。在线下徒步大会期间，组委会利用微信、微博等新媒体直播比赛进程，实现线上悦走，线下联动，打造"互联网+"体育生态圈。

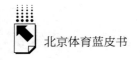

（七）加强国际交流，举办徒步论坛

2013 年 5 月，北京国际山地徒步大会正式加入国际徒步联盟，成为国际徒步联盟指定的年度活动之一。九年来，大会吸引了各驻华使馆官员、联合国机构驻京办事处成员、在京国际组织代表以及来自荷兰、比利时、瑞典、丹麦、意大利、德国、韩国、芬兰、美国、日本、俄罗斯、卢森堡、希腊、印度尼西亚、毛里求斯等地的境外徒步爱好者自费报名参加。

在成功举办国际山地徒步大会的基础上，从 2016 年开始，大会组委会已经连续三年成功举办北京国际徒步论坛。论坛旨在提升社会公众对徒步运动的认识，探讨徒步运动对人类发展的促进作用，对旅游、文化发展的推动作用，展示北京徒步运动的发展现状及成果，促进徒步运动相关领域的国际交流与合作。

三　大会取得的成果

（一）首推徒步组织标准

2020 年是北京国际山地徒步大会举办的第十个年头，随着参赛规模不断扩大，影响力不断增强，赛事组织不断完善，该赛事已成为北京乃至全国最具规模的徒步品牌活动。依托这一品牌，组委会制定了《北京国际山地徒步大会活动组织标准》（以下简称《标准》），这将是国内首个徒步活动的组织标准，填补了国内这一领域的空白。

《标准》从路线丈量、路线标识、服务保障、安全保障、医疗保障、媒体宣传、环境保护、保险等多方面明确规定了北京国际山地徒步大会活动组织实施的相关标准。《标准》的制定，对于进一步规范北京国际山地徒步大会管理和服务工作，推动体育产业健康发展具有积极意义。

（二）社会效益显著

徒步大会带来的社会效益主要体现在以下几个方面。一是政府主导，项目市场化运作，极大宣传了门头沟丰富的旅游资源。徒步大会成功举办九届以来，在地区政府的关心、支持下，每年通过总冠名商、战略合作伙伴、指定产品供应商三种方式吸引合作企业，通过商标使用、媒体宣传、推介活动、现场广告等方式，实现合作各方共赢，名利双收。二是有力促进山区基础设施建设，城乡环境明显改善。九届徒步大会累计筹集上亿元资金用于山区基础设施建设、斋堂镇文化体育休闲公园修建和赛道的整修，增强了该地区旅游服务设施接待能力，提升山区小城镇国际化水平，向世界展示京西独特的自然风光和民俗文化。三是有力推动京西山区旅游、文化、休闲、体育等新兴产业融合发展。据不完全统计，徒步大会成功举办九届以来，门头沟区每年吸引游客 50 万人次以上，每年旅游及相关行业收入增加 5 亿元以上，直接与间接拉动就业近万人。四是推动城市徒步联盟在全国各地举办徒步活动，为拉动当地区域经济服务。在广东省梅州市平远县、河北省保定市、山西省晋城市、河南省信阳市、四川省遂宁市、山东省滕州市、浙江省丽水市等城市举办徒步活动，为当地旅游文化休闲产业发展拓展空间，为改变举办城市的环境面貌服务，为拉动举办地经济服务，促进了举办地各项事业蓬勃发展。

门头沟区体育局供稿

B.17
加快转变政府职能，落实房山
群众体育振兴

——2018～2019 年房山区群众体育工作规划

全面贯彻落实《北京市全民健身实施计划（2016—2020 年）》，根据"十三五"规划任务，进一步完善全民健身服务体系，推进公共体育设施服务均等化，将健身工程、健身组织、健身指导、健身活动赛事、体育特色乡镇等各方面配齐配强，更好地满足群众的健身需求。房山区群众体育发展做出了如下努力。

一 蜕变中获新生，体育社会组织展示新身份

体育社会组织，是新时期体育事业发展中的重要社会力量，是落实全民健身国家战略、整合社会优势资源、创新体育融合发展新机制的有力助手。近几年来，房山区高度重视体育社会脱钩改革发展工作，积极落实体育领域"放管服"工作，加快转变政府职能，推进区级体育社会组织与行政机关的脱钩改革工作，促进区级体育社会组织健康发展，支持区级体育社团不断做大做强。

在区体育总会牵头推动下，通过两年半的努力，房山区全部完成体育社会组织脱钩工作。目前，房山区共有 20 家独立法人资格的区级体育社会组织，其中 4 家被评为 5A 级体育社会组织、8 家被评为 3A 级体育社会组织，覆盖足球、篮球、排球三大球类项目和田径、武术等项目。通过区级体育社会组织脱钩工作，进一步明确体育社会组织职责，通过将区级体育竞赛活动、全民健身普及推广活动、骨干人群发展与管理、区级代表队组织等工作

下放给区级体育社会组织的方式，加强体育社团的主动性，提高其在体育事业发展领域的权威性地位，主动与区教委、区总工会、区残联等多部门联合举办全民健身活动和体育竞赛活动，从全民健身参与者逐步转变为全民健身引导者和主导者。

二 整合体育人才资源，指导群众科学健身

全民健身活动和体育竞赛活动的广泛开展，需要大量具有专业性和奉献精神的体育骨干人才队伍。同时，由于制度设计存在的缺陷和注册管理手段的不足，社会体育指导员、体育竞赛裁判员、体育项目教练员、体育志愿者4 支人才队伍分类实施，相互不统一，培训浅显，底数不清，管理混乱。

房山区结合实际，将体育骨干人才培训工作依托各区级体育社会组织开展，充分发挥社团执行力、组织力、专业性强的特点，将体育项目教练员、体育竞赛裁判员、社会体育指导员、体育志愿者相融合统筹发展和使用，采取政府购买服务的形式，每年支持各区级体育社会组织开展骨干人才培养和再培训工作，并逐步明确培训工作要求和规范，根据各社团实际确定发展人数开展工作，培养出一批综合素质较高和服务水平较强的体育骨干人才队伍，使其成为全民健身的宣传者、科学健身的指导者、群众体育活动的组织者、体育场地的维护者、健康生活方式的引领者，引导群众科学健身，满足群众日益增长的健身需求。

三 打造传统品牌赛事活动，营造全民健身良好氛围

2019 年，为进一步贯彻落实党的十九大精神，加强群众体育竞赛活动分级分类管理，进一步规范全区体育竞赛活动健康有序、科学合理的发展，深入推进供给侧改革，房山区政府和区体育局除必要的体育竞赛活动和全民健身活动之外，区级（含）以上体育竞赛活动和全民健身活动由区级体育社会组织主办或承办，打造 13 项有影响力、有规模的区级品牌赛事活动，

激发社会办体育的积极性。区总工会、区直机关工委、区残联、区教委等多部门计划组织 38 项体育竞赛活动，营造社会关注、全民参与、机构组织、各界支持的体育办赛机制良好氛围，形成了政府引导、社团主办、社会协同、群众参与的体育竞赛组织格局。

四 增加全民健身服务供给，科学引导群众健身

2019 年，房山区依托区级体育社团和社会体育机构，广泛征集全民科学健身运动项目，采取政府购买社会力量服务的形式开展 1000 期共计 20 项科学健身运动项目推广活动，逐步完善项目征集、论证、实施、验收等各环节规范性，既保证了活动内容的多样性，又保证了活动的专业性。推广项目中有深受中老年人喜爱的柔力球、健身气功等民俗传统体育项目，也包括了适合年轻人和青少年参与的轮滑、篮球、足球等时尚项目，活动场地分设在公园、健身房、体育场等群众身边，满足不同人群的健身需求，服务了各级各类全民健身团队。同时，通过开展科学健身运动项目推广活动，从中选拔出优秀学员参加区级社会体育指导员等骨干人员培训，将科学健身运动项目推广、全民健身团队指导服务、社会体育指导员培养联动发展，构建政府引导、社会协同、社团主办、群众参与的体育发展新格局。

房山区体育局供稿

B.18
副中心，高规格：统筹规划
全面健身事业

—— 2018～2019 年通州区群众体育工作规划

2019 年是祖国 70 周年华诞，同时也是市级机关入驻通州区办公的第一年，通州区群众体育工作紧紧围绕北京城市副中心建设，进一步贯彻落实《北京市全民健身条例》《北京市全民健身实施计划（2016—2020 年)》，推进全民健康与全民健身深度融合，提高政治站位，以落实"控规"为引领，完善公共体育设施服务体系，以广泛开展全民健身活动为抓手，提高全民健身服务质量，推动副中心群众体育工作新发展。

一 成立领导小组，统筹协调开展工作

为进一步推动《城市副中心控规》落到实处，维护规划的严肃性和权威性，针对体育设施专项规划和实施工作，解决工作实施中遇到的重点难点问题，协调各项工作有序开展，推动各项任务顺利完成，特成立领导小组，苏亚文局长任领导小组组长，王栋副局长任副组长，成员单位包括体育局群体处、各乡镇街道规划科、区规自分局、区发改委及有关科室。此外，北京市体育局与通州区体育局成立了副中心体育专班对接小组。市区两级专班小组分组对接，统筹协调，每年制定专班对接工作内容，切实提升了通州区群体工作水平。市体育局群体处根据体育彩票公益金配建全民设施，在配建场地选址和配建内容方面给予指导和协助工作。市体育竞赛管理中心委派专人对于马拉松等专业赛事，全程参与筹备工作，给予专业化的意见和建议，保障了赛事安全有序进行。市体育总会和市社体中心根据通州区现有情况，积极引入了北京业余羽毛球公开赛、体育大会毽球比赛、定向越野比赛和回春操培训等一系列全民健身活动。

二 摸清家底，梳理现状，查找差距

为保障"控规"落实的科学性和严谨性，2019 年通州区体育局安排专项资金对辖区范围内的体育设施进行普查，全方位掌握通州区体育健身设施的种类和数量。截至 2018 年底，通州区体育场地面积为 374.68 万平方米，人均体育场地面积为 2.374 平方米，但扣除 3 家高尔夫球场和 1 家马球场等小众体育场地后，通州区体育场地面积仅为 163.68 万平方米，人均体育场地面积为 1.037 平方米，与《通州区体育专项规划》提出的"到 2035 年通州区人均体育场地面积达到 2.5 ~ 2.8 平方米"的建设目标还存在很大差距。人均公共体育用地面积为 0.1 平方米，人均公共类体育设施面积为 0.29 平方米（包含公共体育用地和其他公益类体育设施占地），与全市的 0.324 平方米存在差距。

针对数据进行分析，通州区体育设施现状及存在的主要问题可概括为以下三方面：一是设施总量缺乏，体育用地总量、体育设施总量排名靠后，人均水平偏低；二是大型体育场馆和设施缺乏，没有国家级和市级体育场馆项目，且区级缺少"一场两馆"（标准体育场、体育馆和游泳馆）公共体育设施的配建；三是小型公益类体育设施缺乏，部分未配建到体育用地上。

三 有序推进公共体育场馆建设

一是启动编制《通州区体育事业发展研究》工作，以副中心体育设施建设为重要研究方向。主管领导亲自带队针对副中心控规组团和家园级 40 余处地块，进行踏勘，摸清地块现状，同时对通州区 11 个乡镇街道调研，积极听取属地意见，研究规划建设内容，梳理各项目发展路径，提出各项目建设时序。二是完善《北京城市副中心规划设计导则（规划管理版）》中绿色空间篇"体育场地面积和体育设施内容规划"相关任务。主动与区规自分局和区园林绿化局协调沟通，提供各种体育项目用地面积及建设的标准和依据，明确提出副中心各层级绿色空间体育用地的占地指标，使其面积从

7% 提高到 10%，增加水上运动、马拉松和自行车赛道等规划内容，进一步保障了公园及绿地内体育设施配建用地，丰富了体育设施种类。三是协助各乡镇街道完成镇域规划。积极与各属地编制团队密切沟通，加强镇域体育设施规划统筹，增加体育用地配比，为日后配建留足空间。同时将现有配建的公共类体育设施纳入新版镇域规划中，保障现有配建用地的合法性和延续性。

借助副中心建设的东风，进一步填补通州区大型体育场馆缺失的空白。一是通州区体育局协调有关单位积极配合市体育局深化城市绿心体育中心和潞城全民健身中心两大市级项目概念设计，开展前期工作，目前潞城全民健身中心得到市委市政府相关批复，交由副中心工程办实施。二是加快通州区体育场升级改造步伐。聘请我国著名的哈工大设计院对项目进行设计，项目建设内容包括篮球馆、游泳馆、冰球场、羽毛球馆；同时广泛征求意见，统筹考虑各种因素，完善方案内容，其中项目位于通州区运河核心区 Ⅵ－07 地块，周边停车压力很大，通州区体育局主动承担起社会公共职责，将原有设计的 300 个地下车位增加至 1000 余个，缓解周围停车压力。通州区体育局聘请专业的代建公司加快项目开工前的手续办理。2019 年，该项目取得前期工作函和规划审查意见函，现已将可研报告报市发改委，等待相关批复，进行项目招投标，力争年底开工建设。

四 因地制宜，举办大型品牌活动

1. "一区一品"运河绿道骑游周

2012 年通州区体育局积极响应市体育局的号召，全力打造通州区"一区一品"体育品牌项目，经深入研究，以骑车加游览的形式，依托大运河、潮白河和运潮减河堤路，创立"一区一品"项目。活动不设名次，全程亲水，环境优美，活动自 2012 年至 2018 年已经连续举办 7 届，深受广大健身爱好者的推崇。参与人数从起初的 3000 人已发展到如今的万人规模，同时为提高项目影响力，增加活动的多样性，陆续增设了自行车计时赛、亲子骑

行和骑行装备展示等系列活动,从1天的活动增加到1周,活动发展至今已成为自行车爱好者的盛会。

2. 北京通州运河半程马拉松

该项赛事是由中国田径协会、北京市通州区人民政府、北京国资公司共同主办,北京市通州区体育局、北奥集团、时博国际联合承办的专业马拉松比赛。赛事2017年引入,已成功举办3届。项目设立初期决定不单独邀请外籍及专业运动员参赛,扩大奖励范围,降低奖金标准,将其打造成全民健身马拉松赛事。赛事优质的服务和优美的环境,已被国家体育总局评为马拉松银牌赛事,通过电视直播和媒体宣传,全方位展示城市副中心建设成果和通州区秀美的自然风光,提高地区知名度,打造城市新名片。

3. 协同开展"京津冀"品牌赛事

该项赛事充分发挥"京津冀"协同发展的桥头堡作用,加强区域间体育合作与交流,开启三地全民健身新纪元。2018年通州区与天津市武清区和河北省廊坊市,签署"通武廊体育事业协同发展框架协议",从行政层面为活动开展、协调沟通奠定了坚实的基础。2018年通州区体育局自主创办10个市区县"京东地区京津冀篮球联赛",随着赛事活动影响力的扩大,目前已发展到有16个地区参与;计划成立联盟组织,按照逐年分地区举办原则,借助社会力量,打造"京津冀"品牌活动。借助成功办赛经验,通州区先后开展了京津冀空竹、风筝、武术、足球等一系列赛事活动。

通州区体育局供稿

B.19
探索运动健康测评模式，打造
"康体融合"幸福顺义

——2018～2019年顺义区群众体育工作亮点

习近平总书记多次提出，"没有全民健康，就没有全面小康"，"经济要发展，健康要上去，人民的获得感、幸福感、安全感都离不开健康"，"要把人民健康放在优先发展的战略地位"，"中华民族要做身体健康的民族"。

为落实习总书记的讲话精神，落实北京市"体医融合"发展战略，顺义区体育局按照《顺义区全民健身实施计划（2016—2020年）》提出的"健康顺义"定位目标，为完成"十三五"体育发展规划任务，推动《北京市全民健身条例》的贯彻实施，开展"城乡体育手拉手、共建和谐新顺义"群众体育公益行活动，推进全民健身提档升级，让市民掌握科学健身知识和健身方法，不断提高身体素质和健康水平，探索"体质+体能+功能"的"健体康评"模式，服务基层农村和社区百姓，为全区19个镇6个街道3847名百姓进行了运动健康测评，实现了全区乡镇、街道全覆盖；同时，开展健康知识讲座、国民体质测试、中医体质辨识和健康知信行量表调查，实施运动健康惠民工程，提高老百姓的幸福感和获得感。

一 健体康评是落实大健康理念的有效抓手

近年来，随着顺义区经济社会快速发展，人民群众生活水平不断提高，健康诉求越来越强烈，健康运动、运动处方以及体育领域的运动健康管理手段和水平亟待提高。推动"体医融合"、创新运动健康体系建设是顺义区体育工作满足人民群众切身需求的一个具体举措。健体康评是结合国民体质测

试、中医体质辨识，对人生病前的器官功能减弱程度或亢进变化程度进行的一种健康风险测量与评估，是基于功能健康学的一种测量方法和模式。健体康评中的功能检测是采用国内唯一具有医疗设备注册证的健康功能检测设备，利用人体的导电特性，通过生物电传感器采集和测量组织细胞的电阻抗变化情况，对人体运动、消化、呼吸、泌尿、生殖、内分泌、免疫、神经和循环9大系统的220项指标进行比对评估，具有快速、准确、无创伤、无辐射等优点，为亚健康人群提供健康管理和运动咨询服务。

二 顺义区开展健体康评的主要做法

总结顺义区开展"城乡体育手拉手、共建和谐新顺义"群众体育公益行——健体康评进社区活动，主要有以下三点做法。

（一）准确定位，健康惠民

顺义区康体融合的健体康评活动本着"面向基层、服务全局"的指导思想，全面、客观、准确地反映顺义区人口的运动健康信息状况。健体康评是对人体器官功能健康测量与评估的简称，是人在生病前（器质性病变前）身体器官功能变化的一种健康风险程度检测。它可以提前确定健康风险等级和早期疾病的发展趋势，还可以直观地告诉您健康风险点和距离疾病有多远。其中，立方康评有五大好处：一是快捷，10分钟完成测评和现场解读；二是方便，立方康评进社区上门服务；三是全面，一次检查9大系统的220项指标；四是安全，不抽血化验、无创伤、无辐射、无副作用；五是准确，高风险疾病符合率达到89%。

（二）领导重视，科学实施

为开展健体康评进社区活动，顺义区体育局成立工作领导小组，区体育局领导参与活动的工作布置会和启动仪式，亲临现场指导工作，保证健体康评活动顺利实施。同时，健体康评活动按照科学随机抽样的原则，对人口年龄结构、性别比例、职业因素、乡镇布局等各方面实际情况进行健康数据抽样采集。整个活动分三个阶段实施，实现全区街道、乡镇全覆盖。每个乡镇、街道健体康评服务人群不少于 120 人（最多是 160 人）。具体要求是抽样样本年龄要合理、男女比例要适宜、职业种类要全面、样本人群要稳定。为贯彻落实"健康顺义"，长期可持续地开展康体融合的健体康评活动，可追踪样本人群的运动健康变化。

（三）测评手段新颖，测评内容丰富

通过召开 25 个乡镇、街道体育负责人的专题工作会，安排健体康评的测试活动，部署科学健身大讲堂、冬奥知识普及推广等工作，保证各项工作顺利进行。健体康评检测的主要内容包括六部分：一是通过人体器官功能健康风险检测，开展抽样人群的功能健康风险状况测评；二是按照国家体育总局的要求，进行国民体质测试；三是使用中华医学会颁布的"中医体质辨识量表"完成抽样样本的体质辨识检测；四是开展运动健康知信行调查；五是进行健康知识讲座和冬奥知识宣传；六是开展健康社区"一帮一"活动，为健康风险较高的人群提供健康运动干预跟踪服务。

三 顺义区开展健体康评取得的6项成就

顺义区体育局在落实市委"街道吹哨、部门报到"改革任务要求的指导下，结合市体育局、市卫健委联合提出的"体医融合"战略，在执行区委 106 项改革工作任务和构建"35＋N"落实格局中，按照"规定动作做到位，自选动作有特色"的要求，完成"健体康评进社区"三个阶段的活动，初步取得了 6 个方面的突破，为政府大规模、大样本开展城市健康管理服务积累了经验。

（一）让大健康理念落地，使"以人民健康为中心"有了抓手

"疾病治疗"的第一个环节就是体检和医学化验，"健康管理"也应该有个测量与评估的抓手。课题组按照《"健康中国 2030"规划纲要》的任

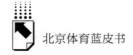
务要求，探索出"体质＋体能＋功能"的健康状况测评模式——健体康评。
首先，在测量方法上，把中医体质辨识、运动体势能检测和人体功能健康风
险测评相结合，进行器质性病变前的健康、亚健康状态测评；其次，在健康
管理上，丰富管理服务的内容，针对全人口（不仅是慢性病患者）的不同
健康风险等级，进行不同层面的健康指导和健康干预；最后，在健康城市建
设上，针对全区抽样人群的健康风险信息进行评估和研究分析，分级分类进
行健康宣讲、亚健康干预和疾病预防，降低城市人群健康管理成本，实现最
大的健康管理效果。

（二）了解区域人群健康状况，使健康城市建设有了靶向

　　健康测评一直是个难题，由于"健康就是没病"的传统理念影响，有些
人把疾病检测数据当作健康测评数据，片面地误解了健康大数据的概念。《全
国健康城市评价指标体系（2018 版）》采用的 5 个一级指标、20 个二级指标
和 42 个三级指标，大多是与环境、社会、服务、文化相关的社会条件性指标
和服务享用性指标，缺少直接描述人群健康状况的结果状态性指标。人群健康
指标的多少才是健康城市建设成功与否的"晴雨表"。课题组从运动健康的视角
出发，采用功能健康风险测评的方法，即健康风险等级越低，表明健康状态越
好，分析出顺义区抽样人群功能健康风险等级处于中间偏低状态（见图 1）。

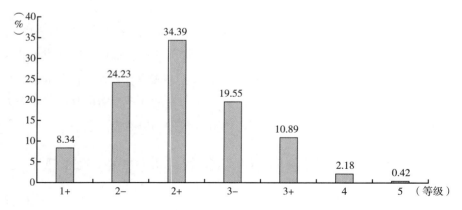

图1　顺义区抽样人群功能健康风险等级

（三）探索人群健康管理的路径，使政府健康管理有了基线

人群健康管理是政府应该提供的基本公共服务新内容，要从理念、方法、组织、运行和保障等多方位，推进人群健康管理体系建设。课题组在开展"健体康评进社区"活动中，总结出健体康评闭环服务的四个环节：一是功能健康测评，检测人在器质性病变前的健康风险状态；二是风险等级评估，按照健康风险 5 等 7 级（1＋、2－、2＋、3－、3＋、4、5 级）评估健康状态的"优、良、中、差"；三是亚健康指导，按照评估结果对亚健康人群现场进行健康知识宣讲，并从饮食、运动、精神调节和习惯调整等方面进行指导服务；四是健康风险干预，针对重点健康风险人群，建议进行专项的健康干预和诊疗。这种模式具有 5 个优点：一是快速，一个人全程检测只需 15 分钟；二是准确，健康检测符合率达到 89%；三是便捷，车载设备上门服务方便省事；四是全面，一次性完成 220 项人体器官健康风险指标的检测；五是安全，全过程不抽血、无辐射、无副作用。

（四）落实非医疗健康干预，为运动健康指导提供了依据

课题组按照《"健康中国 2030"规划纲要》中提出的"加强体医融合和非医疗健康干预"，以国民体质测试和功能健康状态呈正相关为基础（见图 2），开展个性化运动健康风险评估和运动项目指导，帮助受测人群全面了解自己的身体素质和健康状况。在三个阶段的活动中，课题组针对不同体质、不同健康状况的百姓，给出不同健康方法（以下简称"健方"）的指导。一是可以实现科学运动健身，在运动健身前先进行健康风险评估，了解健康功能状况，避免不适量运动给自身带来的危害；二是可以选择合理的运动健方，达到精准体育锻炼的目的；三是通过对自己身体状态的跟踪测试，监测身体健康状态从高风险向低风险转变；四是通过运动康复知识和科学运动知识，对亚健康人群进行功能性体质训练，实现非医疗健康干预。

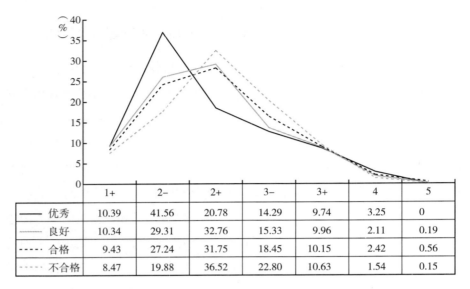

	1+	2-	2+	3-	3+	4	5
—— 优秀	10.39	41.56	20.78	14.29	9.74	3.25	0
—— 良好	10.34	29.31	32.76	15.33	9.96	2.11	0.19
---- 合格	9.43	27.24	31.75	18.45	10.15	2.42	0.56
---- 不合格	8.47	19.88	36.52	22.80	10.63	1.54	0.15

图2　抽样人群国民体质测试与功能健康状态呈正相关

（五）绘制区域健康地图，为全民健康信息平台打下了基础

全民健康信息平台是统计和分析人群性别、年龄、户籍、职业、学历、生活习性等与健康数据之间的相关关系的基础，是开展全方面、全过程、全生命周期大健康理念和拓展健康服务新业态的关键。政府主导的全民健康管理工作不仅要为个人提供全身健康状况基础信息、早期疾病信息和健康风险信息，还要构建区域健康数据库，绘制本地区健康风险等级、影响健康风险因素、各年龄层健康变化趋势等方面的"健康地图"，供各相关研究机构进行多层面的深入研究，为政府制定相应的健康管理政策提供科学参考。同时，发展健康服务产业离不开健康大数据信息支持。建立健康数据（非医疗数据）信息平台，合理开发利用人群健康信息，对拓展康养产业、运动健康产业、营养保健品企业、健康穿戴设备企业、医疗健康保险公司等大健康服务产业的新业态具有重要的前瞻性和经济价值。

（六）增强百姓幸福感和获得感，让人人享有了健康公平

顺义区体育局在推进"街道吹哨、部门报到"改革任务中，面向基层百姓健康的切身需求，在开展"城乡体育手拉手、共建和谐新顺义"的系列活动中，创新性地把"健体康评进社区"活动作为运动健康惠民实事嵌入"康体融合"改革项目中，与区卫健委跨部门协作，购买第三方机构专业服务，初步形成政府积极主导、社会力量参与、百姓积极行动的健康中国行动齐参与局面。在3847名百姓的运动健康测评调查问卷中，满意度80分以上人数合计占比为98.35%；在19个镇、6个街道活动总结及评价反馈调查表中，满意度评价为98.96分。

四　顺义区开展健体康评活动的社会意义

根据《中华人民共和国体育法》《全民健身条例》的规定，"国民体质测试"已经成为我国体育工作的一项基本制度。由于现行的"国民体质测试"评价结果不能全面反映健康状况，体质数据和健康数据缺少有效衔接，百姓的获得感越来越低，活动组织难度越来越大。《"健康中国2030"规划纲要》提出"加强体医融合和非医疗健康干预"的大健康理念，明确阐述了"开展国民体质测试，完善体质健康监测体系，开发应用国民体质健康监测大数据，开展运动风险评估"等详细内容。顺义区探索"健体康评"的运动健康体系建设将在完善"国民体质测试"工作中起到有利的示范作用。该作用主要体现在以下三方面。

首先，研究"健体康评"模式，探索创新《国民体质测试升级版》，实现"体医融合"战略构想，提高百姓的运动健康获得感。

其次，创新"健体康评"模式，落实大健康理念，率先实现运动健康大数据的采集工作。

最后，探索"健体康评"模式的运动健康标准，发挥运动健康的非医疗健康干预功能和作用，扩大体育健康服务的新产业。

该项目的实施具有六个方面的积极意义：一是采集百姓健康信息建立健康云数据库，为运动健康管理研究提供科学依据；二是落实全民健身国家战略，为亚健康人群提供科学的运动健身管理指导；三是建立运动健康管理评价指标体系，量化影响健康的危险因素，研究体育处方健康干预策略；四是编制顺义区运动健康白皮书，为政府提高运动健康管理水平提供建议和措施；五是为万名百姓提供运动健康功能检测服务，落实健康中国战略普惠民生工程；六是通过区内媒体对项目成果进行发布，把对群众运动健康的指导成果惠及广大群众。

在创新运动健康管理体系建设方面，"健体康评"的运动健康体系有别于传统的健康预防保健体系和疾病预防体系，它是在大健康理念的指导下，以提高人民健康水平为核心，以普及健康生活、优化健康服务、完善健康保障、建设健康环境、发展健康产业五个工作重点为研究方向，以运动健康测量数据和健康风险评估为基础，创新运动健康管理领域发展方式，为运动健康管理评价提供支撑。顺义区将在全民健身、运动处方的基础上，创新运动健康管理体系，它包括运动健康测评、运动处方指导、运动健康干预三个阶段的工作内容。

在创新运动健康管理运营模式方面，按照国家鼓励社会力量参与医疗医保、体育运动、健康运营的要求，采用购买第三方服务的运营模式，进行社会力量参与地方政府运动健康管理和服务工作的新尝试。这种模式在运行上按照PPP合作的契约精神，使政府和第三方密切合作共同打造一支运动健康管理团队。这种模式既减少了政府直接提供运动健康服务的人力、物力等负担，又提高了工作效率，实现了运动健康供给侧改革的创新。

在总结2019年"健体康评进社区"活动经验的基础上，下一步顺义区体育局将继续创新落实"街道吹哨、部门报到"改革任务，加强与区卫健委的协调沟通，研究政府购买第三方功能健康服务模式的长效机制，探索顺义区人口健康状态抽样调查，扩大"健体康评"服务人群数量，发挥"集中力量办大事"的举国体制优势，为大健康理念的国家行动提供试点经验。

顺义区体育局供稿

B.20
体育主题公园建设的昌平经验

——2018～2019 年昌平区群众体育工作亮点

昌平区全民健身事业以习近平新时代中国特色社会主义思想为指导，以十九大精神关于体育工作的内容为统领，践行和贯彻习近平总书记关于体育工作特别是发展以人民为中心的体育工作一系列重要批示、指示和讲话精神，全面落实全民健身国家战略和《"健康中国 2030"规划纲要》，紧紧围绕满足人民日益增长的美好生活需要，完善全民健身服务体系，提高体育公共服务水平，在工作中思考和尝试解决体育事业改革发展过程中存在的不平衡不充分的问题。体育公园在现在的建设中越来越重要，它作为一个公共服务设施，是为全民服务的，更应体现出运动的精神。此次回龙观体育文化公园的规划设计取得了许多突破，但在很多方面都存在设计分析不足的问题，希望最终的规划方案能满足居民的要求。现将昌平区在工作中的一些思考、做法和成效加以总结，为进一步推动昌平区全民健身事业的发展进行有益的探索。

一 回龙观体育文化公园历史背景

回龙观地区常住人口近 50 万人，拆分为回龙观、龙泽园、史各庄三个街道。由于早期的规划缺陷，群众健身的场地设施相对于社区人数而言非常匮乏，群众对体育、文化场所的需求非常强烈。回龙观体育文化公园项目的建设，顺应了当地群众的实际要求，将绿色与文化、运动有效地结合起来，在绿色中创造个性突出、设施齐全、功能完备、环境优美的体育文化活动场所，对于提高回龙观地区人民生活品质起到了良好的促进作用。

回龙观体育文化公园于 1999 年启动建设，2006 年其面积被鑫地市场占

走近五成。由于占地缩水的体育公园常年缺乏维护,设施陈旧,不能满足周边居民的健身需求,市、区政府于 2017 年提出回龙观体育文化公园项目的建设(见图 1)。2018 年 8 月回龙观体育文化公园建设项目被列入《优化提升回龙观天通苑地区公共服务和基础设施三年行动计划(2018—2020 年)》重点建设项目。同年 9 月,由北京市发改委和北京市规土委起草的《关于回龙观体育文化公园项目有关事宜的请示》和《回龙观体育文化公园规划建设及运营的指导意见》获审批。该项目的提出是实现《北京城市总体规划(2016 年—2035 年)》的重要举措,是落实《昌平区全民健身实施计划(2016—2020 年)》的需要,同时也是改善回龙观地区群众运动休闲、提高生活品质、改善回龙观生态环境、提高城市建设的需要。

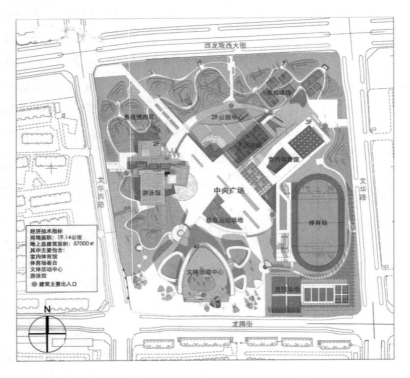

图 1　回龙观体育文化公园总平面设计图

资料来源:https://baike.baidu.com/item/回龙观体育公园/5763945?fr = aladdin. 2019 - 11 - 12。

改造项目启动之前，昌平分局与回龙观地区政府组织了回龙观体育文化公园的国际方案征集及专家评审会，评审专家最终选定了中国建筑设计院有限公司和新加坡 CPG 咨询私人有限公司联合提出的设计方案，认为其功能分区合理、流线组织清晰、建筑单体设计简洁，以紧凑、统一的形态形成区域性的活力中心，且具备一定的经济、实用、美观特性，较符合区域需求。之后，设计单位进一步整合和深化公园规划设计方案，现已基本修改完成。

回龙观体育文化公园分为南北两区，北区公园以"森林环绕的运动场、体育健身的绿色氧吧"为理念，通过景观改造，使公园整体以城市森林为基础，将体育运动、休闲建设融入森林之中。2019 年已完成对 4 片网球场、6 片篮球场、1 套健身路径设施、1 个门球场及 1 个笼式足球场等改造建设并正式对外开放。南区公园总建筑面积为 95842 平方米，现处于施工建设中，计划将建成室内体育中心、室内文化中心、剧场、地下停车场、室外体育场、室外绿化景观、庭院等。其中室内体育中心总建筑面积为 37697 平方米，室内文化中心建筑面积为 24941 平方米，地下停车场及人防面积为 33204 平方米。项目建成后，回龙观体育文化公园将是集体育、文化、休闲于一体的大型场所，主要服务于回龙观龙泽园、史各庄、回龙观三个街道的居民，满足全年龄段居民的文化体育活动需求。

二　最终想达到的效果

（一）公园与城市的融合

回龙观体育文化公园内的道路主要分为主游路、次游路和小憩路，道路均为人行通道，禁止车辆进园。紧邻主街道回龙观西大街，将其设置为园区的主入口。在园区东北端、东南端、西北端、正西端四个方向各设置了出口，方便游人从各个方向出入公园；还设置了贯穿整个公园的环形慢跑道，方便游人进入不同的功能区域。园内的景观主要为景观小品和绿植，体育公

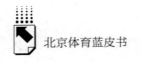
园内的景观小品最能使游人了解到公园的主题。在园内选择雕塑、喷泉、曲形廊道等元素去体现运动的动感，突出体育精神的主题。

（二）特色分区

1. 安静休息区

安静休息区位于公园的西北角，与回龙观西大街和文华西路相连，交通方便。方便周围的居民可以快速地到达活动区域，区域内种植大量的植物作为隔离带。安静休息区和儿童游乐区的距离较近，方便带孩子的老人在活动的同时照顾儿童。

2. 儿童游乐区

儿童游乐区位于公园的东北角，紧邻主入口。对该区域进行划分，沙坑娱乐区针对的是稍大一点的孩子，里面设置了配套的游乐器材，增加了安全防护，可以让孩子们在里面尽情地玩耍；而休闲健身区设置了许多座椅和健身器材，方便照顾婴幼儿的父母有一个舒适、放松的空间。

3. 滨水娱乐区

滨水娱乐区建在整个规划的主轴线上，从主入口进去就是中心广场，作为公园内唯一一个大型广场，专门设置在人流量大的主入口处。入园的人围绕中心广场流动，与环形慢跑道相呼应。广场上设置了雕塑与喷泉，还有供游人休息的长廊。

4. 室内活动区

室内活动区位于公园的西边，场馆里设置了人气较旺的游泳馆、羽毛球馆、网球馆、旅球馆等场馆，方便不同需求的人们开展运动。

5. 文化场馆区

在前期实地考察期间发现回龙观缺少一个可以容纳一定人数的活动场馆，这导致许多社区活动不能开展。因此在此次规划设计中专门设置了一个可以容纳上千人的活动场馆。这个场馆主要作为回龙观的社区活动场所，用来举办社区活动或者一些其他集体活动。

6. 户外健身区

户外健身区位于公园的东部，主要由足球场、户外篮球场、户外网球场组成。在足球场上设置跑道，可以供市民跑步健身。周边种植了大量的植物和树木作为隔离带，以免影响周边居民生活。

7. 极限运动区

极限运动区位于公园的西南角，与室内活动区相邻，该区域内可以进行轮滑、攀岩和竞走等活动。由于极限运动针对的人群相对年轻，且噪声较大，因此设置在居民稀少的南边。

8. 科普教育区

科普教育区位于公园的东南角，里面设置了一个小型的科普场馆。在休闲娱乐的同时，可以增加孩子们的科学知识，丰富孩子们的业余生活。①

昌平区体育局供稿

---

① 李路瑶：《回龙观体育公园规划设计研究》，《城市建设理论研究》（电子版）2018 年第 22 期，第 67 页。

B.21
新国门、新大兴、新体育

——2018～2019年大兴区群众体育发展亮点

党的十八大以来，以习近平同志为核心的党中央高度重视体育工作，将全民健身上升为国家战略，推动全民健身和全民健康深度融合，加快推进体育强国建设。2018～2019年，大兴区作为首都"三区一门户"南部发展新高地，在创新发展健康大兴进程中，围绕解决群众"去哪儿健身"问题，实现了新跨越。

一 创意缘由和主要做法

2018～2019年，北京大兴国际机场投入运营，新中国迎来70周年华诞。站在新的历史起点，大兴区全面对标《"健康中国2030"规划纲要》《"健康北京2030"规划纲要》，守初心、担使命、找差距、抓落实，争取北京市体育彩票公益金1109万元，区级财政投入资金6600万元，建设了222处健身场地；城乡居民国民体质测定标准合格以上的人数比例达到93%，经常参加体育锻炼的人数比例达到61%。根据大兴区第四次全国经济普查体育场地报告，截至2018年底，大兴区共有体育场地2288个，全区体育场地总面积为440.68万平方米，建筑面积为46.70万平方米，平均每万人拥有体育场地14.04个，人均体育场地面积在2.70平方米以上，每千人拥有社会体育指导员3.15名，有场地条件的城市社区和农村体育设施覆盖率达到100%。

（一）全力推进公共体育设施"五个一"工程建设

2018～2019年，大兴区依托专项资金，开展针对农村的"农民体育健身工程"，针对社区的"提升工程"，全民健身路径、公共体育场馆实现"双增长"。同时，大兴区体育中心正式投入运营，镇、街道和社会各界协力开展体育公园和健身步道建设。截至 2018 年，大兴区共建有全民健身工程 687 套，标准篮球场 129 块，半场篮球场 26 块，小足球场 29 块，笼式多功能球场 40 块，室内健身设施 65 套，乒乓球长廊 20 条。大兴区内所有行政村及有条件的社区、公园、健身广场等，都配有室外健身器材。各类专项活动场地逐年增加中，目前已全面覆盖全区 14 个镇及 8 个街道。随着政府投入资金的逐年增加，群众对体育场地设施需求不断加大，专项活动场地覆盖率正在逐年不断扩大。

（二）合力打造体育设施新地标、新亮点

2018 年大兴区抓住贯彻疏解整治促提升工作、腾退出大量闲置建设用地的大好契机，积极与瀛海镇政府沟通合作，利用瀛海镇三太路北侧环境整治景观绿化工程腾退土地，共同打造了瀛海体育运动公园和瀛海足球主题公园项目。以上两个项目占地面积共 31.9 万平方米，绿化面积 22.1 万平方米，消纳建筑废料 104 万立方米。公园内部建有环形塑胶跑道的标准足球场 4 块，七人制足球场 4 块，笼式足球场 3 块，标准篮球场 4 块，网球场 3 块。该项目的建设，扩大了运动休闲空间，满足了周边居民运动休闲的需求。通过创造高品质的公共空间环境，提升了周边居民的幸福感和满意度，为新建小区、居住人群集中的地区和有条件的公园提供室内外体育器材和建设球类场地，不断推进体育设施的多元化进程，逐步实现了城乡公共体育设施的提档升级与覆盖延伸。

（三）陆续形成户外健身休闲新空间

2018 年，北京市政府将 100 公里健身步道建设项目列入了市政府年度实事项目中，大兴区承担其中 5 公里健身步道的建设任务。建设地点为清源公园内现有环路。建设内容为铺设健身步道 1 条，长 5000 米，宽 2 米，包括原有旧地砖拆除、基础硬化、塑胶面层铺设、彩色沥青面层铺设、智能步

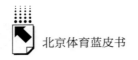
道设施安装等。项目总投资 1109 万元。全部工程计划 11 月底前完工。在此基础上，通过深入镇街调研、听取代表委员和群众意见建议等形式，2019年度，大兴区体育局还积极申请区级资金建设健身步道 12 公里，该健身步道分布在全区各镇（街道）、村社区及公园现有体育用地内，项目总投资1400 万元，工程计划 12 月底前完工。截至 2019 年，大兴区已经建有 157 公里健身步道、56 公里滨水步道、29 公里骑行步道，其中永定河绿色港湾建成的京南首个 10 公里闭环式骑行道路已经吸引市民纷纷走入。

（四）社会广泛关注为体育设施建设带来了强大动力

2018～2019 年，大兴区体育场地设施建设工作受到了各镇（街道）、行业、村和社区群众、人大代表、政协委员等社会各界的广泛好评。尤其是拨打"12345 非紧急救助热线"的群众，获知自己提出的增加体育场地设施需求的建议得到迅速落实，更对政府部门的工作效率给予了高度评价，也进一步提升了区政府实事工程的惠民形象。接下来，大兴区以落实市委书记蔡奇"一条骑行道盘活景观林"指示为例，为顺应消费提质升级趋势、发挥国际交流窗口优势，正在依托资源存量，挖掘潜力，利用 55 公里永定河流域、37公里南中轴延长线的资源优势，整合永定河、南海子、南中轴等历史文脉资源，逐步打造具有获得感、影响力、吸引力的"出门即休闲"漫步网络。

（五）重建更重管，全民健身设施完好率稳步提升

为加强大兴区全民健身工程及专项球类场地的建设、使用、管理和更新工作，依据《北京市全民健身工程管理办法》，大兴区出台了《大兴区全民健身工程管理办法》。在健身场地设施建成后，大兴区体育局与相关镇政府、街道及受赠村、居委会三方都签订了《全民健身工程安全管理协议书》。全民健身设施受赠村加强健身场地设施的管理和维护，明确和落实管理责任主体，定期检查、保养和维护，确保健身场地设施的可用性和安全性；进一步加强全区全民健身工程及专项球类场地的建设和管理，管好、用好健身器材和场地，提高管理质量和水平，推动大兴区群众体育事业的发展。

二 工作的经验体会

（一）构建"大群体"工作格局需要更高的站位

营造"政府主导、部门协同、全社会共同参与"的良好氛围，需要深刻认识全民健身在提高全民素质和加强社会管理中的作用，树立全民健身是基本公共服务的理念。明确政府在全民健身工作中的主导责任，做到"五个纳入"，即把全民健身工作纳入国民经济和社会发展总体规划、纳入精神文明创建指标体系、纳入民生实事工程、纳入公共财政保障范围、纳入考核体系，逐步完善全民健身公共服务体系，持续提升体育公共服务水平。大兴区实施全民健身联席会议制度，区政府定期召开成员单位联席会议，共同解决全民健身工作中的重大问题。在设施配建过程中，大兴区规划局、住建部等部门在公园绿地、住宅小区的开发建设过程中首先征求体育部门的意见建议，考虑居民的健身需求，增加体育元素。

（二）建设全民健身基础设施需要更广阔的视野

当前，结合大兴区经济社会发展规划，区体育局正在研究制定《全民健身运动基础设施建设规划》，将公共体育设施建设纳入城市建设规划和土地利用总体规划，预留空间，合理布局，强化管理。各镇、街道围绕预留体育用地、疏解腾退、棚户区改造，布局建设中型文体活动中心，配备室外健身广场、慢跑道、篮球场、健身房等配套设施，如瀛海体育运动公园、青云店镇大东社区运动场等。盘活用好现有体育设施，利用旧厂房、仓库、老旧商业设施等新建、改建体育健身场馆，如捍能国际运动城、北京 TSC 道境运动中心等。新建住宅小区，全部按规定配套建设全民健身设施。在农村建立健身广场，听取村民意见，符合农村实际。

（三）开放健身场地设施需要更宽广的胸怀

大兴区扎实推进学校、机关、国有企事业单位体育设施部门逐步向社会

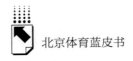

开放，提高公共场地设施有效使用率。区教委、区体育局实行挂牌督促、动态打分，同时鼓励机关、企事业单位体育设施对社会开放，逐步实现共享共用，既能够防止闲置国有资源的浪费，又能作为全民健身场地的有力补充，为群众健身锻炼提供更多便利。

（四）抓全民健身基础工作需要更长远的眼光

2018～2019年，大兴区继续壮大体育类社会团体、民办非企业等社会组织，帮助解决在工作场地和经费方面所遇到的困难，分类型、分步骤推进体育社会组织实体化改革。鼓励和支持社会力量举办、管理社会组织，鼓励各类社会资本捐资设立体育类公益基金会。积极参加京津冀一体化的体育文化交流活动，大力宣传项目文化。围绕全民健身、竞技体育、体育产业和体育文化等方面开展丰富多彩的宣传活动，为体育事业发展努力营造良好的舆论氛围。

三 取得的成果和社会效应

（一）加强顶层设计，全面贯彻落实《北京市全民健身条例》

大兴区积极开展《北京市全民健身条例》的学习、贯彻和宣传工作，进一步完善相关配套实施细则。落实好《北京市全民健身实施计划（2016—2020年)》中期评估工作，按照《北京市全民健身条例》要求的"面向社会、重在基层、属地为主、财随事走"的原则，高标准完成区政府重要民生实事项目。对街道、乡镇在全民健身组织保障、健身组织网络建设、健身场地设施配置、健身休闲活动开展、全民健身科学指导宣传等方面进行指导和规范，有效提升了基层全民健身工作水平，促进了城乡体育一体化发展。

（二）采取多种形式，丰富全民健身场地设施资源供给

加大全民健身场地设施建设力度。2018～2019年，大兴区共投入市区两级财政资金7709万元，建设标准篮球场、笼式足球场等各类专项球类场

地 75 块，更新全民健身路径工程 270 套，安装配建室内健身设施 37 套，铺设健身步道 17 公里，形成了区、镇街、村社区三级全民健身基础设施网络全覆盖的良好态势。

（三）持续扩大规模，完善体育健身组织网络和服务体系

1. 加强体育健身组织建设

通过完善激励保障机制，支持各级体育行业协会发挥枢纽型社会组织作用。促进并带动各行各业开展全民健身活动；加强对基层体育健身组织的指导服务，培育在基层开展体育健身活动的城乡社区服务类社会组织；积极开展基层健身团队备案、星级健身团队评选和健身团队骨干业务培训工作，推动健身团队制度化、规范化发展。截至 2019 年，大兴区共有全民健身团队 564 个，单项体育协会 35 个（其中 16 个已经注册为独立法人的社会团体，19 个已备案）。通过政府购买服务的方式，大力支持体育协会发展，并依托各单项体育协会分别举办了足球赛、篮球赛、龙舟赛、空竹赛、羽毛球赛、太极拳赛、象棋赛等近 20 项比赛，扶持体育协会更加健康规范发展。2018 ~ 2019 年，大兴区共为各协会培训业务骨干 300 余人。

2. 加强社会体育指导员服务管理

围绕社会体育指导员"奉献、服务、健康、快乐"的工作宗旨，加大对社会体育指导员志愿服务工作的宣传培训力度，弘扬体育文化，带动社会体育指导员工作健康、有序发展，提高社会体育指导员的自信心和自豪感。2018 ~ 2019 年，大兴区共培训排舞、太极拳、健身气功、空竹、柔力球、健身健美等各项目社会体育指导员 752 名，全区社会体育指导员共有 5100 名。日益壮大的社会体育指导员队伍是大兴区开展群众体育项目的重要组成部分，在推动群众体育工作中发挥承上启下的作用，带动更多的群众参与到体育运动中。基层的社会体育指导员组织社区、乡镇、街道的市民进行体育锻炼，传授体育技能，带领社区、乡镇、街道的市民组队参加群众体育赛事活动，助力市民身体素质的提升。

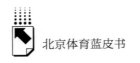
（四）围绕品牌赛事，开展丰富多彩的全民健身活动

群众"去哪儿健身"的问题解决了，全民健身活动也就更加丰富多彩了。2018～2019 年，大兴区以全民健身体育节、时尚休闲体育节为平台，群体活动丰富多彩，赛事品质不断提升，赛事品牌彰显特色，活动影响不断扩大。2019 年，大兴区举办"花绘北京·悦跑大兴"半程马拉松，吸引6500 名选手参加，把该赛事打造成新国门、新大兴的一张体育赛事名片，两届京津冀龙舟大赛开创了大兴水上赛事的先河，各类群体活动让大兴赛事品牌影响力不断提升。例如，在林校路街道、瀛海镇、北臧村镇、兴丰街道举办龙舟、乒乓球、太极拳、健身气功等活动；协助清源街道、长子营镇、榆垡镇、博兴街道、魏善庄镇等数十个基层单位组织举办体育文化节系列活动；为区人大、区政协、区工商联、区直机关工委、区文旅局、区总工会、区中医院等 20 余个机关单位组织职工运动会，共计提供全民健身指导服务5 万余人次；开展第三届、第四届大兴区市民快乐冰雪季系列活动，举办市民冰雪知识大讲堂、冰雪进社区、冰雪进校园、冰雪体验课等活动，共计有60 余万人次参加，切实在大兴区营造了浓厚的全民迎冬奥的氛围。

（五）多措并举抓落实，促进市民体质和健身意识提升

贯彻实施《国家体育锻炼标准》，开展达标测验和国民体质测试工作。加强社会体育指导员队伍建设，明确指导员的权利、义务及相关待遇，规范指导员的申报、培训、考核、上岗等管理制度，使社会体育指导员的重要作用得到充分发挥。2018～2019 年，大兴区通过举办 12 期社会体育指导员培训、12 次（堂）科学健身大讲堂等系列活动，不断提升市民科学健身素养，发挥全民健身在健康促进、慢性病防治和康复等方面的积极作用。积极推进国民体质测试工作，帮助群众了解自身身体素质状况，根据总体结果进行分析评价，为受测群众开具科学运动处方，为全民健身体系的制定提供科学依据。两年来共采集国民体质数据样本量16000 人次。

体育强则中国强，体育兴则国运兴。在中华民族伟大复兴的征程中，体

育不可缺席、使命重大。2019 年 9 月发布的《体育强国建设纲要》，深刻阐述了习近平新时代中国特色社会主义思想体育事业路线。在这一路线的指引下，大兴区围绕解决群众"去哪儿健身"问题，加强城市绿道、全民健身中心等场地设施建设，合理利用城市空置场所，鼓励社会力量建设小型体育场所；完善公共体育设施低收费或免费开放政策的同时，有序促进各类体育场地设施向社会开放，走出了一条特色鲜明的体育强区之路。

大兴区体育局供稿

B.22
三百专干撒怀柔，万人太极展雄心

——2018~2019 年怀柔区群众体育工作亮点

为有效推进《全民健身条例》和《北京市怀柔区全民健身实施计划（2016—2022 年）》的实施，进一步开展新时代文明实践中心建设工作，努力打造"一镇一品，一街一品"群众活动品牌，不断丰富怀柔区广大人民群众健身活动内容，提高全区人民身体素质和健康水平，怀柔区体育局制定了万人太极拳推广普及工作方案，确定了 2019~2021 年三年累计培训太极拳参与人数 1 万人的工作目标，并推行体育专干员制度与此配套。

一 体育专干员制度

2019 年，为全面落实《北京市全民健身条例》，提高怀柔区人民身体素质和健康水平，使科学健身更加贴近群众，进一步营造良好的全民健身氛围，怀柔区体育局在多方调研、仔细研讨的情况下推行了体育专干员制度，在区属各镇乡、街道配备了 329 名体育专干员。8 月底前，体育专干员经培训合格后持证上岗，并享受体育专干员劳务补贴。目前发放标准是每人每月 400 元，怀柔区制定了《怀柔区体育专干员资金使用及管理办法》，要求各体育专干员务必严格遵守，积极组织开展全民健身赛事活动，传授体育健身技能，普及科学健身知识，充分发挥作用。目前 329 名体育专干员已全部上岗并组织开展工作，他们利用自身所学的专业技能有效指导群众参与体育健身活动，科学使用各类全民健身器材，协助相关部门组织开展各类全民健身比赛或活动，在一定程度上有力助推了基层体育工作的开展，助力区域文明的提升。12 月底前，通过征求镇乡和街道意见、查看资料、开展群众测评等方式对体育专干员工作进行考核，考核内容为组织开展比赛或活动的质量、数量、影响力，传授体育健身技能、普及科学健身知识等几个方面的落实情况，对表现优秀的体育专干员给予奖励，不合格者予以更换。

在怀柔区体育专干员制度协同下，加强以单项健身为依托的"一镇一品，一街一品"群众体育工作，"万人太极"普及规划就是其中之一。

二 三年（2019~2021年）"万人太极"普及规划

（一）明确目标

1. 推广普及年度目标

第一批 2019 年推广普及培训人数 2000 人；第二批 2020 年推广普及培训人数 4000 人；第三批 2021 年推广普及培训人数 4000 人。

2. 推广普及内容

推广普及太极拳八法五步。

3. 推广普及范围

怀柔区所辖的各镇乡、街道。2019 年在全区各镇乡选出首批 4 个镇乡作为试点，分别为怀柔镇、雁栖镇、北房镇、桥梓镇。

（二）2019年度的工作经验

1. 把推广普及万人太极拳活动作为全区全民健身工作的一项重要内容来抓

采取区、镇乡街道和村社区三级联动的方式，开展万人太极拳推广普及工作。

2. 选拔14名区级太极拳教练员在全区范围内进行太极拳推广普及工作

2019 年怀柔区体育局预计培训 2000 人参与此次太极拳推广普及活动。

培训结束后，区体育局将在区体育中心举办怀柔太极拳汇报展演。2020 年区体育局计划在各镇乡、街道培训 4000 人参与太极拳推广普及活动，并对2019 年培训的 2000 人进行巩固。2021 年区体育局计划在各镇乡、街道培训4000 人参与太极拳推广普及活动，并对 2019 年和 2020 年培训的 6000 人进行巩固。

3. 推广普及实施步骤

（1）2019 年 5 月制定 2019 年怀柔区万人太极拳推广普及培训方案。

（2）2019 年 6 月召开各镇乡体育工作会，讨论、征求各镇乡、街道意见和建议。

（3）2019 年 7 月对各镇乡、街道实际情况进行实地调研，召开各镇乡、街道工作部署会。

（4）2019 年 8 月 5 ~ 9 日，组织区级太极拳教练员队伍在怀柔区体育中心进行统一培训，对区级教练员进行动作规范。

（5）2019 年 8 月 5 ~ 9 日，各镇乡、街道确定本辖区参与推广培训的村、街道名单，上报各村、街道太极拳推广普及骨干人数及姓名；确定本辖区太极拳推广普及骨干培训地点，上报怀柔区体育局。

（6）2019 年 8 月 5 ~ 9 日，各镇乡、街道按照区体育局培训方案，综合本辖区情况上报每天培训具体时间。

（7）2019 年 8 月 12 ~ 23 日，区级教练员实地到各镇乡、街道组织培训各镇乡、街道太极拳推广普及骨干。

（8）2019 年 8 月 26 ~ 9 月 24 日，各镇乡、街道太极拳推广普及骨干在各镇乡、街道进行为期 30 天的基层太极拳动作教授，区级太极拳教练每天实地到各镇乡、街道对基层队伍进行动作指导和规范。

（9）2019 年 9 月 25 ~ 30 日，各镇乡、街道对基层队伍组织开展合练，进一步统一、规范动作标准。

（10）2019 年 10 月，在怀柔区体育中心进行 2019 年太极拳推广普及活动展演。

三　工作的预期效果

通过打造怀柔区"万人太极"品牌活动弘扬中华优秀传统体育文化，传播体育正能量，为市民提供多样化健身服务，更好地满足大众向往身心健康的需求，进一步增强怀柔区居民身体素质，引导群众科学健身，形成全民支持、参与体育健身的良好氛围，掀起全区群众体育健身新热潮。

怀柔区体育局供稿

B.23
体育特色乡镇建设的平谷经验

——2018～2019 年平谷区群众体育工作亮点

为全面落实《北京市全民健身条例》《北京市全民健身实施计划（2016—2020 年）》的目标任务，2018 年、2019 年北京市体育局持续开展了全民健身示范街道、体育特色乡镇创建工作，平谷区体育局高度重视，精心组织实施，加大宣传，积极开展平谷区全民健身示范街道、体育特色乡镇的创建工作。2018 年，平谷区创建 2 个全民健身示范街道、3 个体育特色乡镇；2019 年，平谷区创建 3 个体育特色乡镇。

一 组织筹备

2018 年北京市全民健身示范街道、体育特色乡镇创建工作被列为北京市重要民生实事项目，为了保证全民健身示范街道、体育特色乡镇争创任务的完成，平谷区成立了以主管区长为组长，区体育局、区农委主要领导为副组长，主要科室为成员的领导小组，制定并下发平谷区全民健身示范街道和体育特色乡镇创建工作方案。

争创单位 2 个街道、3 个乡镇也分别成立了争创工作领导小组，具体负责全民健身示范街道和体育特色乡镇创建相关工作的组织实施，形成了区、街道（镇）、社区（村）三级创建组织机构，为全民健身示范街道、体育特色乡镇争创打下了坚实的基础。

此外，认真落实北京市 2018 年重要民生实事项目分工方案管理责任，要求各争创单位按时上报争创工作进展情况，实行周报制度，及时了解各单位争创工作动态。

二 工作经验体会

（一）研读细则，制定标准

平谷区体育局主管科室认真学习争创的标准，对全民健身示范街道 7 大项 41 个小项、体育特色乡镇 6 大项 25 个小项逐项学习理解。在全民健身示范街道、体育特色乡镇创建标准的基础上，针对个别标准进行提高。如《北京市体育特色乡镇标准》要求创建乡镇的体育特色村数量达到 30% 以上，平谷区提高要求到 50%，使更多的村参与争创过程，让这项民生实事工程惠及更多的市民。

（二）召开三个专题会议，确保争创质量

1. 全民健身示范街道、体育特色乡镇创建工作会

平谷区体育局、区农委召开全民健身示范街道、体育特色乡镇创建工作会。全区 2 个街道、16 个乡镇主管领导、体育干部全部参加会议。会上，学习了《北京市体育局关于办好北京市 2018 年重要民生实事项目工作方案》，对创建工作的背景、紧迫性以及"十三五"时期任务目标等重点内容进行了详细介绍；对创建工作需准备的相关材料进行了详细说明；并对下一步工作进行了重点部署。要求各单位提高认识，抓住机遇，积极争创，确保平谷区全民健身示范街道、体育特色乡镇创建工作圆满完成。

2. 全民健身示范街道、体育特色乡镇创建培训会

平谷区体育局、区农委召开全民健身示范街道、体育特色乡镇创建培训会。争创单位的主管领导和体育干部参加培训。培训会上为争创单位详细解读了《北京市全民健身示范街道标准评估细则》《北京市体育特色乡镇标准评估细则》，要求各争创单位严格按照街道、乡镇创建标准进行创建，做好自查自评；切实做好全民健身组织保障、健身组织网络建设、健身场地设施配置、健身休闲活动开展、体育文化宣传、全民健身科学指导工作。

3. 全民健身示范街道、体育特色乡镇创建迎检工作会

平谷区体育局、区农委召开全民健身示范街道、体育特色乡镇创建迎检工作会。各争创单位分别汇报本单位创建工作开展实际情况、存在问题，争取以最好的状态迎接检查。

（三）加大投入，丰富市民健身内容

1. 突出重点，开展体育特色村创建工作

根据《北京市体育特色乡镇标准》要求，各乡镇30%以上的村获得北京市体育特色村称号，才具备成为北京市体育特色乡镇的条件。2018年，平谷区组织3个乡镇各创建8个体育特色村，共创建了24个体育特色村；2019年，平谷区组织3个乡镇各创建9个体育特色村，共创建了27个体育特色村。各村按照《北京市体育特色村标准》要求，成立村级全民健身领导机构、体育组织和单项体育协会，建立社会体育指导员队伍，组织开展适合村民特点的、有特色的、小型多样的体育健身活动，极大地丰富了村民的体育文化生活。

2018年，在完善全民健身工程和专项场地的基础上，平谷区积极申请资金200万元，为3个乡镇的24个体育特色村配建了一块宣传栏，为特色团队配备服装，发放近两千件体育大礼包，大礼包内有篮球、象棋、羽毛球拍、臂力器、握力器、跳绳等小型健身器材等体育用品。

2. 配建体质测试站，开展体质测试工作

为进一步做好全民健身示范街道、体育特色乡镇创建工作，了解和掌握平谷区体育特色乡镇国民体质状况和发展趋势，指导群众科学健身，增进全民身心健康，提高生活质量，2018年，平谷区筹措资金为2个街道、3个乡镇共配建6个测试站；2019年为3个乡镇共配建3个测试站。

3. 积极探索"体医融合"模式，开展测试工作

平谷区与北京立方社会经济研究院签订长期战略合作协议，以"健体康评"为主题，走"体医融合"之路，采取体质测试与健康风险评估结合的形式，开展"百姓健康评估"行动。以区二级测试站为基地，深入农村

采取集中测试和下基层测试相结合的方式进行国家体育锻炼标准测试和国民体质测试。

其中，大华山镇积极探索新模式，建立智慧健康管理指导中心，让全民掌握科学健身的方法和理念，为辖区村民建立健康电子档案，并提供健康促进理疗服务。

2018 年，平谷区 5 个争创单位共组织辖区居民 4500 余人参加国民体质测试，3000 余人参加国家体育锻炼标准测试；2019 年，3 个争创单位共组织辖区居民 3000 余人参加国民体质测试，2000 余人参加国家体育锻炼标准测试。

4. 以"八个一"工程为抓手，积极开展全民健身活动

要求各街道、乡镇积极落实"八个一"工程，即乡镇每年召开一次专题会议，制订一个工作计划，召开一次全民运动会，举办一次篮球大赛、一次乒乓球大赛、一次拔河比赛、一次象棋比赛，每个行政村召开一次运动会或体育比赛。坚持小型活动经常化、大型活动规模化的全民健身活动模式，坚持突出活动特点、打造活动精品、形成活动特色的思路和方法，积极组织开展具有传统性、趣味性和健身性的群众体育活动。结合地区实际，打造"一镇一品，一街一品"特色品牌活动。

5. 加大力量，积极开展全民健身科学指导

通过社会体育指导员进社区、进村庄宣传健身知识、健身项目、健身技能，在全区范围内推广冰雪运动、大众广播体操、健身秧歌、太极拳、太极剑等 20 余种健身项目，丰富了市民全民健身的方式方法，明显提升了广大群众科学健身素养。

（四）加大宣传

1. 利用《北京市全民健身条例》的颁布，加大宣传力度

平谷区体育局在兴谷街道健身园，组织了《北京市全民健身条例》宣传活动，区领导出席活动，活动现场下发《北京市全民健身条例》和健身大礼包。要求街道、乡镇结合本单位工作实际，加大《北京市全民健身条

例》宣传力度，充分利用宣传栏、微信公众号、现场宣传等多种形式对辖区人员进行全民健身宣传，确保《北京市全民健身条例》家喻户晓、人人皆知。

2. 利用全民健身日，开展全民健身宣传

每年的 8 月 8 日是全国全民健身日，2018 年、2019 年的 8 月 8 日是全国第 10 个、第 11 个全民健身日，平谷区体育局分别制定并下发了活动通知，要求各街道、乡镇结合争创工作，积极开展全民健身活动，倡导科学健身，使更多的人参与全民健身活动。

3. 致市民的一封信

为了使更多的人参与争创工作，平谷区体育局拟定了创建全民健身示范街道、体育特色乡镇致居民、村民的一封信，向街道居民、乡镇居民、村民发放，介绍争创的目的、意义，让大家参与其中，享受其中。

在北京市体育局的指导帮助下，平谷区 2018 年全民健身示范街道、体育特色乡镇的创建工作顺利完成。2019 年，在 2018 年创建工作的基础上，平谷区体育局总结经验，继续努力，按照市级要求，继续做好体育特色乡镇的创建工作。

平谷区体育局供稿

B.24

升级赛事，助推群体：密云群众体育发展策略

——2018~2019 年密云区群众体育工作经验

2018~2019 年全民健身日益高涨，各项工作面临新形势、新机遇、新要求。两年来，密云区体育局全面深入学习贯彻习近平新时代中国特色社会主义思想和党的十九大精神，围绕抓好"三件大事"、打好"三大攻坚战"的要求，在北京市体育局大力支持下，在区委、区政府的正确领导下，努力建设生态富裕、创建和谐美丽新密云，认真落实蔡奇书记到密云调研时讲话指示精神和区委二届五次、六次全会精神，深入实施全民健身国家战略，全面唱响"全民健身、你我同行"的主旋律，以增强全区人民体质、提高健康水平为根本目标，大力构建全民健身服务体系，实现密云区全民健身和全民健康的深度融合，以"体育 + 旅游 + 休闲"为主题，打造密云品牌赛事，开展丰富的群众体育活动，带动密云区幸福产业发展，提升密云的影响力和美誉度，展现生态密云的城市形象，推动体育事业全面协调发展，完善公共体育服务体系，不断满足广大群众日益增长的体育需求。

一 齐心协力，升级赛事，开创密云生态马拉松新篇章

密云区委、区政府领导高度重视，密云区体育局全员齐心协力。密云生态马拉松作为 2019 年区委、区政府的重要赛事，区领导高度重视，成立了以区委书记为主任、区委和区政府领导班子为副主任、各部门一把手为成员的组委会机构，下设十部一室，办公室设在密云区体育局。各位区领导分工负责，齐抓共管，为有序、有力推进各项工作提供了组织保障。

在赛事筹备期间，以潘书记为首的区委和区政府领导先后 20 余次到赛道实地调研，根据现场情况进行调度。区体育局各部门也各司其职，齐心协力，为有序推进各项工作提供了有力保障，为"幸福密云"的成功铸造了"金钥匙"。赛事组织工作升级的经验有 3 点。一是严谨的安保队伍。高标准制定安保方案，借鉴武汉及北京市区各大马拉松经验，会同运营公司，多次召开各部门协调研讨会，最终在区治安大队把关和专业指导下，安保部反复对人员数量、岗位分工、集结区、起终点、防护隔离、人员通道、交通管制和绕行路线等问题进行数据分析、研究，历经数十次的修改，制定了严谨、专业的安保方案。二是组织有力的医疗队伍。本次赛事医疗保障分为 8 个保障体系：起（终）点保障、赛道固定医疗站、赛道沿线救护车、随跑急救车组、沿线医疗志愿者、流动医疗急救员、医师跑团、外围保障车组。三是热情周到的志愿者队伍。所有志愿者都经过专业的分批次培训，他们在赛前三天及赛事当天担任赛前物品发放、存取衣、饮料站、饮水站、完赛物品发放、人墙和检录等岗位，不仅满足赛事岗位的需求，还成为赛道上独具特色的一道风景线。

二 借助全民运动会，推动群众体育发展

北京市密云区第二届全民运动会于 2018 年 10 月 13 日在北京师范大学密云实验中学举行开幕式，由全区各镇街和职工单位的 35 支方队干部组成，参与率超过 20%，有的单位达到了全员参加；既有代表民族特色满蒙文化崇文尚武的展示，又有鲜花、气球和彩旗方队对会场的装点；入场方队阵容强大、步伐整齐划一，充分显示了全区干部职工热爱运动、参与健身的激情与热情，也更好地展示了全区人民团结向上、鼓足干劲为密云各项事业发展而努力工作的精气神。开幕式的节目表演由"追梦少年·共筑未来""炫舞密云·激情飞扬""欢乐密云·盛世龙腾"组成，参演项目在十项以上，参演单位有区教委、区总工会、区机关工委、各镇街等 20 多个单位，共 2000多人参与。运动会赛事着重突出三大板块，一是三大球比赛板块，二是纪念

改革开放 40 周年和密云水库开工建设 60 周年健身项目展示板块，三是田径赛事板块。全部赛事共由 20 个大项 150 个子项组成，近三万人次参与，赛事承办单位涉及篮球协会、足球协会、武术协会等，标志着密云区社会力量举办赛事达到一个新的发展阶段。本届区运会既是密云区健身项目普及的大检阅，也再次吹响了全民健身的号角。

三 协调体育职能，促进全民健身和全民健康深度融合

（一）开展传统比赛，起到引领和带动作用

以第二届全民运动会为契机，群众体育设置项目不断扩充，密云区体育局 2018 年开展了区级乒乓球、羽毛球、篮球、钓鱼、足球等丰富多彩的区级和镇街、职工单位群众体育赛事活动在 250 项次以上，参与人次达 23 万人，有效提升了广大群众的健康素质和生活质量。

（二）以市级活动带动本区高水平运动队发展

2018 年密云区体育局共组织群众、职工团体参加市级乒乓球、国家体育锻炼标准测试、登山等 10 余项次活动，不断加强与各区高水平队伍的交流，更好地带动各项活动的开展。

（三）赛事活动多种多样，智力运动广泛开展

2018 年，密云区体育局将围棋、象棋、国际象棋、双升打造为传统赛事，与密云区总工会共同举办了 2018 年密云区围棋、象棋、国际象棋交流赛，涵盖领导干部、各阶层职工和青少年学生，使智力运动影响力不断扩大，群众参与度越来越高，不仅为密云区百姓提供了交流、竞技的平台，也展示了体育文化建设的成果，增加了智力运动的多样性。同年 11 月、12 月密云区体育局还举办桥牌比赛和双升比赛，充分发挥棋牌类体育

项目普及和发展的引导功能，为棋牌爱好者搭建高水平、高规格的赛事平台，努力为密云区社会建设做出贡献。

（四）体育运动协会积极打造品牌赛事，带动群众活动蓬勃开展

乒乓球协会联合市体育局、市体育总会、市体育基金会等多家单位举行的2018年北京市体育公益活动社区行暨密云区"乒乓大集"活动展示在中国最大的乒乓球室外广场——密云飞鸿世纪园乒乓球室外广场隆重举行，来自鼓楼街道、果园街道及各职工单位的近千人参与了此项活动，"乒乓大集"作为密云群众体育活动的新品牌，密云区体育局将坚持每年举办，并向京津冀地区发出邀请，扩大参与规模，不断提升社会影响力。自行车协会积极开展低碳出行快乐骑行活动，吸引了众多骑行爱好者加入，以实际行动向广大市民宣传倡导"低碳环保　绿色出行"理念，使广大骑行爱好者在锻炼身体之余，得到身心的愉悦。篮球协会于2018年6月底完成换届，为篮球协会注入新鲜的活力，开展了近10场次的篮球比赛和交流活动，累计带动1000余人参与。足球协会自2016年成立以来坚持开展群众性足球活动，满足足球爱好者的日益需求，不断推动足球运动的普及发展。2018年，密云区第一届足协杯赛，12支密云群众足球队齐聚冶仙塔足球场进行足球较量，这是近几年来举行规模最大的一次群众足球比赛，吸引了很多百姓的关注，为推动密云足球运动的发展翻开了崭新的一页。武术协会以传承发扬武术文化为目的积极开展武术交流展示。武术协会积极落实年度计划任务，不断健全完善武协组织，在武术健身、竞技武术与社会武术、武术理论建设和武术文化交流、武术段位制考评等方面有了长足的发展。全年共开展武术活动10项次，累计带动2000余人参与武术活动，推动了武术运动的普及发展和技术水平的提高。

四　普及冰雪知识，大力开展冬季运动

2022年北京将首次举办冬奥会、冬残奥会，这必将成为振奋民族精神、

凝聚海内外中华儿女团结奋斗的又一盛事。密云区委区政府高度重视冰雪产业发展，为响应总书记"带动三亿人参与冰雪运动"的重要号召，将南山滑雪场提档升级工作和冰雪小镇建设列为密云区重点工作。在南山滑雪场举行"助力冬奥—精致密云·快乐冰雪"嘉年华系列活动，共分南山国际滑雪系列赛、惠民大众滑雪（冰）系列比赛、滑雪爱好者网上抢票来滑雪活动、2018 年冰雪知识普及和讲座以及青少年体验活动等几大版块，参加整个冰雪嘉年华活动的人数在 6 万人以上。

密云区体育局供稿

B.25
依"文明实践中心试点",创延庆
群众体育亮点

——2018～2019 年延庆区群众体育工作经验

为深入贯彻落实《北京市全民健身条例》,推动《北京市全民健身实施计划(2016—2020 年)》的实施,使习近平新时代中国特色社会主义思想更加深入人心,进一步加强和改进乡镇、街道基层宣传思想政治工作和精神文明建设工作,打通宣传群众、教育群众、关心群众、服务群众的"最后一公里",延庆区体育局全力以赴打造健身体育服务平台,满足群众多样化健身需求;完善延庆区群众体育设施,加快形成"一刻钟健身圈",构造丰富多彩的群众体育赛事体系,增强冬奥服务保障,满足人民群众日益增长的美好体育需求。现将 2018～2019 年延庆区群众体育发展亮点总结如下。

一 文明实践开展情况

根据《北京市延庆区新时代文明实践中心建设试点工作方案》,结合建设新时代文明实践中心试点体育工作务虚会讨论结果,制定以"庆世园、迎冬奥、筑梦新时代"为主题的 2019 年延庆区体育节工作方案,围绕做好增量和建立菜单,为新时代文明实践中心试点建设工作助力。

(一)做好体育设施增量

延庆区共安装室外健身路径 465 套,376 个行政村实现健身器材全覆盖。2019 年延庆区体育局申请体育彩票公益金 2325.54 万元,在全区新建、更新 181 套 2715 件室外健身路径器材,新建 286 套 1430 件棋苑设施,更新篮球架子 101 付,使 376 个行政村和具备安装条件的社区基本实现健身设施全覆盖,打造"十五分钟健身圈"。

(二)做好社会体育指导员增量

为更好地开展基层体育健身志愿服务活动,延庆区体育局积极培养、储备体育服务人才,壮大社会体育指导员队伍。举办 3 次"践行新思想、拥抱新时代"社会体育指导员培训,培训 400 余人获得健身操舞、气排球、花毽社会体育指导员证书。科学管理社会体育指导员队伍,充分发挥其"传帮带"作用,指导不同年龄段人群参与体育健身活动。

(三)做好体育组织增量

着力加强体育组织建设。开展健身团队业务骨干培训,来自延庆区 3 个街道的 64 名优秀健身团队骨干参加;为 19 个单项体育协会提供办公用地和办公用品,激励单项体育协会踊跃开展群众身边的体育活动;审核延庆区滑冰协会递交的申请材料,审核通过后,成立滑冰协会并协助办理实体化注册;积极引导单项体育协会、健身团队进行实体化注册及备案登记工作,鼓励协会承办区级赛事活动,引导健身团队深入基层开展全民健身活动。

(四)建立全民健身活动菜单

自新时代文明实践中心建设以来,延庆区体育局着眼当前全区基层全民健身服务供给不充足、渠道不通畅、资源不均衡等问题,在新时代文明实践中心网站服务超市模块发布 32 项体育服务菜单。根据延庆区群众需求在不同时期、不同季节开展符合不同年龄阶段的体育活动,使全民健身活动贯穿全年,形成全民健身、全民参与的氛围,按需完成 18 个乡镇街道 110 余次点单,带动 4000 人次参与;扶持 21 个单项体育协会和 15 个乡镇文体中心在各乡镇、街村自主开展 63 场全民健身活动,带动 32000 人次参与,形成"月月有赛事、周周有活动、天天都健身"的固定活动模式,呈现社会体育指导员引领、健身爱好者带头、群众主动参与的良好态势。

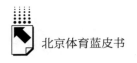
（五）提供新时代文明实践基地服务

延庆区体育中心作为新时代文明实践基地挂牌以来，为全民健身活动及群众日常健身提供场地保障。其中，延庆区体育场全天免费为市民开放，延庆区体育馆分时段免费或低收费开放，体育局院内 6 块篮球场地全天免费为市民开放，体育局院内 12 块乒乓球台全天免费为市民开放。2019 年，延庆区体育中心为 15 场全民健身活动提供场地保障，接待健身人群 28 万余人次，竭力为百姓打造安全舒适的健身环境。

二 新时代文明实践工作发挥的作用，强化冰雪运动普及和人才培训工作

（一）冰雪运动的普及

组织全区 3000 名机关单位、乡镇职工上冰、上雪，广泛开展群众冰雪活动，通过引领、示范作用带动更多的群众了解冰雪运动项目，参与冰雪活动；举办 5 场冬奥知识及冰雪运动普及大讲堂，倾力服务冬奥，为办好2022 年北京冬奥会贡献力量。

（二）人才的培训

服务型人才培训，培训 24 名青少年和 23 名成人分别获得瑞士国家职业滑雪指导员、国际和中国双重认证的滑雪教练指导员证书；组织 11 名延庆区海坨农民滑雪队队员赴吉林进行滑雪和雪板维护等技能培训，力争开拓延庆区农民转型就业新渠道。

（三）加强冰雪赛事开展工作

延庆区体育局于 2017 年 12 月～2018 年 2 月，举办涵盖群众冰雪活动、冰雪运动培训 2 大类 7 项赛事活动，其中包含 2018 世界雪日暨国际儿童滑

雪节、走向 2022 迎冬奥第三届延庆海坨冰雪徒步大会等 5 场群众性冰雪活动和 2 场滑雪技能培训。

（四）完善冰雪场地建设和雪场改造

积极策划自然河道冰场事宜，积极协助石京龙滑雪场及八达岭滑雪场进行升级改造。

（五）健身工程不断推进，健身路径逐步完善

2018 年，建设完成 112 块专项体育场地；对报废的 253 套健身器材进行了更新；重新设计体育场外围道路，已改造为市民健步走路径；对体育场消防道路、供暖管道进行改造，给健身群众提供安全舒适的健身环境；延庆区体育中心综合馆及游泳馆项目正在进行室内外装修施工及设备设施安装施工，已完成总工程量的 70%，预计 2018 年底完成。

（六）助单项协会实体化，让健身活动基层化

截至 2018 年，共有单项体育协会 21 个，实体化注册协会 6 个，备案健身团队 50 余个，按照"面向社会、重在基层、财随事走"原则，依托围棋、象棋、乒乓球等协会和健身组织开展群众身边的体育赛事及全民健身活动的服务指导工作 25 场。

（七）丰富健身指导形式，增强健康生活意识

科学健身知识及健身技能培训场次明显增多，培训内容丰富多彩。2018 年，举办科学健身知识大讲堂和社会体育指导员培训 19 场，2400 人次参与。利用节假日开展体质测试，测试人数达 3000 余人。为延庆区 65～79 岁老年人开展体质测试活动，测试人数达 150 人。

（八）广泛组织赛事活动，积极参加市级大赛

2018 年，延庆区体育局积极组织延庆区"体育彩票杯"篮球联赛、全

民健身日家庭亲子跑活动等 25 场区级赛事活动；开展 1 次马球赛、3 次龙舟赛、1 次骑游大会、2 次徒步走、3 场马拉松等传统项目活动；参加庆祝《全民健身条例》颁布一周年羽毛球交流赛、北京市社会体育指导员交流展示大赛等 16 场市级赛事活动；积极组队参加北京市第十五届运动会群众组比赛，共选拔 366 名运动员参加了足球、篮球、乒乓球等 14 个项目，并获得了良好的成绩。

（九）着力发掘体育特色，打造体育特色乡镇

积极开展北京市体育特色乡镇创建工作，进一步完善、提升旧县镇的健身操舞特色，通过北京市体育局审核获得扶持资金 50 万元；积极协助永宁镇创建以气排球为特色项目的体育特色乡镇。打造体育特色乡镇不仅能促进当地体育事业的发展，还能提高乡镇知名度和影响力，推动区域经济进步。

三　存在的问题

（一）体育场地设施与群众需求存在差距

与群众日益增长的体育需求相比，体育设施总量不足，体育资源布局不均衡。一些老旧小区在规划建设时未预留出体育用地，后期修建健身路径存在实际困难，导致不能很好地满足不同群众的健身需求。

（二）体育组织社团自主开展活动能力弱

单项体育协会大多数挂靠在区体育总会下，主要靠体育部门下拨的经费开展活动，协会实体化、规范化、社会化的程度低，自主承办赛事的活跃性、独立性和专业性依然较弱。

（三）冰雪活动场地数量不足，标准有待提高

延庆区作为 2022 年冬奥会、冬残奥会三大赛区之一，冰雪赛事活动发展是重中之重。目前，冰场和雪场数量不足，不能有效满足群众上冰、上雪的需求；冰雪场地设施软硬件配置不完善，不利于延庆作为冬奥城市冰雪运动的长足发展。

延庆区体育局供稿

B.26
依托新管理，拥抱新时代，展现
开发区群体工作蓝图

——2018～2019年开发区群众体育工作规划

社会发展局围绕开发区工作大局，开展群体工作以满足区域群众对美好生活的新期待，在北京市体育局的领导和群体处的具体指导下，社会发展局与有关部门联手，认真贯彻落实《北京市全民健身条例》、《北京市全民健身实施计划（2016—2020年）》和《北京经济技术开发区全民健身实施计划（2016—2020年）》，积极发动群众参与群众体育活动，努力构建覆盖全区的全民健身公共服务体系，推动履行政府体育公共服务职能，全面推进全民健身工作，以职工百姓健康需求为导向，在政策引领、设施建设管理、体育活动开展上下功夫，群众体育事业取得一定进展。

一　科学管理

（一）政策指导有力度

开发区贯彻落实国务院的《全民健身条例》《关于加快发展体育产业促进体育消费的若干意见》，以及北京市政府、北京市体育局的《北京市全民健身条例》《北京市全民健身实施计划（2016—2020年）》等体育政策文件，结合开发区全民健身发展的特点和实际情况，编制了《北京经济技术开发区全民健身实施计划（2016—2020年）》。立足开发区的发展基础、发展方向和区位条件，以服务企业职工和社区居民为核心，坚持全民健身社会化、体制机制完善化、融合发展创新化三大理念，不断完善政府主导、部门协同、全社会共同参与的大群体工作格局，推动了本地区全民健身公共服务体系建设，完善开发区体育事业保障机制，成立开发区全民健身体育协会，积极探索社会组织实体化运行，从建立就与机关事业单位做到机构、职能、资产财务和人员管理"四分离"，以此带动各级各类专项协会、行业协会和群众体育组织开展全民健身活动。此外开发区体育局对已出台的《北京经济技术开发区文体基地扶持办法》进行了修改，在建设标准、扶持标准、监督管理等方面进一步明确规范，更好地发挥企业、街道社区、体育基地等在区域体育事业建设方面的引领作用。截至 2019 年底，累计投入 300 多万元，扶持创建了 11 个体育基地。

（二）设施建设管理有特色

开发区公共体育设施建设遵循"政府主导、社会参与、共建共享"的原则，积极探索和建立服务区域体育事业发展的新形式。加强公共体育建设顶层设计，倡导"开放融合，服务社会"的理念。以群众需求为导向，一方面实行社会化运营管理，开发区体育中心以及 4 个社区建设俱乐部委托专业公司管理，借助专业社会力量普及和推广全民健身，对群众进行科学健身指导，开展百姓健身培训讲堂，建立青少年体育培训基地，积极举办会员活动，实现社会效益最大化。

比如，在企业文化园引入"全民智道系统"，实现对运动者进行实时指导、个性化指导，满足广大群众智慧健身需求。7.8 万平方米的开发区体育中心每天 6～22 点面向公众开放（每日免费开放 8 小时），全年参与全民健身活动、职工运动会的人数达 18 万人次。同时开发区体育中心向周边学校开设学生绿色通道，每天早上 8～9 点，下午 3：30～5：00 免费向学校开放用于开展学校"零点体育""课后一小时""学校运动队"等体育活动，有效解决学校体育设施不足问题。

另一方面引导属地企业积极承担社会责任，开放自有场馆，主动融入社区发展，提供公共体育服务。把 11 个"共建共享"体育基地作为开发区公共体育设施的有益补充，发挥其 15 分钟服务半径的作用，5 年来约 11.5 万

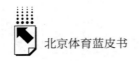

平方米的体育基地，免费或低价开放1.1万小时，开展全民健身公益活动和服务550次。1个区级公共体育场所、37处体育健身路径、1处公园智能体育设施、4个社区健身俱乐部、11个体育基地为区内几十个规模以上企业和400余家中小企业提供多元化健身服务功能。

（三）科学指导有深度

科学健身指导贯穿始终。开发区体育局每年组织开展国民体质监测活动和国家体育锻炼标准活动，对区内企业职工和社区居民两个群体进行监测，涉及社区、服务站以及30余家企业、机关的3500余人。同时，在体育中心设立日常监测站点，常年不间断地开展体质测试工作，有效改善了市民体质，提高了群众体育素养。结合体质测试，每年重点开展了科学健身大讲堂活动15次，通过全民健身宣传普及体育知识，强化群众体育健身意识，共3000人次受益。

抓住重点，做好冬奥宣传和冰雪运动普及工作。一方面结合北京市民快乐冰雪季和全民健身大讲堂活动积极开展开发区冰雪运动，做好冬奥宣传；另一方面下大力气做好开发区冰雪运动的研究和发展工作，大力开展滑冰、滑雪公益体验课活动，开展快乐冰雪季、五进宣传等系列活动。

2019年亦庄新城建设按下"启动键"，北京经济技术开发区以"四区一阵地"战略定位和"升级版"开发区建设为宗旨，围绕全民健身国家战略，响应国家关于冰雪运动普及和推广的号召，以全民健身体育节为载体，推陈出新，不断丰富内容，拓展内涵，下一步将依托全民健身体育节搭建平台，畅通渠道，激发全民健身热潮，同心逐梦助力冬奥，共同推动"北京亦庄"改革创新，努力打造一体化、高端化、国际化宜居宜业和谐新城。

二　全民健身体育活动策略

（一）凝心聚力，创品牌

2019年，"一区一品"开发区第十一届运动会暨北京市第六届外企职工运动会隆重举行，此次赛事共有来自北京市及开发区的机关、企事业单位、学校、驻区服务机构等160家代表队，共4000余名运动员参赛，近万名中外职工参加活动。其中北汽新能源、北京奔驰、京东方、鸿坤产业、SMC、宝健（中国）、科技创新联盟等中外企业代表分别组队参加了开幕式，在开幕式表演中，由学生、企业职工、社区居民组成的千人表演方阵通过"不忘初心、牢记使命""科技创新、全民健身""同心逐梦、共创未来"三场盛大表演，充分展现了开发区建设者昂扬的精神面貌。本次赛事共设田径项目42项，冰雪体验及趣味项目4项，足球、棒垒球、乒乓球等专项赛事5项，运动会上共有12项15人次破赛会纪录。赛事不仅仅得到了驻区企事业单位的一致好评，更掀起了全民健身的热潮。与此同时，全国新区经开区高新区首届职工健康运动会北京分赛区毽球比赛、北京市拔河比赛亦庄分赛区、首都职工健步走北京亦庄站、全国百城健身气功交流展示大赛、津京冀社会体育指导员交流展示大赛开发区分站赛、2019北京市体育公益活动社区行暨经济技术开发区健身操舞大赛等一系列国家级、市级活动在开发区的成功举办，不仅仅打造了开发区这张名片，更使得全民健身活动的影响力在全区范围得到极大提升。

（二）开拓创新，建特色

积极吸取北京市"一区一品"的典型经验做法，创新实施了开发区"一企一品""一园一品""一街一品"基层群众体育品牌活动创建工作，推动企事业单位以传统型、创新型体育活动为载体，研究特点，分析特色，充分利用本单位的区域资源优势，在广泛开展群众体育活动的基础上形成自己的传统体育活动、特色活动以及创新型体育项目及赛事。目前共有金风科创的"风电杯"运动会、博兴街道的全民健身体育节、中芯国际的"仲夏夜之梦"足球赛、绿茵天地的"瑜伽汇"等多个活动及赛事成为开发区"一企一品"的品牌赛事。

（三）丰富多彩，显活力

在着力创品牌、建特色的同时，开发区以全民健身体育节为载体，扎扎

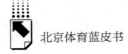
实实地推进全民健身活动蓬勃开展，2019年全民健身参与人次达30余万人次，参加市级以上活动10余次，举办第十六届全民健身体育节等区级活动20余项次，共进行200余场比赛，内容涵盖了足球、羽毛球、乒乓球、健步走、毽球、篮球等赛事，2019年仅博大杯足球联赛1项赛事，就开展了100余场比赛。通过全民健身体育节的持续开展，逐步实现了大型活动规模化、传统活动常态化、自发活动规范普及化的立体格局。

北京经济技术开发区社会事业局供稿

B.27

燕山冰雪：营造2022年冬奥社会氛围

——2018～2019年燕山地区群众体育工作亮点

2019年是推动北京体育事业发展改革的攻坚之年，是落实冰雪运动"1＋7"文件、北京冬奥会筹办工作承上启下的关键之年。为贯彻落实《北京市全民健身条例》及北京市政府关于发展冰雪运动相关政策，迎接2022年北京冬奥会，推动实现国家"带动三亿人参与冰雪运动"，燕山体育中心在燕山工委办事处的大力支持下，以冰上场馆为依托，大力发展青少年冰雪运动，激发青少年冰上运动兴趣，抓好冰雪后备人才队伍建设；同时持续增加参与冰上运动人口比例，扩大冰上运动的覆盖面；满足不同群体参与冰雪运动健身的需求，有力地推动了冰上运动的发展，打通冰雪体育事业发展大动脉，全面推动区域性冰雪运动的普及和发展，为筹办北京冬奥会营造良好的社会氛围。

一 工作思路

2018年，燕山地区正处在全面转型发展的过程中，着力打造"一城两业"、智慧城市工程，并围绕"创新、协调、绿色、开放、共享"五大发展理念，从惠民服务、生态宜居、居家养老、智慧社区、平安城市等方面进行整体规划和系统设计，为燕山新型智慧城市建设确定整体框架和发展方向。

第一，充分利用冰上运动中心，加强京津冀合作，打造一系列冰上运动特色品牌赛事和活动，为地区智慧城市建设注入新的推动剂，从而提升地区综合实力，为活力、美丽、幸福的新燕山和"一区一城"新房山建设贡献力量。

第二，随着全民健身运动上升为国家战略和全民健身事业的蓬勃发展，

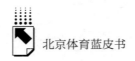

群众健身意识逐渐增强，对体育服务的需求日益高涨，地区可依托体育产业带动体育消费。餐饮、住宿等相关产业的发展，可吸引各类企业、商家入驻燕山，从而带动地区经济和房价提升，形成连锁反应，成为拉动内需的重要力量和经济发展新的增长点。在《关于加快发展体育产业促进体育消费的若干意见》等相关政策的支持下，引进和扶持相关体育产业，扎根于燕山、服务于燕山，从而促进地区体育产业健康、快速、可持续发展。

二　工作经验

（一）借鉴经验，稳步推进

根据冰雪项目比赛规则和场地要求，加强对北京市专业冰场的调研，总结经验、统筹规划，建设切实可行、适应发展的现代化智慧场馆。比如浩泰兴隆冰上运动中心有 1800 平方米真冰场地、200 人以上的专业看台、先进的冰上运动附属设施，可容纳 300 人滑冰，是国际标准的冰球、花样比赛场地，多项亚洲冰球邀请赛等国际性赛事曾在此举办。

（二）引进人才，合作共赢

2016 年 5 月，燕山工委副书记、办事处主任李光明与花样滑冰世界冠军陈露，就燕山地区冰雪体育发展和相关合作事宜进行了座谈，李光明指出，燕山地区要充分做好迎接 2022 年冬奥会的准备，不断提升冰上人口，稳步推进冰雪工作；要引进人才、用好人才，让专业人做专业事，不断提升地区冰雪运动水平和冰雪运动影响力，并辐射到周边城市；要以政府不赚钱，行业带动发展的战略，扶持冰雪产业，并动员社会各界力量齐参与，在冰场建设、人才培训等方面资源共享、携手共进、共同发展。

（三）找准核心，引导辐射

少年强则中国强，燕山地区现有中小学生 6500 余名，因此推动大众冰雪运动的一大核心是动员青少年广泛参与，尤其是冰雪进校园，可以直接培养学生的冰雪情结，进而带动整个家庭参与，家庭锻炼是极为有效的引导方式。燕山作为北京市著名的轮滑基地，加强轮转冰工作，辅以夏令营等方式引导青少年参与冰雪运动是一项重要举措。

（四）加强培训力度，充实师资力量

冰雪运动社会体育指导员是大众普及的中坚力量，师资紧缺是冰雪进校园的一大瓶颈。因此，加强与北京市教委、市体育局的合作，以冰场为依托，积极推进培训工作，同时充分挖掘地区冰雪人才，快速培养一批冰雪运动社会体育指导员和师资力量，切实保障地区冰雪运动科学、规范开展。

三 成果及社会效应

燕山冰上运动中心自开业至今，一直以服务燕山地区中小学校、幼儿园开展冰上运动培训为核心，实现辖区内中小学校、幼儿园冰上运动全覆盖，力争成为落实国家《冰雪运动发展规划（2016—2025年）》、冰雪运动"1+7"规划及《北京市支持校园冰雪运动发展项目管理办法》的全国示范基地和示范项目。

自2019年5月试运营起，燕山冰上运动中心为燕山地区教育系统十所中小学3863人次提供冰上体验活动，接待燕山地区居民1293人次，同时场馆还为周边校队训练提供了场地服务20余场。

此外，燕山冰上运动中心还举办了暑期训练营，开展全民健身滑冰体验活动，为燕山地区的青少年提供了丰富的暑期生活，丰富了社区人民的生活，承办了燕化工会职工子女组织的滑冰体验、"助力冬奥会，欢乐亲子行"等活动，有效地推进燕山地区冰上运动知识的普及和推广。

燕山冰上运动中心将进一步与教委合作，将冰上运动进校园工作稳步推进。

燕山体育运动中心供稿

社会科学文献出版社

皮 书

智库报告的主要形式
同一主题智库报告的聚合

❖ 皮书定义 ❖

皮书是对中国与世界发展状况和热点问题进行年度监测，以专业的角度、专家的视野和实证研究方法，针对某一领域或区域现状与发展态势展开分析和预测，具备前沿性、原创性、实证性、连续性、时效性等特点的公开出版物，由一系列权威研究报告组成。

❖ 皮书作者 ❖

皮书系列报告作者以国内外一流研究机构、知名高校等重点智库的研究人员为主，多为相关领域一流专家学者，他们的观点代表了当下学界对中国与世界的现实和未来最高水平的解读与分析。截至 2020 年，皮书研创机构有近千家，报告作者累计超过 7 万人。

❖ 皮书荣誉 ❖

皮书系列已成为社会科学文献出版社的著名图书品牌和中国社会科学院的知名学术品牌。2016 年皮书系列正式列入"十三五"国家重点出版规划项目；2013~2020 年，重点皮书列入中国社会科学院承担的国家哲学社会科学创新工程项目。

权威报告·一手数据·特色资源

皮书数据库
ANNUAL REPORT(YEARBOOK)
DATABASE

分析解读当下中国发展变迁的高端智库平台

所获荣誉

- 2019年，入围国家新闻出版署数字出版精品遴选推荐计划项目
- 2016年，入选"'十三五'国家重点电子出版物出版规划骨干工程"
- 2015年，荣获"搜索中国正能量 点赞2015""创新中国科技创新奖"
- 2013年，荣获"中国出版政府奖·网络出版物奖"提名奖
- 连续多年荣获中国数字出版博览会"数字出版·优秀品牌"奖

成为会员

通过网址www.pishu.com.cn访问皮书数据库网站或下载皮书数据库APP，进行手机号码验证或邮箱验证即可成为皮书数据库会员。

会员福利

- 已注册用户购书后可免费获赠100元皮书数据库充值卡。刮开充值卡涂层获取充值密码，登录并进入"会员中心"—"在线充值"—"充值卡充值"，充值成功即可购买和查看数据库内容。
- 会员福利最终解释权归社会科学文献出版社所有。

数据库服务热线：400-008-6695
数据库服务QQ：2475522410
数据库服务邮箱：database@ssap.cn
图书销售热线：010-59367070/7028
图书服务QQ：1265056568
图书服务邮箱：duzhe@ssap.cn

社会科学文献出版社 皮书系列
SOCIAL SCIENCES ACADEMIC PRESS (CHINA)
卡号：191573464158
密码：

基本子库 SUB DATABASE

中国社会发展数据库（下设12个子库）

　　整合国内外中国社会发展研究成果，汇聚独家统计数据、深度分析报告，涉及社会、人口、政治、教育、法律等12个领域，为了解中国社会发展动态、跟踪社会核心热点、分析社会发展趋势提供一站式资源搜索和数据服务。

中国经济发展数据库（下设12个子库）

　　围绕国内外中国经济发展主题研究报告、学术资讯、基础数据等资料构建，内容涵盖宏观经济、农业经济、工业经济、产业经济等12个重点经济领域，为实时掌控经济运行态势、把握经济发展规律、洞察经济形势、进行经济决策提供参考和依据。

中国行业发展数据库（下设17个子库）

　　以中国国民经济行业分类为依据，覆盖金融业、旅游、医疗卫生、交通运输、能源矿产等100多个行业，跟踪分析国民经济相关行业市场运行状况和政策导向，汇集行业发展前沿资讯，为投资、从业及各种经济决策提供理论基础和实践指导。

中国区域发展数据库（下设6个子库）

　　对中国特定区域内的经济、社会、文化等领域现状与发展情况进行深度分析和预测，研究层级至县及县以下行政区，涉及地区、区域经济体、城市、农村等不同维度，为地方经济社会宏观态势研究、发展经验研究、案例分析提供数据服务。

中国文化传媒数据库（下设18个子库）

　　汇聚文化传媒领域专家观点、热点资讯，梳理国内外中国文化发展相关学术研究成果、一手统计数据，涵盖文化产业、新闻传播、电影娱乐、文学艺术、群众文化等18个重点研究领域。为文化传媒研究提供相关数据、研究报告和综合分析服务。

世界经济与国际关系数据库（下设6个子库）

　　立足"皮书系列"世界经济、国际关系相关学术资源，整合世界经济、国际政治、世界文化与科技、全球性问题、国际组织与国际法、区域研究6大领域研究成果，为世界经济与国际关系研究提供全方位数据分析，为决策和形势研判提供参考。

法律声明

"皮书系列"（含蓝皮书、绿皮书、黄皮书）之品牌由社会科学文献出版社最早使用并持续至今，现已被中国图书市场所熟知。"皮书系列"的相关商标已在中华人民共和国国家工商行政管理总局商标局注册，如 LOGO（ ）、皮书、Pishu、经济蓝皮书、社会蓝皮书等。"皮书系列"图书的注册商标专用权及封面设计、版式设计的著作权均为社会科学文献出版社所有。未经社会科学文献出版社书面授权许可，任何使用与"皮书系列"图书注册商标、封面设计、版式设计相同或者近似的文字、图形或其组合的行为均系侵权行为。

经作者授权，本书的专有出版权及信息网络传播权等为社会科学文献出版社享有。未经社会科学文献出版社书面授权许可，任何就本书内容的复制、发行或以数字形式进行网络传播的行为均系侵权行为。

社会科学文献出版社将通过法律途径追究上述侵权行为的法律责任，维护自身合法权益。

欢迎社会各界人士对侵犯社会科学文献出版社上述权利的侵权行为进行举报。电话：010-59367121，电子邮箱：fawubu@ssap.cn。

社会科学文献出版社